# Italian

*A Self-Teaching Guide*

## Third Edition

Wiley Self-Teaching Guides teach practical skills from accounting to astronomy, management to mathematics. Look for them at your local bookstore.

## Languages

*French: A Self-Teaching Guide,* by Suzanne A. Hershfield

*German: A Self-Teaching Guide,* by Heimy Taylor

*Practical Spanish Grammar: A Self-Teaching Guide,* by Nelly Zamora-Breckenridge

*Advanced Spanish Grammar: A Self-Teaching Guide,* by K. Allen Davis

## Business Skills

*Making Successful Presentations: A Self-Teaching Guide,* by Terry C. Smith

*Managing Assertively: A Self-Teaching Guide,* by Madelyn Burley-Allen

*Managing Behavior on the Job: A Self-Teaching Guide,* by Paul L. Brown

*Teleselling: A Self-Teaching Guide,* by James Porterfield

*Successful Time Management: A Self-Teaching Guide,* by Jack D. Ferner

## Science

*Astronomy: A Self-Teaching Guide,* by Dinah Moche

*Basic Physics: A Self-Teaching Guide,* by Karl F. Kuhn

*Chemistry: A Self-Teaching Guide,* by Clifford C. Houk and Richard Post

*Biology: A Self-Teaching Guide,* by Steven D. Garber

## Other Skills

*How Grammar Works: A Self-Teaching Guide,* by Patricia Osborn

*Listening: The Forgotten Skill, A Self-Teaching Guide,* by Madelyn Burley-Allen

*Quick Vocabulary Power: A Self-Teaching Guide,* by Jack S. Romine and Henry Ehrlich

*Study Skills: A Student's Guide for Survival, A Self-Teaching Guide,* by Robert A. Carman

# Italian

## A Self-Teaching Guide

Third Edition

## Ilaria Serra and Edoardo A. Lèbano

A Wiley Brand

Copyright © 2025 by John Wiley & Sons, Inc. All rights reserved, including rights for text and data mining and training of artificial intelligence technologies or similar technologies.

Published by John Wiley & Sons, Inc., Hoboken, New Jersey.
Published simultaneously in Canada

No part of this publication may be reproduced, stored in a retrieval system, or transmitted in any form or by any means, electronic, mechanical, photocopying, recording, scanning, or otherwise, except as permitted under Section 107 or 108 of the 1976 United States Copyright Act, without either the prior written permission of the Publisher, or authorization through payment of the appropriate per-copy fee to the Copyright Clearance Center, Inc., 222 Rosewood Drive, Danvers, MA 01923, (978) 750-8400, fax (978) 750-4470, or on the web at www.copyright.com. Requests to the Publisher for permission should be addressed to the Permissions Department, John Wiley & Sons, Inc., 111 River Street, Hoboken, NJ 07030, (201) 748-6011, fax (201) 748-6008, or online at http://www.wiley.com/go/permission.

The manufacturer's authorized representative according to the EU General Product Safety Regulation is Wiley-VCH GmbH, Boschstr. 12, 69469 Weinheim, Germany, e-mail: Product_Safety@wiley.com.

Trademarks: Wiley and the Wiley logo are trademarks or registered trademarks of John Wiley & Sons, Inc. and/or its affiliates in the United States and other countries and may not be used without written permission. All other trademarks are the property of their respective owners. John Wiley & Sons, Inc. is not associated with any product or vendor mentioned in this book.

Limit of Liability/Disclaimer of Warranty: While the publisher and author have used their best efforts in preparing this book, they make no representations or warranties with respect to the accuracy or completeness of the contents of this book and specifically disclaim any implied warranties of merchantability or fitness for a particular purpose. No warranty may be created or extended by sales representatives or written sales materials. The advice and strategies contained herein may not be suitable for your situation. You should consult with a professional where appropriate. Neither the publisher nor author shall be liable for any loss of profit or any other commercial damages, including but not limited to special, incidental, consequential, or other damages. Further, readers should be aware that websites listed in this work may have changed or disappeared between when this work was written and when it is read. Neither the publisher nor authors shall be liable for any loss of profit or any other commercial damages, including but not limited to special, incidental, consequential, or other damages.

For general information on our other products and services or for technical support, please contact our Customer Care Department within the United States at (800) 762-2974, outside the United States at (317) 572-3993 or fax (317) 572-4002.

Wiley also publishes its books in a variety of electronic formats. Some content that appears in print may not be available in electronic formats. For more information about Wiley products, visit our web site at www.wiley.com.

*Library of Congress Cataloging-in-Publication Data is Available:*

ISBN: 9781394280742 (Paperback)
ISBN: 9781394280759 (ePub)
ISBN: 9781394280766 (ePDF)

Cover Design: Paul McCarthy

SKY10107255_053025

*To Emanuele*

# Contents

*Preface* — xiii
*Pronunciation Guide* — xv
*Acknowledgments* — xix

**LESSON 1    BASIC EXPRESSIONS** — 1
Parole da Ricordare  (Words to Remember) — 2
Grammar I     Gender and Number of Italian Nouns — 3
Grammar II    The Indefinite Article — 4
Grammar III   The Definite Article — 5
Grammar IV    Subject Pronouns — 6
Grammar V     Present Indicative of essere and avere — 8
Grammar VI    Numbers from 0 to 1,000 — 9

**LESSON 2    IN UN RISTORANTE DEL CENTRO**  (In a Downtown Restaurant) — 12
Parole da Ricordare  (Words to Remember) — 12
Dialogo       Sergio e Maria mangiano in un ristorante del centro — 13
Dialogue      Sergio and Maria Are Eating in a Downtown Restaurant — 13
Grammar I     Present Indicative of *-are*, *-ere*, and *-ire* Verbs — 15
Verbi da Ricordare  (Verbs to Remember) — 17
Grammar II    Present Indicative of *-iare*, *-care*, and *-gare* Verbs — 18
Grammar III   The Adjective—Gender and Number — 19
Grammar IV    Interrogative Sentences — 21
Grammar V     Negative Constructions — 21
Grammar VI    The Days of the Week — 22

## Contents

**LESSON 3**    **ALLA STAZIONE FERROVIARIA**   (At the Railway Station)    24

| | | |
|---|---|---|
| Parole da Ricordare | (Words to Remember) | 24 |
| Dialogo | Alla stazione ferroviaria | 25 |
| Dialogue | At the Railway Station | 25 |
| Grammar I | Position of the Adjective | 26 |
| Grammar II | Present Indicative of *capire, finire,* and *preferire* | 31 |
| Grammar III | The Verbs *sapere* and *conoscere* | 32 |
| Grammar IV | Meaning of *c'è* and *ci sono* | 33 |
| Grammar V | How to Tell Time in Italian | 33 |
| Grammar VI | Numbers from 1,001 to 1 Billion | 35 |

**LESSON 4**    **COMPLEANNO IN FAMIGLIA**   (A Family Birthday)    37

| | | |
|---|---|---|
| Parole da Ricordare | (Words to Remember) | 37 |
| Dialogo | Compleanno in famiglia | 38 |
| Dialogue | A Family Birthday | 38 |
| Grammar I | Plural of Certain Nouns and Adjectives | 39 |
| Grammar II | Possessive Adjectives and Possessive Pronouns | 41 |
| Grammar III | Present Indicative of the Stem-Changing Verbs *dare, andare, fare, stare, uscire,* and *venire* | 43 |
| Grammar IV | The Adjective *tutto, a* | 44 |
| Grammar V | A Person's Age | 45 |
| Grammar VI | Seasons and Months of the Year | 45 |

**LESSON 5**    **IN UN ALBERGO DI MILANO**   (In a Hotel in Milan)    48

| | | |
|---|---|---|
| Parole da Ricordare | (Words to Remember) | 48 |
| Dialogo | In un albergo di Milano | 49 |
| Dialogue | In a Hotel in Milan | 50 |
| Grammar I | Prepositions Not Combined with the Definite Article | 51 |
| Grammar II | Prepositions Combined with the Definite Article | 54 |
| Grammar III | The Partitive | 55 |
| Grammar IV | Present Indicative of the Stem-Changing Verbs *dovere, potere,* and *volere* | 57 |
| Grammar V | The Interrogative Pronoun *chi* and the Adjectives *che, quale,* and *quanto* | 58 |
| Grammar VI | Future Indicative of *avere* and *essere* and of *-are, -ere,* and *-ire* Verbs | 59 |

**Review A (Lessons 1–5)**    63

Contents ix

| | | |
|---|---|---|
| **LESSON 6** | **FARE LA SPESA**  (Grocery Shopping) | 67 |
| Parole da Ricordare | (Words to Remember) | 67 |
| Dialogo | A fare la spesa | 68 |
| Dialogue | Grocery Shopping | 69 |
| Grammar I | Plural of Some Nouns | 70 |
| Grammar II | Personal Pronouns After a Preposition or a Verb | 72 |
| Grammar III | Direct Object Pronouns | 72 |
| Grammar IV | Position of the Direct Object Pronoun in a Sentence | 73 |
| Grammar V | Future Indicative of Verbs Ending in *-care, -gare, -ciare,* and *-giare* | 76 |
| Grammar VI | *Niente, nulla, nessuno,* and Other Negative Expressions | 77 |
| Grammar VII | Future Indicative of the Stem-Changing Verbs *dare, andare, fare, stare,* and *dovere, potere, volere* | 79 |
| **LESSON 7** | **IN UNA BANCA DI FIRENZE**  (In a Bank in Florence) | 81 |
| Parole Da Ricordare | (Words to Remember) | 81 |
| Dialogo | In una banca di Firenze | 82 |
| Dialogue | In a Bank in Florence | 82 |
| Grammar I | Nouns Ending in *-ista* | 84 |
| Grammar II | Present Indicative of the Stem-Changing Verbs *bere, dire, rimanere,* and *tenere;* Future Indicative of *sapere, vedere,* and *venire* | 85 |
| Grammar III | The Past Participle | 86 |
| Grammar IV | *Passato Prossimo* of Transitive and Intransitive Verbs | 88 |
| Grammar V | Agreement of the Past Particle with Direct Object Pronouns | 92 |
| Grammar VI | Idiomatic Use of the Present Indicative with the Preposition *da* | 92 |
| **LESSON 8** | **UNA VISITA MEDICA**  (A Medical Examination) | 94 |
| Parole da Ricordare | (Words to Remember) | 94 |
| Dialogo | Una visita medica | 95 |
| Dialogue | A Medical Examination | 96 |
| Grammar I | Future Indicative of the Stem-Changing Verbs *bere, dire, rimanere,* and *tenere* | 97 |
| Grammar II | The Relative Pronouns *che, cui, il quale,* and *la quale* | 98 |
| Grammar III | Reflexive Verbs and Reflexive Pronouns | 100 |
| Grammar IV | The Direct Object Pronoun *ne* | 103 |

|  |  |  |
|---|---|---|
| Grammar V | The Adjective *ogni* | 105 |
| Grammar VI | Idiomatic Expressions with *fare* | 106 |

**LESSON 9  IN UN NEGOZIO DI ABBIGLIAMENTO**
            (In a Clothing Store)                                              108

|  |  |  |
|---|---|---|
| Parole da Ricordare | (Words to Remember) | 108 |
| Dialogo | In un negozio di abbigliamento | 109 |
| Dialogue | In a Clothing Store | 110 |
| Grammar I | The Relative Pronoun *cui* and the Possessive Interrogative *di chi* | 111 |
| Grammar II | Reciprocal Constructions | 112 |
| Grammar III | Indirect Object Pronouns | 113 |
| Grammar IV | The Verb *piacere* | 115 |
| Grammar V | Imperative of First-, Second-, and Third-Conjugation Verbs | 116 |
| Grammar VI | Imperative of *avere* and *essere* and of the Stem-Changing Verbs *dare, dire, fare, stare* | 118 |

**LESSON 10  UNA TELEFONATA**   (A Telephone Call)                             121

|  |  |  |
|---|---|---|
| Parole da Ricordare | (Words to Remember) | 121 |
| Dialogo | Una telefonata | 122 |
| Dialogue | A Telephone Call | 122 |
| Grammar I | The Adverbial Pronoun *ci* | 124 |
| Grammar II | Position of Direct and Indirect Object Pronouns with the Imperative | 125 |
| Grammar III | Imperative of Reflexive Verbs | 127 |
| Grammar IV | Imperative of the Stem-Changing Verbs *andare, bere, rimanere, tenere, uscire,* and *venire* | 128 |
| Grammar V | Double Object Pronouns | 129 |
| Grammar VI | The *Imperfetto* | 131 |

**Review B (Lessons 6–10)**                                                    136

**LESSON 11  UNA GITA DOMENICALE**   (A Sunday Outing)                         141

|  |  |  |
|---|---|---|
| Parole da Ricordare |  | 141 |
| Dialogo | Una gita domenicale | 142 |
| Dialogue | A Sunday Outing | 143 |
| Grammar I | The Impersonal Construction | 144 |
| Grammar II | The Comparative | 145 |
| Grammar III | The Superlative | 149 |

|  |  |  |  |
|---|---|---|---|
| Grammar IV | Verbs Used in the Third-Person Singular | | 152 |
| Grammar V | Idiomatic Use of the *Imperfetto* with the Preposition *da* | | 153 |
| Grammar VI | Present Conditional of *-are*, *-ere*, and *-ire* Verbs; Present Conditional of *avere* and *essere* | | 153 |

## LESSON 12  SUL SITO DI VIAGGI ONLINE
### (On the Online Travel Website) — 157

|  |  |  |
|---|---|---|
| Parole da Ricordare | (Words to Remember) | 157 |
| Dialogo | Sul sito di viaggi online | 158 |
| Dialogue | On the Online Travel Website | 158 |
| Grammar I | Present Conditional of Stem-Changing Verbs | 160 |
| Grammar II | Future Perfect and Perfect Conditional | 163 |
| Grammar III | The *Trapassato Prossimo* | 166 |
| Grammar IV | The *Gerundio* | 168 |
| Grammar V | Special Construction of *stare* with the *Gerundio* | 171 |
| Grammar VI | The Infinitive | 171 |

## LESSON 13  ALL'UFFICIO POSTALE  (At the Post Office) — 175

|  |  |  |
|---|---|---|
| Parole da Ricordare | | 175 |
| Dialogo | All'ufficio postale | 176 |
| Dialogue | At the Post Office | 176 |
| Grammar I | Adverbs | 178 |
| Grammar II | The Comparative and Superlative of Adverbs | 179 |
| Grammar III | Present Subjunctive | 180 |
| Grammar IV | Perfect Subjunctive | 182 |
| Grammar V | The Subjunctive: Use (Part I) | 184 |
| Grammar VI | Tense Sequence: Indicative/Subjunctive (Part I) | 187 |

## LESSON 14  DAL MECCANICO  (At the Mechanic's) — 190

|  |  |  |
|---|---|---|
| Parole da Ricordare | | 190 |
| Dialogo | Dal meccanico | 191 |
| Dialogue | At the Mechanic's | 191 |
| Grammar I | The *Passato Remoto* | 193 |
| Grammar II | The *Passato Remoto* of Stem-Changing Verbs | 195 |
| Grammar III | The *Trapassato Remoto* | 197 |
| Grammar IV | Imperfect Subjunctive | 198 |
| Grammar V | Pluperfect Subjunctive | 200 |
| Grammar VI | Tense Sequence: Indicative/Subjunctive (Part II) | 201 |

| | | |
|---|---|---|
| **LESSON 15** | **IN CERCA DI LAVORO** (Looking for a Job) | 205 |
| Parole da Ricordare | | 205 |
| Narrativa | In cerca di lavoro | 206 |
| Narrative | Looking for a Job | 207 |
| Grammar I | The Subjunctive: Use (Part II) | 208 |
| Grammar II | *If* Clauses with the Subjunctive | 210 |
| Grammar III | Additional Uses of the Subjunctive | 212 |
| Grammar IV | The Passive Construction | 213 |
| Grammar V | Nouns and Adjectives Combined with a Suffix | 216 |
| Grammar VI | Special Constructions with *fare, lasciare, mętterci,* and *volerci* | 218 |
| **Review C (Lessons 11–15)** | | 222 |
| *Appendix A* | *Answers for Exercises and Reviews* | 226 |
| *Appendix B* | *Regular Verbs* | 290 |
| *Appendix C* | *Irregular Verbs* | 294 |
| *Italian–English Vocabulary* | | 302 |

# Preface

*Italian: A Self-Teaching Guide* is a simplified and practical beginner's course for anyone who wishes to learn Italian. The program is designed to provide self-learners, students in adult education courses, and students in beginning language courses with a general knowledge of the Italian language as it is spoken and written today.

In presenting almost all major grammatical structures of the Italian language, the book follows an essentially practical and linguistic approach, gradually building up a vocabulary of well over eleven hundred of the most commonly used Italian words. All explanations of grammatical points stress the basic and the indispensable and, are, as much as possible, concise, simple, and to the point.

The text consists of (1) fifteen regular lessons; (2) three review lessons, immediately following lessons 5, 10, and 15; (3) an appendix with the answers to the exercises, including those in the review lessons; (4) an appendix with the conjugations of regular verbs, and one with the conjugations of *avere* and *essere* and irregular forms of the stem-changing verbs encountered in the text; and (5) an Italian-English vocabulary, listing words presented in the fifteen lessons.

Each of the lessons begins with a list of useful words (*Parole da Ricordare,* Words to Remember), most of them related to the topic of the Dialogo that follows, portraying events, situations, or problems in everyday life. Following the English translation of the dialogue, several points of grammar are introduced in a step-by-step procedure. The exercises, rather than being grouped together at the end of the lesson, come immediately after the explanation of relevant grammatical points, thus giving students a sense of building effectively block by block. By checking the results of this immediate practice with the answers provided at the end of the book, students can clearly assess the progress they are making.

To make the best use of this text, carefully read the Pronunciation Guide, then proceed as follows:

1. Always read and repeat aloud each of the words listed in the Words to Remember. Practice writing them, and keep in mind their meaning in English.

2. Read the entire Dialogo and repeat each sentence several times until you think you know it quite well. Then check the English translation of the Dialogo to see how much of it you were able to understand by yourself.

3. Take your time in learning the content of the various grammatical points. When you have completed the first section, do the exercise(s) before going on to the next section. Check the answers in the back of the book to see how well you did.

4. Analyze your mistakes, and if necessary, reread the grammar explanation. If your mistakes concern vocabulary items, review Words to Remember before continuing with the lesson.

*Italian: A Self-Teaching Guide* will not turn you into a polished speaker of Italian overnight. It will not enable you to deal immediately with every Italian text. But it will give you the basic tools to understand, speak, read, and write simple Italian. It opens the gate to a very gratifying experience: understanding and appreciating the language and the culture of Italy and its people. *Buon lavoro*—enjoy your work!

—E.A.L.

The third edition of this book has been thoughtfully updated to reflect the evolving times, yet Professor Edoardo Lebano's work remains unparalleled. I am deeply honored to be entrusted with preserving the legacy of this beloved teacher.

—I.S.

# Pronunciation Guide

Italian is a highly musical, flowing language. All vowels, diphthongs, and double consonants must be articulated as clearly as possible but should not be uttered by themselves. Related groups of words and phrases are to be pronounced as if they were linked together.

Although Italian and English have similar sounds, some English sounds do not exist in Italian (which, for example, has no aspirated sounds). At the same time, several combinations of vowels and consonants in Italian sound quite different from the sound that the same combinations of vowels and consonants produce in English.

Remember that guttural and nasal sounds are never very strong in Italian. With the exception of words of foreign origin (such as **bar, film, autobus**), Italian words end with a vowel. Most words are formed in the forward section of the mouth, and the voice normally drops at the end of a sentence, except when posing a question, in which case it usually rises.

## *Accents and Stress*

Most Italian words are stressed on the next-to-last syllable (**giorno, signorina, arrivederci**). A number of words, including several monosyllabic words, end with a stressed vowel, which requires a written accent (**città, perché, sì, è, caffè**). Many words are stressed on the third-to-last syllable **automobile, numero, dialogo**), and some (for the most part verb forms) are stressed on the fourth-to-last syllable (**abitano, desiderano**). In this text, a dot below vowels in words that are stressed on the third- or fourth-to-last syllable (and sometimes the next-to-last) indicates the correct pronunciation.

## *Vowels*

The Italian vowels are **a, e, i, o, u.** While **a, i,** and **u** are pronounced in the same way throughout Italy, the pronunciation of **e** and **o** in stressed position varies from one region of the Italian peninsula to another.

**a** has a sound more or less like that of *a* in the English word *father* (**casa, matita**).

**e** sometimes has the sound of *e* in the English word *they,* but without the glide (**sera, sete**); or it may resemble the sound of **e** in the words **set** and **get** (**bene, sette**).

**i** has a sound like that of *i* in the English word *machine* or that of *ee* in *see*, but without the glide (l**i**br**i**, v**i**a).

**o** has a sound similar to that of *o* in the English word *cold*, but without the glide (c**o**nt**o**, pr**o**nt**o**); or it may sound like the *a* in *salt* or the *ou* in *bought* (**o**ggi, c**o**ma).

**u** has a sound similar to that of *u* in *rude*, *oo* in *choose*, or *o* in *do*, but without the glide (st**u**dente, **u**niversità, virt**ù**).

## Consonants

**c** has the sound of **ch** in **chapel** and **church** before the vowel **e** or **i** (**c**iao, **c**entro, cappu**cc**ino). In all other cases, it has the hard **c** sound of the English words **car** and **classroom** (ami**c**a, e**cc**o, **c**lasse).

**g**, when followed by e or i, has the same soft sound of **g** in **general** and **giant** (**g**iorno, o**gg**i, **g**enerale). In all other cases, it has the hard **g** sound of the English words **gas** and **goat** (le**gg**o, **g**as, **g**uasto).

**h** is always silent, whether at the beginning or end of a word or between vowels (**h**anno, **h**otel).

**r** is trilled; it must be pronounced with the tip of the tongue against the front teeth (p**r**ofesso**r**e, t**r**eno); when double, the trill is longer (a**rr**ivederci, bu**rr**o).

**s** has the sound of **s** in the English word **rose** when it is between two vowels or when it precedes the consonants **b, d, g, l, m, n, r,** and **v** (**s**bagliare, Ro**s**a, co**s**ì). In all other cases, it is pronounced like s in the word **sea** (**s**ignore, **s**ubito, **s**era).

**z** in the initial position sounds like **ds** in **fads** (**z**ucchero, **z**ero). In any other position, when followed by **ia, ie,** or **io,** it is pronounced like **ts** in the English words **cats** and **pets** (nego**z**io, pa**z**ienza). When the noninitial **z** is *not* followed by **ia, ie,** or **io,** it is pronounced in some words like **ts** (abbastan**z**a, vacan**z**a), in others like **ds** (man**z**o, roman**z**o).

**zz** is generally pronounced like **ts** (indiri**zz**o, pia**zz**a, raga**zz**o); in some words, however, it is pronounced like **ds** (a**zz**urro, me**zz**ogiorno).

## Combined Consonants

**ch** + e or i is pronounced like **k** in **kept** and **kiss** (per**ch**é, ma**cch**ina, ben**ch**é, **ch**iave).

**gh** + e or i has the same sound as **g** in **get** and **girl** (lar**gh**e, parafan**gh**i).

**gli** has a sound similar to that of **lli** in **million** (fi**gli**a, bi**gli**etto, mo**gli**e).

**gn** has a sound similar to that of **ni** in **onion** (ba**gn**o, si**gn**ore, co**gn**ome).

**sc** + e or i has more or less the same sound as **sh** in **shelter** and **shield** (pe**sc**e, **sc**ientifico).

**sch** + e or i has the same sound of **sk** in **skeptic** and **skin** (**sch**erzo, pittore**sch**i).

## The Italian Alphabet

The Italian alphabet consists of twenty-one letters (the Italian name appears in parentheses):

a (a), b (bi), c (ci), d (di), e (e), f (effe), g (gi), h (acca), i (i), l (elle), m (emme), n (enne), o (o), p (pi), q (cu), r (erre), s (esse), t (ti), u (u), v (vi), z (zeta)

Italian also uses five letters borrowed from other languages: j (i lunga), k (cappa), w (doppia vu), x (ics), y (ipsilon).

## PRONUNCIATION EXERCISE

tassì—vaglia—esercizio—domenica—primo—chiesa—stadio—professoressa—piacere—nazionale—guadagnare—chilometro—cliente—montagna—milione—zio—sabato—stazione—ombrello—dolce—spaghetti—cameriere—leggero—città—centro—alberghi—pubblico—amiche—tabaccaio—eccellente—mio—aglio—spendere—zucchini—olio—tagliatelle—prezzemolo—arancia—passeggiata

# Acknowledgments

Special thanks to Florida Atlantic University graduate students, Manuela Filomena, Alessio Giovene, Arianna Salomon, and Orianna Soublette, for their precious help in updating the content.

# 1 Basic Expressions

| | |
|---|---|
| Buon giorno, signore. | Good morning, sir. |
| Buona sera, signora. | Good evening, ma'am. |
| Buona notte, signorina. | Good night, miss. |
| Salve | Hello (general greeting) |
| Ciao | Hello/Bye (informal) |
| Come sta? | How are you? (formal) |
| Sto bene, grazie. E Lei? | I'm fine, thank you. And you? |
| Non c'è male, grazie. | Not too bad, thank you. |
| Come si chiama Lei? | What is your name? (formal) |
| Mi chiamo Giovanni Rossi. | My name is Giovanni Rossi. |
| Dove abita, signor Rossi? | Where do you live, Mr. Rossi? |
| Abito a Milano. | I live in Milan. |
| Di dov'è Lei, signora Jones? | Where are you from, Mrs. Jones? |
| Sono di Miami. | I am from Miami. |
| ArrivederLa, signor Martini. | Goodbye, Mr. Martini. |
| Arrivederci. | Goodbye. |
| A domani. | See you tomorrow. |
| A presto. | See you soon. |
| Ciao. Come ti chiami? | What's your name? (informal) |
| Ciao, Maria, e tu? | Hi, Maria, and you? |
| Sono Edoardo. Come va? | I am Edoardo. How's it going? |
| Benino, tu come stai? | Pretty well, how are you? (informal) |
| Così così. | So-so. |
| Di dove sei, Maria? | Where are you from, Maria? |
| Sono di Venezia. | I am from Venice. |
| Dove abiti, Maria? | Where do you live, Maria? |

| | |
|---|---|
| Abito a Roma. | I live in Rome. |
| Ti presento Giovanni. | I introduce to you Giovanni. |
| Piacere. | Pleasure to meet you. |

1. The titles **signore, signora,** and **signorina** are to be used when addressing a person you do not know. Remember that **signore** becomes **signor** before a man's last name.
2. **ArrivederLa** is a formal salutation used with only one person at a time (less common today). **Arrivederci** can be used with a person you have already met or with a group of people.
3. **Ciao** is an informal salutation used when meeting or parting—the equivalent of *hi* or *bye*.
4. **Salve** is used when meeting and can be used formally or informally and in every moment of the day.

# EXERCISE

**ANSWERS p. 226**

1. It's 10:00 A.M. You meet a gentleman you have never seen before. How do you greet him? _____
2. How do you say *How are you* (informal)? _____
3. In late afternoon, do you use **buona sera** or **buona notte**? _____
4. How do you greet an old friend? _____
5. What is your reply to the question **Come sta Lei?** _____
6. Your name is Robert Smith. Introduce yourself in Italian. _____
7. Ask someone the question *Where are you from* (informal)? _____
8. In saying **goodbye** to a group of people, do you use **arrivederLa** or **arrivederci**? _____
9. How do you say *Not too bad, thank you?* _____
10. Ask Maria where she lives. _____

# PAROLE DA RICORDARE *(Words to Remember)*

| | | | |
|---|---|---|---|
| **aereo** | airplane | **caffè** | coffee, café |
| **anno** | year | **casa** | house, home |
| **autobus** | bus | **cellulare** | cell phone |
| **bambina** *(f.)* | child, little girl | **città** | city, town |
| **bambino** *(m.)* | child, little boy | **classe** | class |
| **bar** | bar | **dottore** | doctor, physician |
| **borsa** | purse | **film** | film, movie |

| | | | |
|---|---|---|---|
| giorno | day | signora | lady, married woman; ma'am, Mrs. |
| hotel | hotel | | |
| informazione | information | | |
| lezione | lesson | signore | man, gentleman; sir, Mr. |
| libro | book | | |
| madre | mother | signorina | young lady, unmarried woman; Miss |
| matita | pencil | | |
| nome | noun, name | | |
| notte | night | sport | sport |
| padre | father | stanza | room |
| penna | pen | stazione | station |
| piatto | plate, dish of food | studente *(m.)* | student |
| piazza | square | studentessa *(f.)* | student |
| professore *(m.)* | professor | treno | train |
| professoressa *(f.)* | professor | università | university |
| quaderno | notebook | vacanza | vacation, holiday |
| ragazza | girl | via | street, road |
| ragazzo | boy | vino | wine |
| ristorante | restaurant | virtù | virtue |
| sera | evening | zaino | backpack |
| settimana | week | zucchero | sugar |

# GRAMMAR I  Gender and Number of Italian Nouns

Italian nouns are either masculine or feminine. The gender is generally determined by the final letter of the word.

1. Most singular nouns end in **o** or **a**. Nouns ending in **o** are usually masculine; those ending in **a** are usually feminine. The plural of these nouns is formed by changing **o** to **i** and **a** to **e**.

2. Some nouns ending in **e** are masculine, and some are feminine. The appropriate gender is learned through usage. The plural is formed by changing **e** to **i**.

    some masculine nouns ending in e:   dottore, nome, padre, professore, ristorante, signore, studente
    some feminine nouns ending in e:    informazione, classe, lezione, madre, notte, stazione

3. Nouns ending with an accented vowel do not change in the plural. Usually nouns ending in **è**, **ì**, and **ò** are masculine, and those ending in **à** (città) and **ù** (virtù) are feminine.

4. Nouns ending in a consonant do not change in the plural. Most are of foreign origin and, unless otherwise indicated, are masculine.

# EXERCISE

ANSWERS
pp. 226–227

Determine the gender of each of the following nouns; then form the plural and give the English meaning.

*Example:* bambino   *m.; pl.* bambini; child, children

1. anno _____
2. matita _____
3. nome _____
4. città _____
5. vacanza _____
6. zucchero _____
7. via _____
8. ragazza _____
9. ristorante _____
10. signora _____
11. informazione _____
12. sera _____
13. ragazzo _____
14. caffè _____
15. stazione _____
16. università _____
17. bar _____
18. libro _____
19. lezione _____
20. piazza _____
21. notte _____
22. film _____
23. aereo _____
24. classe _____
25. professoressa _____
26. autobus _____
27. vino _____
28. bambina _____
29. sport _____
30. hotel _____

# GRAMMAR II   The Indefinite Article

In Italian the indefinite article has four forms:

    **un**    before masculine nouns beginning with a vowel or a consonant (except **s** +consonant or **z**)
    **uno**  before masculine nouns beginning with **s** +consonant or **z**
    **un'**  before feminine nouns beginning with a vowel (attaches to the following noun: **un'informazione**)
    **una** before feminine nouns beginning with a consonant

Note that the indefinite article is omitted when the noun refers to a person's occupation, profession, nationality, or religion. It is retained when the noun is modified by an adjective or other qualifying phrase.

    **Antonio è dottore.**              Anthony is a doctor.
    **Antonella è una buona dottoressa.**  Antonella is a good doctor.

**Basic Expressions** 5

# EXERCISE

Place the appropriate indefinite article before the following nouns.

1. _____informazione
2. _____stazione
3. _____signorina
4. _____borsa
5. _____casa
6. _____caffè
7. _____stanza
8. _____autobus
9. _____settimana
10. _____treno
11. _____giorno
12. _____quaderno
13. _____zaino
14. _____piatto
15. _____signore
16. _____bar
17. _____sera
18. _____zucchero
19. _____studente
20. _____madre
21. _____nome
22. _____studentessa
23. _____ristorante
24. _____hotel
25. _____classe
26. _____città
27. _____film
28. _____notte

# GRAMMAR III  The Definite Article

A. In English, there is only one form of the definite article: *the*. In Italian, the definite article has several different forms.

1. With Masculine Nouns

   **il** (*sing.*) and **i** (*pl.*)  before a noun beginning with a consonant (except **s** + consonant or **z**)
   **l'** (*sing.*) and **gli** (*pl.*)  before a noun beginning with a vowel
   **lo** (*sing.*) and **gli** (*pl.*)  before a noun beginning with **s** + consonant or **z**

   l'anno        gli anni
   il dottore    i dottori
   lo studente   gli studenti

2. With Feminine Nouns

   **la** (*sing.*) and **le** (*pl.*)  before a noun beginning with a consonant
   **l'** (*sing.*) and **le** (*pl.*)  before a noun beginning with a vowel

   l'informazione   le informazioni
   la ragazza       le ragazze

B. With very few exceptions, the definite article is always required before a noun. In contrast to English usage, the article is required when referring to a person by title.

**Il dottor Rossi abita a Roma.**          Dr. Rossi lives in Rome.

It is omitted, however, when addressing people by their titles.

**Come sta, signora Jones?**          How are you, Mrs. Jones?
**Buon giorno, professor Betti.**          Good morning, Professor Betti.

Note that as with **signore**, the last vowel of the titles **dottore** and **professore** is dropped before a person's last name.

# EXERCISES

A. Place the correct definite article before the following singular nouns.

1. _____casa
2. _____giorno
3. _____autobus
4. _____sera
5. _____caffè
6. _____stazione
7. _____matita
8. _____aereo
9. _____padre
10. _____signora
11. _____bar
12. _____stanza
13. _____città
14. _____zucchero

B. Give the plural forms of each of the following nouns.

1. il quaderno _____
2. la piazza _____
3. il ristorante _____
4. l'anno _____
5. la settimana _____
6. lo zaino _____
7. la lezione _____
8. l'università _____
9. il film _____
10. il professore _____
11. il nome _____
12. l'hotel _____
13. il treno _____
14. la classe _____

# GRAMMAR IV  Subject Pronouns

The most commonly used subject pronouns are:

| Person | Singular | | Plural | |
|---|---|---|---|---|
| First | io | I | noi | we |
| Second | tu | you (*familiar sing.*) | voi | you (*fam. pl.*) |
| Third | lui | he | | |
| | lei | she | loro | they (*m. or f.*) |
| | Lei | you (*formal sing.*) | voi | you (*form. pl.*) |

**Basic Expressions** 7

Note the following:

1. The **tu** and **voi** forms of address are used with relatives, friends, and children.
2. **Voi** can also be used with a group of people, a class, or an audience.
3. **Lei** is the formal form to be used with a person whom you do not know or with whom you are not very familiar. **Loro** is rarely used for the formal plural and replaced with **voi** today.
4. Although the L in **Lei** is not always capitalized in writing, in this book it is capitalized to distinguish those words from the lowercased **lei** (she).
5. For inanimate objects, the pronoun is omitted (in English **it, they**).

Language is changing. The pronouns **egli** (he) and **ella** (she) may still be used for **lui** and **lei**, but only in formal writing.

Recently, there have been efforts to make the language more inclusive, looking for a new neutral pronoun, and replacing the feminine/masculine ending with an asterisk or a schwa (ə). For example, cari tutti would become car* tutt* (dear all).

## EXERCISES

ANSWERS, A and B p. 228

A. **Fill in the blanks.**

1. When talking with the grandchild of an Italian acquaintance of yours, what pronoun form of address would you use? _____
2. What is the difference in meaning between **lei** and **Lei**? _____
3. When writing to a friend about **la casa** you just bought, would you use a pronoun? _____
4. How would you address Mr. Bianchi? **Lei o voi**? _____
5. You have been invited to talk to a large group of Italian business people. How will you address them? _____

B. **Write the pronouns in Italian.**

1. we _____
2. you (*fam. sing.*) _____
3. she (**la madre**) _____
4. they (**i ragazzi**) _____
5. you (*Dr. Smith*) _____
6. she and I _____
7. you (*fam. pl.*) _____
8. I _____
9. he (**lo studente**) _____

# GRAMMAR V   Present Indicative of essere and avere

A. The verbs **essere** (to be) and **avere** (to have) are irregular, and their forms must be memorized.

B. Note that the **h** in **ho, hai, ha,** and **hanno** is never pronounced; it is used only to distinguish between the verb form and other words with the same pronunciation but different meaning—for example, **hanno** (they have) and **anno** (year).

C. Note that sometimes they are used in a different way than English. In Italian we say: **ho fame** (I'm hungry, literally I have hunger), **ho sete** (I am thirsty, literally I have thirst), **ho paura** (I am scared, literally I have fear), **ho fretta** (I am in a hurry, literally I have hurry).

To give one's age, we say:

Quanti anni hai? (How old are you?)

Ho 22 anni. (literally, I have 22 years)

| Pronoun | essere | to be |
|---|---|---|
| io | sono | I am |
| tu | sei | you are (*fam. sing.*) |
| lui, lei, Lei | è | he, she, it is, you are (*form. sing.*) |
| noi | siamo | we are |
| voi | siete | you are |
| loro | sono | they are |

| Pronoun | avere | to have |
|---|---|---|
| io | ho | I have |
| tu | hai | you have (*fam. sing.*) |
| lui, lei, Lei | ha | he, she, it has, you have (*form. sing.*) |
| noi | abbiamo | we have |
| voi | avete | you have |
| loro | hanno | they have |

# EXERCISE

Complete the following sentences, conjugating the verbs in parentheses.
1. (avere) Noi _____ un libro.
2. (essere) Tu _____ di Roma.
3. (essere) I ragazzi _____ studenti.
4. (avere) Voi _____ un cellulare.
5. (avere) Lei, signor Rossi, _____ una casa a Milano?
6. (essere) Io _____ professore.
7. (avere) Maria _____ la madre a New York.
8. (essere) Il signore e la signora Bianchi _____ a Pisa.
9. (essere) Luisa e Anna _____ studentesse.
10. (avere) Tu _____ una borsa.
11. (avere) Loro e io _____ una lezione.
12. (essere) Il vino _____ buono.
13. (avere) Le bambine _____ la penna e la matita.
14. (essere) Dove _____ gli zaini?
15. (avere) Quanti anni _____ Luisa?

# GRAMMAR VI   Numbers from 0 to 1,000

Memorize the numbers in Italian.

| 0 | zero | 17 | diciassette |
| --- | --- | --- | --- |
| 1 | uno | 18 | diciotto |
| 2 | due | 19 | diciannove |
| 3 | tre | 20 | venti |
| 4 | quattro | 21 | ventuno |
| 5 | cinque | 22 | ventidue |
| 6 | sei | 23 | ventitrè |
| 7 | sette | 25 | venticinque |
| 8 | otto | 28 | ventotto |
| 9 | nove | 29 | ventinove |
| 10 | dieci | 30 | trenta |
| 11 | undici | 31 | trentuno |
| 12 | dodici | 33 | trentatrè |
| 13 | tredici | 40 | quaranta |
| 14 | quattordici | 50 | cinquanta |
| 15 | quindici | 60 | sessanta |
| 16 | sedici | 70 | settanta |

| | | | |
|---|---|---|---|
| 80 | ottanta | 400 | quattrocento |
| 90 | novanta | 500 | cinquecento |
| 100 | cento | 600 | seicento |
| 101 | centouno, cento uno | 700 | settecento |
| 110 | centodieci, cento dieci | 800 | ottocento |
| 122 | centoventidue, cento ventidue | 801 | ottocentouno, ottocento uno |
| 123 | centoventitrè, cento ventitrè | 816 | ottocentosedici, ottocento sedici |
| 200 | duecento | 900 | novecento |
| 300 | trecento | 1000 | mille |

1. Note: When the word **uno** precedes a noun, it has the same form as the indefinite articles **uno, un, un'**, and **una**. The other number words do not change form.

   Maria ha **una** borsa e **un** piatto.

   L'università ha **ottocento** studenti e **quarantadue** professori.

2. With multiples of ten from twenty to ninety, drop the final vowel before adding **uno** and **otto**.

   venti + uno = **ventuno**

   trenta + otto = **trentotto**

3. The number element **tre** is always accented when combined with other numbers.

   **trentatrè**    **duecentotrè**    **novecento ventitrè**

4. When a number word combined with **uno** is followed by another word, the final **o** of **uno** is usually dropped.

   Noi abbiamo **ventun** quaderni e **sessantun** libri.

# EXERCISES

ANSWERS p. 229

A. Give the numbers in parentheses in word form in Italian.

1. (100) Noi abbiamo _____ matite.
2. (21) La città ha _____ piazze.
3. (344) L'università ha _____ professori.
4. (15) Il signor Battisti ha _____ hotel.
5. (365) L'anno ha _____ giorni.
6. (189) Il ristorante Alfredo ha _____ piatti.

# Basic Expressions

7. (**6**) Il dottor Lucchesi ha _____ bambini.

8. (**42**) La classe d'italiano ha _____ studentesse.

9. (**1,000**) La città ha _____ vie.

10. (**3**) Il numero 1000 ha _____ zeri.

**ANSWERS p. 229**

B. Translate the following sentences, writing the numbers in word form.

1. Dr. Belli has 715 books.
2. The book has forty-one lessons.
3. We have a house and an airplane.
4. Professor Zatti has eleven male students and nineteen female students.

# CHAPTER REVIEW

Fill in the blanks, translating the words in parentheses.

Buongiorno, _____ (*my name is*) Giovanna. _____ (*I am from*) Castelfranco. _____ (*I am*) una professoressa all'università di Venezia. _____ (*I introduce to you*) la mia famiglia.

Ahmed ____ (*has*) quaranta anni. ____ (*He is*) un professore di matematica, anche lui all'università di Venezia. _____ (*He is from*) Lagos in Nigeria.

_____ (*we have*) tre bambini. Jasmin ____ (*has*) quindici anni e _____ (*she is*) studentessa al liceo. Marco ha ____ (*ten*) anni e ____ (*he is*) studente alla scuola elementare. Anna ha _____ (*four*) anni e ____ (*she is*) una bella _____ (*girl*).

Can you describe your family following this model?

# 2 In un ristorante del centro
## (In a Downtown Restaurant)

## PAROLE DA RICORDARE (Words to Remember)

| | | | |
|---|---|---|---|
| acqua | water | gelato | ice cream |
| antipasto | appetizer | insalata | salad, lettuce |
| aperitivo | aperitif | litro | liter |
| apericena | rich aperitif, almost dinner | minestra | soup |
| | | parola | word |
| appetito | appetite | pasta | (single) pastry; pasta |
| arrosto | roast | patata | potato |
| bicchiere (m.) | glass | piacere (m.) | pleasure |
| bottiglia | bottle | piatto | plate, dish of food |
| cameriere (m.) | waiter | pomodoro | tomato |
| cappuccino | cappuccino coffee | sete (f.) | thirst |
| centro | center, downtown | spaghetti (pl.) | type of pasta |
| conto | check, account | spritz | Venetian cocktail |
| contorno | side dish | spumante (m.) | sparkling wine |
| dolce (m.) | dessert, sweet | verbo | verb |
| espresso | espresso coffee | verdura | vegetables |
| fame (f.) | hunger | vino | wine |
| formaggio | cheese | vitello | veal |
| frutta | fruit | | |

## DIALOGO  Sergio e Maria mangiano in un ristorante del centro

| | |
|---|---|
| Cameriere | Buona sera, signori. Cosa prendete? |
| Sergio | Io comincio con uno spritz. Maria, prendi un aperitivo? |
| Maria | No, grazie. Prendo un antipasto. |
| Cameriere | Benissimo. Gradite un primo piatto? |
| Sergio | Per primo piatto, io prendo spaghetti al pomodoro. Poi, un arrosto di vitello. |
| Cameriere | E per contorno, patate fritte? |
| Sergio | No, un'insalata verde, per piacere. Tu, Maria, cosa prendi? |
| Maria | Io non mangio pasta stasera. Non ho molta fame. |
| Cameriere | Desidera una minestra allora? |
| Maria | Sì, una minestra di verdura. |
| Cameriere | Certo, signora. E per secondo piatto, cosa prende? |
| Maria | Del formaggio e della frutta. |
| Cameriere | Che desiderate bere, vino bianco o rosso? |
| Sergio | Mezzo litro di vino bianco, freddo. |
| Maria | E anche una bottiglia di acqua minerale. Ho sete. |
| Cameriere | Benissimo. E dopo, dolce e caffè? |
| Sergio | Sì, due gelati. Poi un espresso per me ... no, un cappuccino ... e una crema caffè per lei. |
| Cameriere | Grazie, signori ... e buon appetito! |

■ ■ ■ ■

| | |
|---|---|
| Cameriere | Ecco il conto ... e un bicchiere di spumante. Offre la casa! |
| Sergio | Che simpatico questo cameriere! |

## DIALOGUE  Sergio and Maria Are Eating in a Downtown Restaurant

| | |
|---|---|
| Waiter | Good evening, sir and ma'am. What are you having? |
| Sergio | I'll start with a spritz. Maria, are you having an aperitif? |
| Maria | No, thank you. I'll have an appetizer. |
| Waiter | Very good. Would you like a first course? |
| Sergio | For the first course, I'm having spaghetti with tomato sauce. Then roast veal. |
| Waiter | And as a side dish, fries? |
| Sergio | No, a green salad, please. And you, Maria, what are you having? |
| Maria | I'm not eating pasta tonight. I'm not very hungry. |
| Waiter | Do you want a soup, then? |
| Maria | Yes, vegetable soup. |
| Waiter | Certainly, ma'am. And as a second course, what are you having? |
| Maria | Some cheese and some fruit. |

| | | |
|---|---|---|
| WAITER | | What do you wish to drink, white or red wine? |
| SERGIO | | Half a liter of white wine, cold. |
| MARIA | | And also a bottle of mineral water. I'm thirsty. |
| WAITER | | Very well. And later on, dessert and coffee? |
| SERGIO | | Yes, two ice creams. Then an *espresso* for me ... no, a *cappuccino* ... and a *coffee cream* for her. |
| WAITER | | Thank you, sir and ma'am ... and enjoy your meal! |

■ ■ ■ ■

| | | |
|---|---|---|
| WAITER | | Here is the check ... and a glass of *spumante*. It's on the house! |
| SERGIO | | What a nice waiter! |

**Espresso** is a strong, black coffee that is prepared only upon customer request. **Cappuccino**, Italy's most popular beverage, is a mixture of hot black coffee and steamed milk. It is so called because its dark-brown color recalls the habit of Franciscan friars, known as Cappuccini. **Crema caffè** is a whipped specialty coffee. Italy has many types of coffee: **caffè macchiato caldo** or **freddo** (with a drop of steamed or cold milk), **caffè corretto** (with a drop of grappa or liquor), **caffè lungo** or **americano** (with more water). Common alternatives to coffee are **il ginseng** and **il caffè d'orzo** (barley).

# EXERCISES

**ANSWERS p. 229**

A. Complete the sentences based on the dialogue, choosing the correct answers from those given in parentheses.

1. (spaghetti al pomodoro—una minestra—un espresso) Al ristorante, per primo piatto Sergio prende _____.

2. (un arrosto di vitello—del formaggio—una minestra di verdura) Maria per primo piatto desidera_____.

3. (patate fritte—del formaggio—un'insalata verde) Per contorno Sergio prende_____.

4. (una bottiglia di vino rosso—mezzo litro di vino bianco—mezzo litro di acqua minerale) Sergio e Maria desiderano bere_____.

5. (due gelati—due espressi—due cappuccini) Dopo, Sergio e Maria ordinano_____.

**ANSWERS p. 229**

B. Place the appropriate definite and indefinite articles before the following nouns.

*Example:* la / una via

1. _____ _____ antipasto
2. _____ _____ fame
3. _____ _____ pomodoro

# In un ristorante del centro 15

4. _____ _____ vitello
5. _____ _____ centro
6. _____ _____ formaggio
7. _____ _____ frutta
8. _____ _____ pasta
9. _____ _____ spritz
10. _____ _____ dolce

**ANSWERS p. 230**

C. Give the plural form of the following nouns, placing the appropriate definite article before each.

*Example:* signore **i signori**

1. bottiglia _____
2. cameriere _____ _____
3. gelato _____ _____
4. verdura _____ _____
5. espresso _____ _____
6. contorno _____ _____
7. verbo _____ _____
8. vino _____ _____
9. cappuccino _____ _____
10. acqua _____ _____
11. bicchiere _____ _____
12. arrosto _____ _____
13. parola _____ _____
14. ginseng _____ _____

# GRAMMAR I  Present Indicative of *-are*, *-ere*, and *-ire* Verbs

With few exceptions, the infinitive form of Italian verbs ends in **-are**, **-ere**, or **-ire**. The infinitive is the form listed in dictionaries. It is equivalent to the *to* form of English verbs— *to be, to run*.

Verbs ending in **-are** belong to the first conjugation, those ending in **-ere** to the second, and those in **-ire** to the third.

Verbs, like nouns, consist of two parts: the stem and the ending. When a verb is conjugated, the infinitive ending is replaced by other endings that indicate not only the person and the number of the subject, but also the tense (time of the action).

The present indicative of first-, second-, and third-conjugation verbs is formed by dropping the infinitive endings and adding in their place the endings listed below:

|  | ordin are | to order |
|---|---|---|
| io | ordin o | I order, I'm ordering, I do order, etc. |
| tu | ordin i | |
| lui, lei, Lei | ordin a | |
| noi | ordin iamo | |
| voi | ordin ate | |
| loro | ordin ano | |

|  | prend ere | to take |
|---|---|---|
| io | prend o | I take, I'm taking, I do take, etc. |
| tu | prend i | |
| lui, lei, Lei | prend e | |
| noi | prend iamo | |
| voi | prend ete | |
| loro | prend ono | |

|  | offr ire | to offer |
|---|---|---|
| io | offr o | I offer, I'm offering, I do offer, etc. |
| tu | offr i | |
| lui, lei, Lei | offr e | |
| noi | offr iamo | |
| voi | offr ite | |
| loro | offr ono | |

Note that the third-person plural of most verbs is stressed on the second-to-last syllable (**prendono, offrono,** etc.). When the present indicative of several verbs (such as **abitare, desiderare, ordinare**) is conjugated, the stress falls on the second-to-last syllable of the first-, second-, and third-person singular, and on the third-to-last syllable of the third-person plural (as in **ordino, ordini, ordina,** and **ordinano**).

## VERBI DA RICORDARE (Verbs to Remember)

| | | | |
|---|---|---|---|
| arrivare | to arrive | leggere | to read |
| chiamare | to call | parlare | to speak, talk |
| comprare | to buy | partire | to leave |
| desiderare | to wish, want | ricevere | to receive |
| domandare | to ask (in order to know) | ricordare | to remember |
| | | salutare | to greet, say goodbye |
| dormire | to sleep | scrivere | to write |
| guardare | to watch, to look (at) | vedere | to see |
| incontrare | to meet, encounter | | |

## EXERCISE

**ANSWERS p. 230**

Complete the sentences, conjugating the verbs in parentheses.

1. (call) Voi _____ Sergio e Maria.
2. (incontrare) Io _____ la signora Betti in centro.
3. (domandare) Luigi _____ il nome del ristorante.
4. (offrire) Il cameriere _____ un bicchiere di spumante.
5. (partire) Rosa e Aldo _____ stasera.
6. (desiderare) Che cosa _____ loro?
7. (ordinare) Noi _____ un cappuccino.
8. (ricevere) Tu _____ una telefonata.
9. (abitare) Dove _____ Lei, signora?
10. (vedere) Domani noi _____ un film.
11. (leggere) Marta, che cosa _____ tu?
12. (salutare) I ragazzi _____ il professore.
13. (dormire) Loro _____ benissimo.
14. (guardare) Mario e Antonio _____ Teresa.
15. (scrivere) Io e lui _____ la lezione.
16. (essere) Dottore, Lei _____ di Torino?
17. (ricordare) Lei _____ dov'è l'hotel Belvedere?
18. (avere) Stasera io _____ molta fame e molta sete.
19. (comprare) Voi _____ un'automobile.
20. (arrivare) L'autobus _____ in piazza San Pietro.

# GRAMMAR II   Present Indicative of *-iare*, *-care*, and *-gare* Verbs

A. In verbs whose infinitive ends in -iare, the present indicative is formed by dropping the **i** of the stem before the endings **i** and **iamo**.

|  | *mangi are* |
|---|---|
| io | mangi o (I eat) |
| tu | mang i |
| lui, lei, Lei | mangi a |
| noi | mang iamo |
| voi | mangi ate |
| loro | mangi ano |

B. In verbs whose infinitive ends in -care and -gare, the present indicative is formed by adding an **h** before the endings **i** and **iamo**.

|  | *dimentic are* | *pag are* |
|---|---|---|
| io | dimentic o (I forget) | pag o (I pay) |
| tu | dimentic hi | pag hi |
| lui, lei, Lei | dimentic a | pag a |
| noi | dimentic hiamo | pag hiamo |
| voi | dimentic ate | pag ate |
| loro | dimentic ano | pag ano |

For proper stress in conjugating **dimenticare**, see **abitare, desiderare**, and **ordinare**. Some other commonly used verbs ending in -iare, -care, and -gare are **studiare** (to study), **cominciare** (to begin, start), **cercare** (to look for), and **spiegare** (to explain.)

# EXERCISE

**ANSWERS p. 230**

Complete the sentences with the present indicative of the verbs in parentheses.

1. (dimenticare) Il cameriere _____ il vino.
2. (studiare) Gli studenti _____ la lezione.
3. (mangiare) Noi _____ della frutta.
4. (spiegare) Il professore _____ due lezioni.
5. (cercare) Tu e io _____ un bar.

6. (cominciare) Voi _____ l'università.
7. (dimenticare) Tu e lui _____ il libro a casa.
8. (pagare) Il signor Allori _____ il caffè a Giovanni e a Rosa.
9. (mangiare) Voi, ragazzi, dove _____ gli spaghetti al pomodoro?
10. (cercare) Marianna _____ un autobus per arrivare in centro.

# GRAMMAR III  The Adjective—Gender and Number

A. Italian adjectives end with **o, a,** or **e** in the singular. The **o** or **e** ending is the form that appears in dictionaries.

| alto | tall | giovane | young |
| americano | American | francese | French |
| basso | short | fritto | fried |
| biondo | blond | inglese | English |
| bruno | dark-haired | interessante | interesting |
| caldo | hot, warm | intelligente | intelligent |
| canadese | Canadian | italiano | Italian |
| costoso | expensive | magro | thin, slender |
| difficile | difficult | minerale | mineral |
| divertente | amusing | nero | black |
| facile | easy | piccolo | small |
| forte | strong; loud | povero | poor |
| giallo | yellow | ricco | rich |
| giapponese | Japanese | rosso | red |
| grande | big | simpatico | nice, friendly |
| grasso | fat | spagnolo | Spanish |

B. Gender and Number of Adjectives

1. Adjectives ending in **o** are masculine. To make them agree with a feminine noun, change the **o** to **a**.

   alt*o*—alt*a*   americano—american*a*

   The plural of these adjectives is obtained by changing the **o** to **i** and the **a** to **e**.

   alt*o*—alt*i*   americano—american*i*
   alt*a*—alt*e*   american*a*—american*e*

2. Adjectives ending in **e** are either masculine or feminine. Their plural is obtained by changing the **e** to **i**.

   difficile—diffici*i*   minerale—mineral*i*

C. Agreement

1. Adjectives must show the same gender and number of the nouns they modify.

| | |
|---|---|
| *il* ragazz*o* italian*o* | *la* ragazz*a* italian*a* |
| *i* ragazz*i* italian*i* | *le* ragazz*e* italian*e* |
| *lo* student*e* canades*e* | *la* studentess*a* canades*e* |
| *gli* student*i* canades*i* | *le* studentess*e* canades*i* |

2. When an adjective modifies both a masculine and a feminine noun, it takes the masculine plural form.

Sergio e Maria sono *italiani.*

La minestra e il vino sono *freddi.*

Il signore e la signora Smith sono *americani.*

# EXERCISES

**ANSWERS p. 230**

A. Give the plural forms of the following.
1. La lezione difficile _____
2. Il ragazzo magro _____
3. L'autobus giallo _____
4. La signorina francese _____
5. Il film divertente _____
6. La ragazza intelligente _____
7. Il piatto caldo _____
8. Il ristorante italiano _____
9. La patata fritta _____
10. La città grande _____
11. Il ragazzo ricco _____
12. La signora giovane _____

**ANSWERS pp. 230–231**

B. Translate these sentences.
1. The father and the mother are short.
2. Mario and Antonio are friendly.
3. The vegetable soup is cold.
4. The bus and the car are red.
5. The boy is dark-haired, and the girl is blond.
6. The lessons are interesting.
7. The dinner is expensive.
8. The children are small.
9. The girl is poor.
10. The man is not young.

## GRAMMAR IV  Interrogative Sentences

To ask a question in Italian, you place the subject of the sentence at the beginning or at the end of the sentence. In either case, the voice follows an ascendant pattern toward the end of the sentence, with a slight lowering at the final unstressed syllable(s):

    Giovanni, dove abiti?　　　　　Dove abiti, Giovanni?
    La lezione è difficile.　　　　　　È difficile la lezione?
    Lei desidera del formaggio?　　　Desidera del formaggio Lei?

## GRAMMAR V  Negative Constructions

To make a sentence negative, you must place the word **non** immediately before the conjugated verb.

    Io ho fame stasera.　　　　　　Io *non* ho fame stasera.
    Anna prende un cappuccino　　Anna *non* prende un cappuccino.
    Le ragazze hanno la borsa.　　　Le ragazze *non* hanno la borsa.
    La minestra è fredda?　　　　　No, la minestra *non* è fredda.

# EXERCISES

**ANSWERS p. 231**

A. Give the negative forms of the following sentences.

1. Voi siete spagnoli.
2. Giovanni è forte.
3. Luciano incontra due ragazze americane.
4. Noi desideriamo vedere Milano.
5. Lo studente chiama la madre.

**ANSWERS p. 231**

B. Give a negative answer to the following questions.

1. Lei si chiama Giuseppe?
2. L'arrosto di vitello è freddo?
3. Voi guardate un film francese stasera?
4. Maria ordina una bottiglia di acqua minerale?
5. Professore, desidera uno spritz?

## GRAMMAR VI  The Days of the Week

A. With the exception of **domenica** (which is feminine), the names of the days of the week are masculine in gender.

| | |
|---|---|
| (il) **lunedì** | Monday |
| (il) **martedì** | Tuesday |
| (il) **mercoledì** | Wednesday |
| (il) **giovedì** | Thursday |
| (il) **venerdì** | Friday |
| (il) **sabato** | Saturday |
| (la) **domenica** | Sunday |

B. The definite article is generally not used with the days of the week. When it is used, it indicates repeated occurrence.

*La domenica noi* compriamo un gelato.

On Sundays, we buy an ice cream.

*Sabato* loro vedono un film americano.

This Saturday they watch an American movie.

Note that in Italian the names of the days of the week do not begin with a capital letter.

## EXERCISE

**ANSWERS p. 231**

Translate the following sentences.

1. Tomorrow is Wednesday.
2. On Sundays they eat at a downtown restaurant.
3. This Friday he is going to buy some fruit and some cheese.
4. The water is cold, but the wine is warm.
5. On Mondays and Thursdays, Giorgio meets Anna.
6. As a side dish, Rossana is having a green salad.
7. I wish to buy a purse.
8. We order a bottle of sparkling wine.
9. The waitress is very nice.
10. On Saturdays we have an *apericena* in the piazza.

# CHAPTER REVIEW

Fill in the blanks, conjugating the verb in parentheses.

Marina _____ (essere) una studentessa e Claudio _____ (essere) uno studente. Marina _____ (essere) intelligente e bionda, mentre Claudio _____ (essere) ricco e simpatico. Marina e Claudio ___ (avere) un appuntamento al ristorante italiano a Firenze. Marina domanda a Claudio, "_____ (avere) fame?" Claudio _____ (rispondere), "No, non molta." Il cameriere _____ (domandare), "Che cosa _____ (prendere), voi?" Claudio _____ (rispondere), "_____ (Prendere) un bicchiere di vino rosso. Per primo piatto, i ravioli agli spinaci." Marina risponde, "_____ (prendere) un bicchiere di vino bianco e l'insalata." Mentre loro _____ (mangiare), _____ (parlare) del weekend. Sabato Marina _____ (guardare) un film al cinema e domenica Claudio _____ (partire) per Lisbona. Dopo la cena, Claudio _____ (ricevere) il conto e _____ (pagare) con la carta di credito.

# 3 Alla stazione ferroviaria
## (At the Railway Station)

## PAROLE DA RICORDARE (Words to Remember)

| | | | |
|---|---|---|---|
| il bigliettaio (*pl.* i bigliettai) | ticket agent | il viaggio | trip, travel |
| | | costare | to cost |
| il biglietto | ticket | scusare | to excuse |
| il binario (*pl.* i binari) | track, rail | viaggiare | to travel |
| | | salire | to get on |
| il diretto | direct train | scendere | to get down |
| l'espresso | express train | scegliere | to choose |
| ferroviario, a | railway (*adj*) | gli arrivi | arrivals |
| l'euro | euro, Italian currency | le partenze | departures |
| il regionale | local, regional train | la carrozza/il vagone | carriage |
| il numero | number | | |
| l'ora | hour, time | la macchinetta per obliterare | machine to validate the ticket |
| il pomeriggio (*pl.* i pomeriggi) | afternoon | | |
| | | la biglietteria automática | ticket machine |
| l'intercity | rapid train | | |
| il resto | change, rest | il posto | seat |

24

## DIALOGO  Alla stazione ferroviaria

| | |
|---|---|
| Antonietta | Scusi, sa che treni ci sono oggi per Napoli? |
| Bigliettaio | Certo. A che ora desidera partire? |
| Antonietta | Dopo le due del pomeriggio. |
| Bigliettaio | C'è un regionale alle tredici e quindici. Poi un Intercity alle diciotto e trenta. |
| Antonietta | Quando arriva a Napoli il regionale? |
| Bigliettaio | Alle sedici e cinquantotto. |
| Antonietta | Da che binario parte? |
| Bigliettaio | Dal binario numero quattro. |
| Antonietta | Bene, prendo il regionale. Quanto costa il biglietto? |
| Bigliettaio | Preferisce viaggiare in prima o seconda classe? |
| Antonietta | In seconda, grazie. |
| Bigliettaio | Costa dodici euro. |
| Antonietta | Ecco venti euro. |
| Bigliettaio | Questo è il suo resto: otto euro. |
| Antonietta | Mille grazie. |
| Bigliettaio | Prego, signora. Buon viaggio! |

## DIALOGUE  At the Railway Station

| | |
|---|---|
| Antonietta | Excuse me, do you know what trains there are today for Naples? |
| Ticket Agent | Sure. What time do you want to leave? |
| Antonietta | After two in the afternoon. |
| Ticket Agent | There is a *regionale veloce* at one-fifteen P.M. Then an *Intercity* at six-thirty. |
| Antonietta | When does the *regionale* arrive in Naples? |
| Ticket Agent | At four fifty-eight. |
| Antonietta | From what track does it leave? |
| Ticket Agent | From track number four. |
| Antonietta | Fine, I'll take the *regionale*. How much does the ticket cost? |
| Ticket Agent | Do you prefer to travel first or second class? |
| Antonietta | Second class, please. |
| Ticket Agent | It costs 12 euros. |
| Antonietta | Here's 20 euros. |
| Ticket Agent | And here's the change: 8 euros. |
| Antonietta | Thanks very much (a thousand thanks). |
| Ticket Agent | You're welcome, ma'am. Have a good trip! |

There are several types of trains in Italy: **Intercity, EuroCity, Freccia, regionale, regionale veloce,** and in some areas **suburbano**. The **Freccia** is the fastest and the most expensive train. It stops at larger cities and often carries only first-class cars.

The **regionale** (commuter train) travels only short distances and stops at most or all railway stations on the route. The **espresso** is a tourist train for scenic routes.

# EXERCISES

**ANSWERS p. 232**

Read the following statements, and based on the content of the dialogue, check the true or false blank.

|  | T | F |
|---|---|---|
| 1. Oggi per Napoli ci sono cinque treni. | ___ | ___ |
| 2. Il regionale arriva alle sedici e cinquantotto. | ___ | ___ |
| 3. Antonietta desidera prendere l'intercity. | ___ | ___ |
| 4. L'intercity parte dal binario numero quattro. | ___ | ___ |
| 5. Antonietta preferisce viaggiare in seconda classe. | ___ | ___ |
| 6. Il biglietto costa ventisei euro. | ___ | ___ |

**ANSWERS p. 232**

In Italian how do you say:

1. Excuse me.
2. Good night.
3. Enjoy your meal.
4. Here is the change.
5. Where do you live?
6. You are welcome.
7. Pretty well
8. What is your name *(formal)*?
9. I'm thirsty.
10. See you tomorrow.
11. I'm fine.
12. So-so
13. My name is Robert.
14. I'm hungry.
15. Today
16. I am from Chicago.

# GRAMMAR I  Position of the Adjective

In Italian, adjectives may precede or follow the noun(s) they modify, according to the following rules.

A. Before the Noun

1. Numerals and adjectives denoting a definite or an indefinite quantity always precede the noun. Among these are the adjectives **poco, a**, plural **pochi, poche** (little, not much, few, not many); **molto, a, i, e** (much, many); **quanto, a, i, e** (how much, how many); **tanto, a, i, e** (so much, so many); and **troppo, a, i, e** (too much, too many).

Martedì è il *secondo* giorno della settimana.

Anna mangia *troppi* gelati e *troppa* frutta.

La casa di Alberto ha *sette* stanze.

*Quanti* biglietti desiderate?

Lei compra *tanto* vino e *tanta* acqua minerale.

Loro salutano *molti* ragazzi e *molte* ragazze.

Giuseppe ordina *mezzo* litro di vino.

2. The demonstrative adjectives **questo** and **quello** always precede the noun or any other adjective they modify. The forms of **questo** are:

|  | Singular (this) | Plural (these) |
|---|---|---|
| before a consonant | questo (*m.*) | questi (*m.*) |
| before a consonant | questa (*f.*) | queste (*f.*) |
| before a vowel | quest' (*m, f.*) | questi (*m.*), queste (*f.*) |

*Quest'*arrosto e *questa* minestra sono freddi.

*Quest'*automobile e *quest'*autobus sono in centro.

Compriamo *questi* arrosti e *queste* insalate.

The adjective **quello** follows the pattern of the definite article **il/lo**.

| Masculine | Singular (that) | Plural (those) |
|---|---|---|
| before a consonant (except s + cons. or z) | quel | quei |
| before s + cons. or z | quello | quegli |
| before a vowel | quell' | quegli |
| Feminine |  |  |
| before a consonant | quella | quelle |
| before a vowel | quell' | quelle |

*Quello* sport è molto difficile.

*Quell'*acqua e *quel* vino sono caldi.

Desideriamo *quei* buoni piatti di spaghetti.

Saluto *quegli* studenti e *quelle* studentesse.

3. The adjectives **altro, a** (other, another), **stesso, a** (same), and **ultimo, a** (last) always come before the noun: **Un'altra ragazza** (another girl); **l'altro amico** (the other friend); **lo stesso giorno** (the same day); **l'ultima volta** (the last time).

Some common adjectives sometimes come before the noun they modify. Some of these adjectives are:

| | | | |
|---|---|---|---|
| bello, a | beautiful | nuovo, a | new |
| bravo, a | good, able | piccolo, a | small, little |
| brutto, a | ugly | santo, a | saintly, holy |
| buono, a | good | vecchio, a | old |
| caro, a | dear | (*pl.* vecchi, vecchie) | |
| cattivo, a | bad, naughty | vero, a | true, real |
| grande | big, great | | |

Note that some of these adjectives may also follow the noun. When they do, their meaning changes, acquiring a more literal, objective sense. **Io compro una nuova casa** means *I'm buying another house* (the house is not essentially new), but **Io compro una casa nuova** means *I'm buying a brand-new house*.

Also note that, when preceding a noun, **bello, buono, grande,** and **santo** have the following forms:

a. *bello*—same pattern as *quel-quello*:

| Masculine | Singular | Plural |
|---|---|---|
| | bel | bei |
| | bello | begli |
| | bell' | begli |
| Feminine | bella | belle |
| | bell' | belle |

b. *buono, grande,* and *santo*

| Masculine | | | |
|---|---|---|---|
| before a vowel | buon | grand' | sant' |
| before a consonant except s + cons. or z | buon | gran | san |
| before s + consonant or z | buono | grande | santo |
| Feminine | | | |
| before a vowel | buon' | grand' | sant' |
| before a consonant | buona | grande | santa |

Desidero un *altro* biglietto.
Ecco un *lungo* treno!
Il 26 dicembre è *Santo* Stefano e il 26 luglio è *Sant'*Anna.
Lui ha sempre un *grand'*appetito.
Lo studente saluta il *vecchio* professore.
Giovanna è una *bella* ragazza.

Che *bei* pomodori!
Quel negozio vende *begli* zaini.
Mi prendi *quegli* abiti?
Che *belle* bambine, signora!

B. After the Noun

1. A great number of Italian adjectives normally follow the noun(s) they modify, especially those that indicate color, form or shape, nationality, and religion.

    Teresa abita in una casa *gialla*.
    Desidero bere dell'acqua *fredda*.
    Ecco una chiesa *protestante*.
    Massimo è un ragazzo *intelligente*.
    Vedo una bambina *giapponese*.
    Loro parlano con quella ragazza *alta*.

2. Adjectives that are modified by an adverb, such as **molto** (very), **tanto** (so, so much), and **troppo** (too, too much), always follow the noun. They remain invariable.

    Quei bambini leggono un libro *molto* difficile.
    Questa minestra è *tanto* calda.
    Giuseppe ha un'automobile *troppo* piccola!

Remember the following points:

1. When two adjectives modify the same noun, either the rules previously given are applied, or both adjectives are placed after the noun, joined by e (and).

    Vediamo una *bella* borsa *grande*.
    Vediamo una borsa *bella* e *grande*.

2. If a demonstrative is used in conjunction with other adjectives, **questo** or **quello** always comes first.

    Vediamo *quella* bella borsa grande.
    Vediamo *quella* grande.

3. In Italian, as in English, adjectives are often used as nouns, particularly when indicating social class or condition, religion, and nationality.

    In Italia ci sono pochi *protestanti*.
    A Roma, a Firenze, e a Venezia abitano molti *americani*.

When an adjective indicating nationality is used as a noun to denote the population of a country, it often begins with a capital.

i *Francesi*   gli *Americani*   gli *Italiani*   i *Canadesi*

# EXERCISES

**A.** Restate each phrase in the feminine or in the masculine.
   *Example:* la signora italiana **il signore italiano**

1. un bravo studente
2. i signori spagnoli
3. il bambino piccolo
4. una ragazza canadese
5. le ricche signore
6. le giovani studentesse

**B.** Change the following phrases to the plural.
   *Example:* il padre francese **i padri francesi**

1. il nuovo dottore
2. la madre inglese
3. la breve lezione
4. quello sport difficile
5. quel bello zaino
6. quel grand'amico
7. l'altro signore giapponese
8. la lunga vacanza italiana
9. la buon'acqua minerale
10. questo formaggio cattivo

**C.** Place the adjectives in parentheses in the proper position, making the changes in agreement as necessary.
   *Example:* (quindici) Alla stazione ci sono i treni. **Alla stazione ci sono quindici treni.**

1. (**tanto**) Luisa compra pasta e zucchero.
2. (**poco**) Noi abbiamo penne.
3. (**molto**) In quella grande città ci sono automobili e treni.
4. (**115**) All'università ci sono studenti francesi e studentesse americane.
5. (**troppo**) Luigi, tu mangi frutta.
6. (**quanto**) Acqua desideri bere?

**D.** Replace the definite article with the appropriate form of *questo* or *quello* as indicated.
   *Example:* (quello) Lui legge il libro. **Lui legge quel libro.**

1. (**quello**) Marco prende l'autobus.
2. (**questo**) Desidero mangiare l'arrosto di vitello.
3. (**questo**) Marisa compra la borsa gialla.
4. (**quello**) Le ragazze inglesi partono con il treno.
5. (**quello**) I giovani dottori abitano a Bologna.
6. (**questo**) I film italiani sono molto divertenti.
7. (**quello**) Questi spaghetti sono freddi.
8. (**questo**) La stazione è nuova e molto grande.

E. Give the appropriate forms of *bello, buono,* and *grande* before the following singular or plural words.

*Example:* università bell'università, buon'università, grand'università

1. vacanza
2. vino
3. piacere
4. bicchieri
5. bottiglia
6. espresso
7. bar
8. spumante
9. formaggio
10. arrosto

F. Complete the following sentences, translating the words in parentheses.

1. *(a good student)* Luciana è _____.
2. *(many Canadian boys)* Io in centro vedo _____.
3. *(Saint Anthony)* Quest'hotel si chiama _____.
4. *(very short)* La signora Ricasoli è _____.
5. *(the last day)* Domenica è _____.
6. *(a good black coffee)* Desidero bere _____.
7. *(many dishes)* Quel ristorante ha _____.
8. *(those Spanish young ladies)* Io saluto _____.
9. *(those beautiful pens)* Quanto costano _____?
10. *(the same ladies)* Lui parla sempre con _____.

# GRAMMAR II  Present Indicative of *capire, finire,* and *preferire*

The verbs **capire** (to understand), **finire** (to finish), and **preferire** (to prefer) form the present indicative by adding **isc** to the stem of the infinitive before the endings of the first-, second-, and third-person singular as well as before the third-person plural.

|            | cap ire    | fin ire    | prefer ire    |
|------------|------------|------------|---------------|
| io         | cap isco   | fin isco   | prefer isco   |
| tu         | cap isci   | fin isci   | prefer isci   |
| lui, lei, Lei | cap isce | fin isce  | prefer isce   |
| noi        | cap iamo   | fin iamo   | prefer iamo   |
| voi        | cap ite    | fin ite    | prefer ite    |
| loro       | cap iscono | fin iscono | prefer iscono |

# EXERCISE

**ANSWERS p. 233**

Give the present-tense form of the verbs in parentheses.

1. (**finire**) Noi _____ di vedere un film italiano.
2. (**capire**) Quando lei parla inglese, loro non _____.
3. (**preferire**) Voi che cosa _____ mangiare oggi?
4. (**finire**) I ragazzi _____ la lezione di francese.
5. (**capire**) Sergio _____ che lei è di New York.
6. (**preferire**) Tu ___ prendere l'autobus o il treno?

# GRAMMAR III  The Verbs *sapere* and *conoscere*

The verbs **sapere** and **conoscere** both mean *to know*. They cannot be used indiscriminately, however, because **sapere** means to know or be aware of an information, while **conoscere** means to know in the sense of being acquainted with someone or something.

**Sapere** is an irregular verb, and the forms of the present indicative must be memorized. **Conoscere** conjugates like any other second-conjugation verb.

| sapere |  |
|--------|--------|
| io | so |
| tu | sai |
| lui, lei, Lei | sa |
| noi | sappiamo |
| voi | sapete |
| loro | sanno |

Io *conosco* bene Luigi, ma non *so* dove abita.
I'm well acquainted with Luigi, but I don't know where he lives.

# EXERCISE

**ANSWERS p. 234**

Complete the following sentences with *sapere* or *conoscere* as appropriate.

1. Il bigliettaio non _____ quando arriva l'Intercity.
2. La signorina Berti _____ il padre di Anna.
3. Roberto, tu _____ dov'è la stazione ferroviaria?
4. Loro non _____ che io studio all'Università di Pisa.
5. Noi _____ molto bene questa città.
6. Voi non _____ nuotare.

# GRAMMAR IV   Meaning of *c'è* and *ci sono*

C'è (the contracted form of **ci** + **è**) means *there is*. The plural form of **c'è** is **ci sono** (there are). When used in a question, they mean, respectively, *is there?* and *are there?*

Alla stazione *ci sono* molti treni.

Scusi, signora, *c'è* un autobus per andare in centro?

In questa città *ci sono* tanti studenti giapponesi.

# EXERCISE

**ANSWERS p. 234**

Complete the following sentences with *c'è* and *ci sono*.

1. In quella grande via _____ dieci ristoranti.
2. A Roma _____ il famoso colosseo.
3. In quella casa _____ due ragazzi e tre ragazze.
4. Dove _____ Antonio, _____ anche Francesco.
5. _____ Luigi con voi?
6. Quanti studenti _____ in questa classe?

# GRAMMAR V   How to Tell Time in Italian

A. The question *What time is it?* is rendered in Italian with either **Che ora è?** or **Che ore sono?**

| Question | Answer | |
|---|---|---|
| Che ora è? | È mezzogiorno. | It's noon. |
| | È l'una. | It's one o'clock. |
| | È mezzanotte. | It's midnight. |

| | | |
|---|---|---|
| Che ore sono? | **Sono le due.** | It's two o'clock. |
| | **Sono le otto.** | It's eight o'clock. |
| | **Sono le undici.** | It's eleven o'clock. |

B. The question *At what time?* is rendered with **A che ora?** as in: **A** *che ora* arriva il rapido?

| | |
|---|---|
| all'una | at one o'clock |
| alle otto | at eight o'clock |
| a mezzanotte | at midnight |
| alle undici | at eleven o'clock |

Fractions of an hour are expressed as illustrated below:

| | |
|---|---|
| 11:30 | **le undici e trenta** or **le undici e mezzo** |
| 7:15 | **le sette e quindici** or **le sette e un quarto** |
| 3:45 | **le tre e quarantacinque** or **le tre e tre quarti** or **le quattro meno un quarto** |

C. Note that in writing down a given time, Italians do not use a colon to separate the hour from the minutes. They use a comma instead. In the spoken language, the comma is replaced by the conjunction **e**:

| | |
|---|---|
| sono le 11,30. | Sono le undici *e* trenta. |
| Il treno parte alle 2,23. | Il treno parte alle due *e* ventitrè. |

D. In everyday use, Italians indicate A.M. and P.M. more or less as follows:

| | |
|---|---|
| from 1:00 to 3:00 A.M. | time + **di notte** |
| from 4:00 to noon. | time + **del mattino** |
| | time + **di mattina** |
| from 1:00 to 5:00 P.M. | time + **del pomeriggio** |
| from 6:00 to 11:00 P.M. | time + **di sera** |
| 5:00 A.M. | **le cinque del mattino** |
| 8:45 A.M. | **le otto e quarantacinque di mattina** |
| 9:00 P.M. | **le nove di sera** |
| 2:20 A.M. | **le due e venti di notte** |

In printed schedules, at airports and railway stations, and often on radio and TV, Italians also use a system similar to that adopted by the military. The day is divided into twenty-four hours; thus **le dodici** is noon, **le quindici e trenta** is 3:30 P.M., and **le ventiquattro** is midnight.

Il regionale arriva *alle sedici e cinquantotto.*

C'è un Intercity *alle ventuno e quindici.*

# EXERCISES

**ANSWERS p. 234**

A. Answer the question *Che ore sono?*

1. It's 7:00 A.M.
2. It's noon.
3. It's 8:16 P.M.
4. It's 5:50 A.M.
5. It's 1:30 P.M.

**ANSWERS p. 234**

B. Answer the question *A che ora arriva l'aereo?*

1. At 8:50 A.M.
2. At 12:08 P.M.
3. At 11:15 P.M.
4. At 6:00 P.M.
5. At 2:45 A.M.
6. At 4:10 P.M.

# GRAMMAR VI   Numbers from 1,001 to 1 Billion

| | |
|---|---|
| 1001 | milleuno |
| 1650 | milleseicentocinquanta or mille seicento cinquanta |
| 2000 | duemila |
| 7800 | settemilaottocento or settemila ottocento |
| 10.000 | diecimila |
| 25.600 | venticinquemila seicento |
| 100.000 | centomila |
| 560.302 | cinquecento sessantamila trecentodue |
| 800.000 | ottocentomila |
| 1.000.000 | un milione |
| 3.000.000 | tre milioni |
| 100.000.000 | cento milioni |
| 1.000.000.000 | un miliardo |

Note that:

1. **Mila** is the plural of **mille** (one thousand).

   Io ho *mille* euro.   Io ho *tremila* euro.

2. Italians use a period to indicate units of thousands, most commonly beginning at ten thousand: 10.000.

> Una buona macchina costa *25.000* euro.

3. Commas are used in decimal numbers. The comma is read as an e.

> *Il ragazzo è alto 1,70 (un metro e settanta)*
> The boy is 1.70 m tall.

# EXERCISE

**ANSWERS p. 234**

Spell out in Italian the numbers given in parentheses.

1. (480.000) L'università ha _____ libri.
2. (5600) In questa città ci sono _____ vie.
3. (13.900) Il viaggio in Australia costa _____ euro.
4. (1.000) Quella bicicletta sportiva costa _____ euro.
5. (11.000.000) Quell'aereo privato costa _____ di euro.

# CHAPTER REVIEW

**Fill in the blanks, translating the words in parentheses.**

In Italia i mezzi pubblici sono molto buoni, ma per (*to go*) _____ in luoghi più lontani è possibile noleggiare una _____ (*car*) o cercare un passaggio con ride sharing, come BlaBlaCar. Oggi però Gianna e Alessandro (*they take*) _____ un treno e _____ (*they go*) a Bologna. Amano viaggiare in treno. Sono _____ (*old friends*). Quando _____ (*they arrive*) alla stazione ferroviaria, vanno alla _____ (*ticket machine*). _____ (*They choose*) il treno rapido e comprano due _____ (*tickets*) di seconda classe con la carta di credito. Dopo trovano il _____ (*platform*) 9, camminano verso la _____ (*carriage*) 5, e _____ (*they get on*) sul treno. Il treno è un Frecciarossa e il viaggio dura solo _____ (*one*) ora. "Ecco la nostra _____ (*stop*)," dice Gianna. _____ (*They get off*) dal treno e _____ (*they leave*) la stazione. I due amici sono sempre felici quando viaggiano insieme.

# 4 Compleanno in famiglia
## (A Family Birthday)

## PAROLE DA RICORDARE (Words to Remember)

| | | | |
|---|---|---|---|
| l'albergo | hotel | il pacco | parcel, package |
| l'amica | friend (f.) | il parco | park |
| l'amico | friend (m.) | il parente | relative (m.) |
| l'arancia | orange | la parente | relative (f.) |
| la banca | bank | la pioggia | rain |
| la barca | boat | il sindaco | mayor |
| la camicia | shirt | la sorpresa | surprise |
| la ciliegia | cherry | la spiaggia | beach |
| il compleanno | birthday | lo stadio | stadium |
| il cuoco | cook, chef | lo studio | study, den |
| il dialogo | dialogue | la valigia | suitcase |
| l'esercizio | exercise | bianco, a | white |
| la faccia | face | cattolico, a | Catholic |
| la farmacia | pharmacy | fantastico, a | fantastic |
| il foglio | sheet of paper | greco, a | Greek |
| il genitore | parent | largo, a | wide, broad |
| il lago | lake | necessario, a | necessary |
| il luogo | place | politico, a | political |
| la macchina | car | pubblico, a | public |
| il medico | doctor, physician | scientifico, a | scientific |
| il monaco | monk | sporco, a | dirty |
| il nemico | enemy | stanco, a | tired |
| l'orario | schedule, time | tedesco, a | German |
| l'orologio | watch, clock | tutto, a | all, whole |

37

## DIALOGO    Compleanno in famiglia

| | |
|---|---|
| LUCA, IL FIGLIO | Mamma, fra due giorni il babbo compie quarant'anni. Che facciamo per festeggiare il suo compleanno? |
| ROSA, LA MADRE | Andiamo tutti a mangiare fuori. |
| LUCA | Chi viene con noi? |
| ROSA | Lo zio Piero, sua moglie, e i tuoi cugini Paolo e Luisa. |
| LUCA | I genitori del babbo vengono? |
| ROSA | Soltanto la nonna. Il nonno è all'estero per affari. Domani però arriva la sorella di tuo padre da Toronto. |
| LUCA | Veramente? Che bella sorpresa per lui! Viene anche suo marito? |
| ROSA | Sì, vengono tutti e due. Così conosci finalmente i tuoi parenti canadesi. |
| LUCA | Fantastico! |
| ROSA | Ma Luca, non dire nulla al babbo! |
| LUCA | Certo, certo, mamma. |

## DIALOGUE    A Family Birthday

| | |
|---|---|
| LUCA, THE SON | Mom, in two days Dad turns forty years old. What are we doing to celebrate his birthday? |
| ROSA, THE MOTHER | We are all going to eat out. |
| LUCA | Who is coming with us? |
| ROSA | Uncle Piero, his wife, and your cousins Paolo and Luisa. |
| LUCA | Are Dad's parents coming? |
| ROSA | Only Grandmother. Grandfather is abroad on business. Tomorrow, however, your father's sister is arriving from Toronto. |
| LUCA | Really? What a nice surprise for him! Is her husband coming also? |
| ROSA | Yes, both of them are coming. So you finally are meeting your Canadian relatives. |
| LUCA | Great! |
| ROSA | But Luca, do not say anything to your dad! |
| LUCA | Sure, Mom, sure. |

## EXERCISES

**ANSWERS p. 235**

A. Respond to the following on the basis of the dialogue, choosing from the options provided in parentheses.

1. Quand'è il compleanno del padre di Luca? _____ (oggi—domani—fra due giorni)

2. Il padre di Luca ha _____. (trentacinque anni—quarant'anni—sessant'anni)

3. Chi arriva domani da Toronto? _____ (la sorella del babbo di Luca—lo zio Piero—il nonno)
4. Chi sono Paolo e Luisa? _____ (i figli di Rosa—i cugini di Luca—i parenti canadesi)
5. Dov'è il padre del babbo di Luca? _____ (a Milano—all'estero per affari—alla stazione)
6. Dove mangiano tutti per festeggiare il compleanno del babbo di Luca? _____ (a casa—fuori—in un ristorante del centro)

**ANSWERS p. 235**

B. Give the English equivalent of the underlined words.
1. La domenica noi preferiamo <u>mangiare fuori</u>.
2. <u>Quanto costa</u> il biglietto del treno?
3. Oggi loro <u>festeggiano il compleanno</u> del nonno.
4. Desiderate viaggiare <u>in seconda classe</u>?
5. Il dottor Velli parte per Torino <u>per affari</u>.
6. Lo zio di Silvana <u>si chiama Antonio</u>.
7. Questa settimana lui viaggia <u>all'estero</u>.
8. <u>Scusi</u>, signorina, ma non conosco quel signore.
9. C'è Sergio e c'è anche Maria. <u>Che bella sorpresa</u>!
10. Quel signore ha novantanove anni? <u>Veramente</u>?
11. Io sono di Parma. <u>E Lei, di dov'è</u>?
12. Signora Betti, <u>ecco il resto</u>!

# GRAMMAR I  Plural of Certain Nouns and Adjectives

A. Singular feminine nouns and adjectives ending in **-ca** and **-ga** form the plural by changing the endings to **-che** and **-ghe**.

    ami*ca*—ami*che*    bian*ca*—bian*che*
    bar*ca*—bar*che*    lar*ga*—lar*ghe*

B. Singular feminine nouns ending in **-cia** and **-gia** form the plural thus:

    -cie/-gie    if a vowel precedes the singular ending
    -ce/-ge    if a consonant precedes the singular ending
    cami*cia*—cami*cie*    vali*gia*—vali*gie*
    aran*cia*—aran*ce*    pio*ggia*—pio*gge*

C. Singular masculine nouns and adjectives ending in **-co** and **-go** generally form the plural by replacing the singular endings with **-chi** and **-ghi**.

    pa*cco*—pa*cchi*    bian*co*—bian*chi*
    la*go*—la*ghi*    lar*go*—lar*ghi*

Several masculine nouns and adjectives ending in **-co**, however, change the singular ending **-co** to **-ci** when the stress falls on the second-to-last syllable.

>mẹdi*co*—mẹdi*ci*
>fantasti*co*—fantasti*ci*

Exceptions to this rule are, among others, the following:

>ami*co*—ami*ci*
>nemi*co*—nemi*ci*
>gre*co*—gre*ci*

D. Most masculine nouns and adjectives ending in **-io** form the plural by replacing **io** with **i**.

>bigliett*aio*—bigliett*ai*
>ferrovi*ario*—ferrovi*ari*

Note that the plural of **zio** is **zii**.

# EXERCISES

**ANSWERS p. 235**

A. Change the following phrases to the plural.

1. lo stadio pubblico
2. il lungo viaggio
3. l'esercizio necessario
4. il nemico politico
5. la fantastica sorpresa
6. l'amica simpatica
7. la pioggia fredda
8. la lezione scientifica
9. la piccola ciliegia
10. la camicia bianca
11. l'amico stanco
12. la valigia sporca

**ANSWERS p. 235**

B. Change the following sentences to the plural.

1. Questo pomeriggio è molto bello.
2. Quel cuoco francese è alto e magro.
3. Quest'orologio ha lo stesso orario.
4. Io desidero quell'arancia rossa.
5. Il nuovo sindaco è molto ricco.
6. Quell'esercizio è troppo lungo.
7. Non conosco quella giovane signora tedesca.
8. L'oliva greca è molto buona.
9. L'albergo dove lei abita è sporco.
10. Ecco il nuovo pacco di Amazon.

# GRAMMAR II  Possessive Adjectives and Possessive Pronouns

A. Possessive adjectives always precede the noun with which they agree in gender and number. In contrast to English usage, the gender of the person or the object doing the possessing is immaterial (*sua sorella* can be *his* or *her* sister).

**Roberto Mastri parla a sua figlia.**
Robert Mastri is talking to his daughter.

*Il mio treno* parte alle dieci di mattina.
My train leaves at ten A.M.

B. Possessive adjectives and possessive pronouns have the same forms. The definite article is generally used before both.

| Masculine | | Feminine | | Adjective | Pronoun |
|---|---|---|---|---|---|
| il mio | i miei | la mia | le mie | my | mine |
| il tuo | i tuoi | la tua | le tue | your | yours (*fam. sing.*) |
| il suo | i suoi | la sua | le sue | his, her, its | his, hers, its |
| il Suo | i Suoi | la Sua | le Sue | your | yours (*form. sing.*) |
| il nostro | i nostri | la nostra | le nostre | our | ours |
| il vostro | i vostri | la vostra | le vostre | your | yours (*fam. pl.*) |
| il loro | i loro | la loro | le loro | their | Theirs |

La *mia* amica e la *tua* sono francesi.
My friend and yours are French.

Questo è il *nostro* autobus, quello è il *vostro*.
This is our bus, that is yours.

C. The article is omitted:

1. When addressing a person, directly or in writing:

   Come stai, *mio* caro amico?
   How are you, my dear friend?

2. When a possessive adjective (except **loro**) precedes one of the following *unmodified* singular nouns denoting family members:

| | | | |
|---|---|---|---|
| il padre | father | la compagna | partner *(f.)* |
| il marito | husband | la figlia | daughter |
| il compagno | partner *(m.)* | la sorella | sister |
| il figlio | son | la zia | aunt |
| il fratello | brother | il cugino | cousin *(m.)* |
| lo zio | uncle | il suocero | father-in-law |
| la madre | mother | il cognato | brother-in-law |
| la moglie | wife | il genero | son-in-law |
| (*pl.* mogli) | | il nipote | grandson, nephew |

| | | | |
|---|---|---|---|
| la cugina | cousin (f.) | la nuora | daughter-in-law |
| la suocera | mother-in-law | la nipote | grandaughter, niece |
| la cognata | sister-in-law | | |

*Mio fratello* studia a New York.
Questa è *nostra* figlia.

*Tuo* cugino arriva domani in aereo.
Signor Giacobini, ecco *Suo* padre!

but:

Il *loro* suocero abita a Venezia. (Loro always needs the article)

Non conosco le *vostre* cognate.

Il *nostro* nipote canadese viaggia sempre in treno. (Canadese modifies the noun, so the article remains)

Note that the word **babbo** (dad) used in conjunction with a possessive adjective requires the definite article (il **tuo** babbo).

# EXERCISES

**ANSWERS p. 235**

A. Translate the possessive adjectives in parentheses, adding the definite article when required.

1. *(his)* _____ suocero
2. *(your, fam. sing.)* _____ macchina
3. *(their)* _____ camicia
4. *(our)* _____ figlio
5. *(your, form. sing.)* _____ marito
6. *(his)* _____ cugini
7. *(her)* _____ parenti
8. *(my)* _____ compleanno
9. *(their)* _____ cognata
10. *(your, fam. pl.)* _____ casa

**ANSWERS p. 236**

B. Translate the possessive adjectives and the possessive pronouns in parentheses, adding the articles when necessary.

1. Luca desidera festeggiare il compleanno di *(his wife)* _____.
2. Noi non conosciamo *(their American cousins Louise and Ann)* _____.
3. *(Their suitcase)* _____ è gialla, *(ours)* _____ è rossa.
4. *(Her husband)* _____ studia all'Università di Napoli.
5. Maria, come si chiama *(your father's new wife)* _____ ?
6. *(Alberto's son-in-law)* _____ abita a Pisa, *(mine)* _____ abita a Genova.

C. Change the following sentences to the singular.
1. Ecco i suoi figli.
2. Le loro figlie sono molto ricche.
3. Quei ragazzi sono nostri amici.
4. Noi salutiamo le vostre nipoti.
5. Maria vede le loro case.
6. Le tue zie abitano a Roma.

# GRAMMAR III  Present Indicative of the Stem-Changing Verbs *dare, andare, fare, stare, uscire,* and *venire*

|   | *dare* | *andare* | *fare* |
|---|---|---|---|
| io | do (I give) | vado (I go) | faccio (I do, make) |
| tu | dai | vai | fai |
| lui, lei, Lei | dà | va | fa |
| noi | diamo | andiamo | facciamo |
| voi | date | andate | fate |
| loro | danno | vanno | fanno |

|   | *stare* | *uscire* | *venire* |
|---|---|---|---|
| io | sto (I am, stay, feel) | esco (I go out) | vengo (I come) |
| tu | stai | esci | vieni |
| lui, lei, Lei | sta | esce | viene |
| noi | stiamo | usciamo | veniamo |
| voi | state | uscite | venite |
| loro | stanno | escono | vengono |

# EXERCISE

Give the correct form of the verb in parentheses.
1. (**preferire**) Loro _____ mangiare fuori questa sera.
2. (**andare**) Giovanni _____ alla stazione con autobus.
3. (**fare**) Signora Rossini, che cosa _____ domani?
4. (**sapere**) Suo padre non _____ che Enrico studia molto poco.
5. (**stare**) Come _____ i vostri cugini canadesi?
6. (**dare**) Il bambino _____ il resto alla mamma.
7. (**uscire**) Quando _____ per andare in centro, voi?

8. (fare) Noi _____ un lungo viaggio fra due giorni.
9. (venire) A che ora _____ all'università, voi?
10. (andare) Io _____ a mangiare alle due e mezzo.
11. (dare) I nonni _____ le ciliegie ai nipoti.
12. (stare) Mio padre non _____ molto bene oggi.
13. (uscire) Stasera Giorgio _____ con i suoi amici.
14. (festeggiare) Loro _____ il vostro compleanno.
15. (pagare) Tu, Luca, _____ il cappuccino e l'espresso.

## GRAMMAR IV   The Adjective *tutto, a*

Like any adjective, **tutto, a, i, e** (all, whole) must agree in gender and number with the noun it modifies. The definite article does not precede the adjective **tutto** but follows it immediately before any other word or words (be it a noun or an adjective plus a noun).

tutto (a, i, e) + definite article + noun

**La mamma compra *tutta la frutta.***
Mom buys all the fruit.

**Oggi arrivano *tutti i nostri parenti americani.***
Today all our American relatives are arriving.

**Ecco *tutte le valigie* del signor Battistini.**
Here are all Mr. Battistini's suitcases.

**Questa sera Adriano paga *tutto il conto.***
This evening Adriano pays the whole bill.

## EXERCISE

**ANSWERS p. 236**

Replace the underlined adjectives with the correct form of *tutto*.

   *Example:* Lei compra tanto zucchero. **Lei compra *tutto* lo zucchero.**

1. Il professore legge molti libri.
2. Vado a Palermo con molte mie amiche.
3. Voi comprate troppa acqua minerale.
4. Quelle studentesse studiano cinque giorni.
5. Noi incontriamo sempre quelle ragazze.
6. Tu mangi troppi dolci!
7. Io vedo dieci film spagnoli.
8. I nostri zii pagano quei conti.

## GRAMMAR V  A Person's Age

In Italian, the verb **avere** must be used to express age.

**avere** + the number + **anno** or **anni**

| Question | Answer |
|---|---|
| Marta, quanti anni hai? | Io ho diciotto anni. |
| How old are you, Martha? | I'm eighteen years old. |
| Quanti anni ha Piero? | Piero ha un anno e due mesi. |
| How old is Piero? | Piero is a year and two months old. |
| Quanti anni hai? | Io ho quindici anni e mezzo. |
| How old are you? | I'm fifteen and a half years old. |

Note that **avere** is also used to express the age of an object.

| Quanti anni ha questa macchina | Questa macchina ha tre anni. |
|---|---|
| How old is this car? | This car is three years old. |

## EXERCISE

**ANSWERS p. 236**

Give the Italian equivalent of the following.

1. How old are you, doctor Bruni? I'm fifty-two years old.
2. Antonietta is thirty-three years old today.
3. Paolo and Luisa are two years and eight months old.
4. This lady is very old; she is ninety-seven.
5. That house is twenty-seven years old.
6. Her aunt is sixty-three and her uncle is sixty-six.
7. Miss Bellini is nineteen years old.
8. Tomorrow is my birthday; I turn six years old.

## GRAMMAR VI  Seasons and Months of the Year

| | | | |
|---|---|---|---|
| la stagione | season | aprile | April |
| la primavera | spring | maggio | May |
| l'estate *(f.)* | summer | giugno | June |
| l'autunno | fall, autumn | luglio | July |
| l'inverno | winter | agosto | August |
| il mese | month | settembre | September |
| gennaio | January | ottobre | October |
| febbraio | February | novembre | November |
| marzo | March | dicembre | December |

Note that:

1. Nouns naming the months are masculine.

    **Il primo marzo vado in Francia.** On March 1, I am going to France.
    **Dicembre è molto lungo.** December is very long.

2. The names of the months generally are not capitalized.

3. The first day of the month is always **il primo**; for the other days, the cardinal number (**tre, undici, quindici, ventisei,** etc.) must be used.

    Oggi è *il primo di* luglio or *il primo* luglio.
    Today is the first of July *or* July 1.

    Domani è *il due di* luglio or *il due* luglio.
    Tomorrow is the second of July *or* July 2.

4. While in English one says *in February* or *in October,* in Italian the preposition *a* is generally used.

    **Loro vanno in vacanza *a* febbraio.**
    They are going on vacation in February.

    **Alberto arriva in Italia *a* ottobre.**
    Albert arrives in Italy in October.

# EXERCISE

**ANSWERS p. 237**

Answer the question *Che giorno è oggi?*

*Example:* **Che giorno è oggi?** *Oggi è il ventitrè gennaio.*

1. May 7
2. December 31
3. August 1
4. November 14
5. March 2
6. February 17
7. June 22
8. September 23
9. April 25
10. July 4
11. May 10
12. January 1

# Compleanno in famiglia

## CHAPTER REVIEW

Read these scrambled sentences and regroup them in two paragraphs. The first paragraph describes a family birthday (1) and the second paragraph describes a modern Italian family (2).

A. In Italia oggi le famiglie tradizionali composte da madre, padre e figli sono sempre più rare.

B. Domani è il 5 agosto ed è il compleanno di Luigi.

C. La festa è domani alle 5 di pomeriggio nel giardino della nonna.

D. Il divorzio o la separazione sono molto comuni e i giovani tendono a non sposarsi.

E. Luigi prepara i palloncini e i giochi.

F. Gli amici portano i regali.

G. Oggi ci sono molti genitori single o molte famiglie allargate.

H. Oggi lui porta a scuola gli inviti per i suoi amici.

I. I matrimoni in chiesa non sono più la regola.

J. Viene anche la cugina dalla Francia, i suoi zii e la nuova compagna del papà.

K. I bambini abitano in due case diverse.

L. La mamma prepara i panini e una grande torta con le candeline.

M. I nonni sono le persone che aiutano a casa o con i bambini.

N. Quando arrivano gli amici, chiedono: "quanti anni hai?"

# 5 In un albergo di Milano
## (In a Hotel in Milan)

## PAROLE DA RICORDARE (Words to Remember)

| Italian | English | Italian | English |
|---|---|---|---|
| il bagno | bath, bathroom | aria condizionata | air conditioning |
| la camera | bedroom | il tabaccaio | tobacconist |
| la cena | supper | alcuni, e | some, any, a few |
| la chiave | key | benvenuto, a | welcome |
| la colazione | breakfast | subito | immediately, right away |
| il francobollo | postage stamp | | |
| il letto | bed | doppia | double room |
| la metropolitana/metro | subway | non c'è di che | don't mention it |
| | | quanto viene al giorno? | how much does it cost per day? |
| il minuto | minute | | |
| il passaporto | passport | qui vicino | close by, nearby |
| il piano[1] | floor, story (of a building) | chi | who, whom |
| | | eccellente | excellent |
| la porta | door | gentile | kind, gentle |
| il portiere | hotel receptionist, janitor, doorman | libero, a | vacant, free |
| | | quale | which, what |
| il portone | main door (of a building) | aprire | to open |
| | | aiutare | to help |
| il pranzo | dinner, midday meal (main meal in Italy) | consigliare | advise |
| | | entrare (in) | to enter |
| | | dovere | to have to, must |
| gli Stati Uniti | The United States | potere | to be able to, can |

[1] In Italian, *primo piano* refers to the US second floor, *secondo piano* to US third floor, and so on. *Pianterreno* is the ground floor, or US first floor.

| | | | |
|---|---|---|---|
| sentire | to hear, feel | al terzo piano[1] | on the second floor |
| spendere | to spend | piacere mio! | it's my pleasure! |
| visitare | to visit | per la prima volta | for the first time |
| volere | to want, wish | vicino (a) | close to, near |
| appena | as soon as | un po' di | some, a bit of |
| davanti a | in front of | il caricatore | the phone charger |
| dopo | after, afterward | il codice del wi-fi | the Wi-Fi code |
| forse | perhaps, maybe | | |
| proprio | exactly, really | balcone | balcony |

## DIALOGO   In un albergo di Milano

James e Susan Roberts visitano per la prima volta l'Italia. Quando arrivano alla stazione di Milano, prendono subito la metropolitana e dopo pochi minuti entrano in un albergo del centro.

PORTIERE   Benvenuti a Milano, signori! Desiderate?
JAMES   Avete una doppia?
PORTIERE   Per quante notti?
JAMES   Per tre notti, forse quattro.
PORTIERE   Venite dagli Stati Uniti. Da dove?
JAMES   Da Boston. Ecco i nostri passaporti.
PORTIERE   Abbiamo una camera libera al terzo piano, con bagno.
JAMES   Quanto viene al giorno?
PORTIERE   Centoventi euro, colazione inclusa. Va bene?
JAMES   Sì, va bene.
PORTIERE   Ecco le chiavi della vostra camera. Se volete, potete mangiare nel ristorante dell'albergo. È eccellente!
JAMES   Grazie. A che ora apre il ristorante?
PORTIERE   Serviamo la colazione dalle sette alle dieci. Il pranzo da mezzogiorno alle quattordici e trenta e la cena dalle venti alle ventidue.
JAMES   La stanza ha l'aria condizionata?
PORTIERE   Certamente ed è regolabile.
SUSAN   Scusi, dove posso comprare qualche cartolina e dei francobolli?
PORTIERE   Da un tabaccaio, signora.
SUSAN   C'è un tabaccaio qui vicino?
PORTIERE   Sì, signora. Proprio davanti all'albergo. Appena esce dalla porta.
SUSAN   Grazie. Lei è molto gentile!
PORTIERE   Non c'è di che, signora, piacere mio.

## DIALOGUE  In a Hotel in Milan

James and Susan Roberts are visiting Italy for the first time. When they arrive at the railway station in Milan, they immediately take the subway and a few minutes later they enter a downtown hotel.

RECEPTIONIST	Welcome to Milan, sir and ma'am! May I help you?
JAMES	Do you have a double room?
RECEPTIONIST	For how many nights?
JAMES	For three nights, maybe four.
RECEPTIONIST	You come from the United States. From where?
JAMES	From Boston. Here are our passports.
RECEPTIONIST	We have a vacant room on the third floor, with bathroom.
JAMES	How much does it come to per day?
RECEPTIONIST	120 euro per day, breakfast included. Is it all right?
JAMES	Yes, it's fine.
RECEPTIONIST	Here are the keys to your room. If you wish, you can eat in the restaurant of the hotel. It's excellent.
JAMES	Thank you. At what time does the restaurant open?
RECEPTIONIST	We serve breakfast from seven to ten. Lunch from noon to two-thirty, and supper from eight to ten.
SUSAN	Excuse me, where can I buy some postcards and a few stamps?
RECEPTIONIST	At a tobacconist's, ma'am.
SUSAN	Is there a tobacco shop nearby?
RECEPTIONIST	Yes, ma'am. Just in front of the hotel. As you go out the door.
SUSAN	Thank you. You are very kind!
RECEPTIONIST	Don't mention it, ma'am, it's my pleasure.

## EXERCISES

**ANSWERS p. 237**

A. Read the following statements based on the content of the dialogue, then check the true or false blank.

|  | T | F |
|---|---|---|
| 1. James e Susan dormono in un ostello. | ___ | ___ |
| 2. A Milano loro vanno subito a mangiare in un ristorante. | ___ | ___ |
| 3. I signori Roberts vengono da New York. | ___ | ___ |
| 4. James e Susan desiderano una doppia. | ___ | ___ |
| 5. La camera costa trecento euro. | ___ | ___ |
| 6. Nell'albergo c'è un ristorante molto buono. | ___ | ___ |
| 7. Nel ristorante la colazione finisce alle 9. | ___ | ___ |
| 8. Susan desidera comprare dei francobolli e delle cartoline postali. | ___ | ___ |
| 9. Il tabaccaio è lontano dall'albergo. | ___ | ___ |
| 10. Per andare dal tabaccaio è necessario uscire dall'albergo. | ___ | ___ |

**ANSWERS p. 237**

B. In Italian how do you say:

1. What time is it?
2. Have a nice trip!
3. Do you prefer a hotel or a hostel?
4. The refuge is on the top of the mountain.
5. Here is a nice double room.
6. We always travel first class.
7. How much does this car cost?
8. Is breakfast included?
9. He comes home Mondays.
10. They go abroad on business.
11. At noon we are always hungry.
12. Is there a bar near the stadium?
13. It's 11:40 A.M.
14. Today is the first of May.

# GRAMMAR I Prepositions Not Combined with the Definite Article

A. Listed below are the most commonly used Italian prepositions. Several have already been encountered in the preceding lessons, some alone, some combined with the definite article.

|  | usually | sometimes |
| --- | --- | --- |
| **a** | to, at | in |
| **da** | from, by | at |
| **di** | of | from, about |
| **in** | in, into | by, on |
| **su** | on | upon |
| **con** | with |  |
| **fra** or **tra** | between, among | in, within |
| **per** | for, through | in order to + *verb* |

B. The prepositions **a, da, di, in,** and **su** are used alone only before words not preceded by the definite article.

**Finalmente nostro figlio è *a* casa!**
Finally our son is home!

**Il sentiero parte *da* questo rifugio.**
The path leaves from this refuge.

**Compri una bottiglia *di* vino bianco?**
Are you buying a bottle of white wine?

**La colazione è *in* quella stanza.**
Breakfast is in that room.

**C'è il mio nome su questo quaderno.**
My name is on this notebook.

Note the following:

1. The preposition **a** (*to* or *in*) is always used with the names of cities, towns, and villages. It is also required after a verb of motion, such as **andare** or **venire**, followed by an infinitive.

    **Il dottor Venturi va *a* Firenze.**
    Dr. Venturi is going to Florence.

    **Il Vaticano è *a* Roma.**
    The Vatican is in Rome.

    **Noi andiamo *a* vedere un nuovo film.**
    We are going to see a new movie.

    **La mia amica viene *a* trovarmi questa settimana.**
    My friend is coming to visit me this week.

2. The preposition **da**, when followed by a personal pronoun, the name of a person, or the name of an occupation or profession, is the equivalent of the English *at the house of, at the office/shop of*, or *to* _____*'s*. In all these cases, **da** is used in conjunction with a verb of motion or a verb such as **abitare**, **essere**, and **stare**.

    **Stasera andiamo *dai* Signori Rossi.**
    Tonight we are going to the Rossi's.

    **Oggi Maria è *dal* dottore.**
    Today Mary is at the doctor's.

    **Lunedì lui sta *da* suo padre.**
    Monday he is staying at his father's.

3. The preposition **di** followed by a proper name usually indicates possession. When it is used with **dove** and **essere**, and sometimes **essere** alone, it means *from*.

    **Ecco il letto *di* Susanna.**
    Here is Susan's bed.

    **La zia *di* Gina si chiama Elena.**
    Gina's aunt is called Helen.

    **Questi miei amici sono *di* Palermo.**
    These friends of mine are from Palermo.

> *Di* dov'è Lei, signora Puccini?
> Where are you from, Mrs. Puccini?

When **di** follows the verb **parlare**, it means *about*.

> **Tu parli sempre *di* macchine.**   You always talk about cars.

4. The preposition **in** (*in* or *to*) is used before the names of countries and before words indicating the means of transportation by which a person or an object travels.

> **I suoi cugini vanno *in* Spagna.**   His cousins are going to Spain.
> **Lei parte domani *in* aereo.**   She leaves tomorrow by plane.

Note that in Italian **in** is used with the name of a street, while English uses the preposition *on*.

> **L'ostello è *in* Via Manzoni.**   The hostel is on Manzoni Street.
> **Abita *in* Via San Giuseppe, Lei?**   Do you live on St. Joseph Street?

5. The prepositions **con, fra, tra,** and **per** are used before words that may or may not be preceded by the definite article. Today, Italians do not combine **con** and **per** with the definite article. **Fra** and **tra** are never combined with the definite article. Note that there is no difference in meaning between **fra** and **tra**. Their use is a matter of personal preference.

> **Lisa parla *con* suo padre.**   Lisa is talking with her father.
> **Ecco il cameriere *con* il conto.**   Here is the waiter with the check.
> **Viaggia *per* Roma in auto.**   He travels through Rome by car.
> **Ordino un caffè *per* Saverio.**   I'm ordering a coffee for Saverio.
> **Esce *per* comprare il vino.**   He goes out in order to buy wine.
> **Arrivo *fra/tra* l'una e le tre.**   I arrive between one and three P.M.

# EXERCISES

**ANSWERS p. 238**

A. Complete the sentences, replacing the English prepositions with the appropriate Italian prepositions.

1. Ci sono molte ragazze (*on*) _____ questa spiaggia.
2. Margherita parte (*for*) _____ Trieste.
3. Noi andiamo (*to*) _____ Napoli domani.
4. L'intercity viene (*from*) _____ Palermo.
5. Susanna arriva (*with*) _____ Giacomo.
6. Francesca abita (*on*) _____ Via San Francesco.
7. Quel signore viaggia sempre (*by*) _____ autobus.
8. Mio zio esce (*in*) _____ venti minuti.
9. Il portiere dà il passaporto (*to*) _____ Susanna.
10. L'anno comincia (*in*) _____ gennaio.

11. Vado (to) _____ Italia (in order to) ____ visitare tante belle città.
12. Stasera desidero bere un bicchiere (of) _____ spumante.
13. I bambini escono (with) _____ la mamma.
14. I signori White vengono (to) _____ Firenze tutte le estati.
15. La città (of) _____ Ferrara è piccola ma bella.
16. Il nonno parla sempre (about) _____ suo nipote Carlo.
17. Giacomo riceve la chiave (from) _____ suo padre.
18. Voi studiate (for) _____ tre ore.

**B. Translate the following sentences.**

1. They are leaving for the United States in five weeks.
2. She is going from Italy to France by bus.
3. Today I am eating in that restaurant with the mayor of Ferrara.
4. I always buy many bottles of sparkling water for my family.
5. The *diretto* for Genoa leaves in five minutes.
6. I am not well acquainted with Lisetta's husband.
7. Her sister-in-law is traveling on that train.
8. Between Marisa and Roberta, I prefer Marisa.
9. It's nine o'clock and I wish to go to Mario's.
10. My dad lives on Emerson Street.

# GRAMMAR II   Prepositions Combined with the Definite Article

When the prepositions *a*, *da*, *di*, *in*, and *su* are followed by words that are preceded by the definite article, they combine to form one word. The combined forms follow the same rules that govern the definite article.

| prep. | + il | + lo | + l' | + la | + i | + gli | + le | English |
|---|---|---|---|---|---|---|---|---|
| a | al | allo | all' | alla | ai | agli | alle | to, at, in + the |
| da | dal | dallo | dall' | dalla | dai | dagli | dalle | from, by, at + the |
| di | del | dello | dell' | della | dei | degli | delle | of, from, about + the |
| in | nel | nello | nell' | nella | nei | negli | nelle | in, into, by + the |
| su | sul | sullo | sull' | sulla | sui | sugli | sulle | on, upon + the |

Loro parlano *ai* ragazzi americani.
They are speaking to the American boys.

Tu ricevi un pacco *dagli* studenti greci.
You receive a package from the Greek students.

Non conosco il nome *del* tuo medico.
I don't know the name of your physician.

**Quell'anziano signore parla sempre *delle* stesse cose.**
That old gentleman always talks about the same things.

**Stasera dormiamo *nell'*albergo di mio cugino.**
Tonight we are sleeping in my cousin's hotel.

***Nelle* grandi città vediamo molti autobus.**
We see many buses in the big cities.

**Il bambino scrive il suo nome *sul* quaderno.**
The child writes his name on the notebook.

# EXERCISE

**ANSWERS p. 238**

Complete the sentences, translating the words in parentheses.

1. Oggi Bruno e Antonietta vanno (*to their grandparents'*) _____.
2. Non conosco bene (*Mrs. Bettini's sister-in-law*) _____.
3. Il portiere dà a Salvatore le chiavi (*of the room*) _____.
4. Noi usciamo (*from the hotel*) _____ alle due.
5. Il professore spiega la lezione (*to the class*) _____.
6. Il treno per Parigi parte (*from track number 23*) _____.
7. (*At the railway station*) _____ ci sono tanti giovani studenti inglesi.
8. Gino, che cosa scrivi (*on the door*) _____?
9. Il nome (*of the waiter*) _____ è Tommaso.
10. Non desidero molto zucchero (*in my coffee*) _____.
11. Mandiamo un reel su Instagram (*to Lucia*) _____.
12. Il pranzo comincia (*at eight* P.M.) _____.
13. Preferisco parlare (*about my vacation*) _____ in Spagna.
14. L'autobus arriva (*between nine and ten* A.M.) _____.
15. Il cameriere abita (*on the second floor*) _____.
16. La domenica gli Italiani vanno (*to the stadium*) _____.

# GRAMMAR III   The Partitive

A. In Italian, the preposition **di** combined with the definite article (**del, dello, dell', della** and **dei, degli, delle**) is used to express the English words *some* and *any*.

**Al ristorante Susanna ordina *della* frutta.**
At the restaurant Susan orders some fruit.

**Abbiamo *degli* amici negli Stati Uniti.**
We have some friends in the United States.

B. The adjectives **qualche** and **alcuni/alcune** are used to convey the same thought as the English *some, any,* and *a few*. **Qualche** is invariable and must be followed by a singular word even though the sense is clearly plural. The adjectives **alcuni** *(m. pl.)* and **alcune** *(f. pl.)* are used only with plural words.

>La suocera di Alberto arriva fra *qualche* giorno.
>Albert's mother-in-law arrives in a few days.
>
>Ecco *alcune* nuove borse.
>Here are some new purses.
>
>Leggo *alcuni* libri interessanti.
>I am reading some interesting books.
>
>Conosci *qualche* studentessa canadese?
>Do you know any Canadian students *(f.)*?

C. The expression **un po' di** is the equivalent of the English *some or a bit of*.

>Desidero bere *un po' di* acqua fredda.
>I wish to drink some cold water.
>
>Lui ha solo *un po' di* formaggio.
>He only has a bit of cheese.

D. While the partitive is optional in interrogative sentences, in negative sentences it is normally left out.

>Hai parenti in America?
>Hai *dei* parenti in America?
>Hai *qualche* parente in America?
>No, non ho parenti in America.

# EXERCISES

**ANSWERS p. 239**

A. Replace the definite article with the partitive formed by the preposition *di* + the definite article, making all required changes.

*Example:* Lei compra la frutta. Lei compra *della* frutta.

1. Ecco gli amici di Roberto.
2. C'è lo zucchero nel caffè?
3. Compriamo i libri su Amazon.
4. Gigi dà i francobolli a Guglielmo.
5. Lei preferisce la frutta.
6. La signora Pei compra l'insalata per suo figlio.
7. Prendi il caffè la mattina?

**In un albergo di Milano** 57

**ANSWERS p. 239**

B. Replace the definite or indefinite articles with *qualche* and *alcuni/alcune*, making all necessary changes.

*Example:* Leggo un libro. Leggo *qualche* libro. Leggo *alcuni* libri.

1. Il dottore compra **una** valigia in centro.
2. Conosco **una** studentessa greca.
3. In Via Roma c'è **un** autobus rosso.
4. Loro hanno **una** bella casa a Rimini.
5. Incontriamo **le** nostre nipoti alla stazione.
6. Sandro riceve **un** pacco dai suoi parenti.
7. Il portiere parla benissimo **l'**inglese e **il** tedesco.

**ANSWERS p. 239**

C. Replace the partitives *del, dello, della,* etc., with *un po' di,* making all required changes.

*Example:* Sergio scrive dei post su Instagram. Sergio scrive *un po' di* post su Instagram.

1. Desidero bere **del** vino rosso.
2. La mamma prende **del** caffè al bar.
3. Nella minestra c'è **della** verdura.
4. Loro preferiscono **del** formaggio.
5. Massimo ordina **dell'**insalata.
6. A casa abbiamo **dello** spumante francese.
7. È il compleanno di Luisa e lei desidera mangiare **del** dolce.

# GRAMMAR IV    Present Indicative of the Stem-Changing Verbs *dovere, potere,* and *volere*

|  | *dovere* | *potere* | *volere* |
| --- | --- | --- | --- |
| io | **devo** (I must, have to) | **posso** (I am able, can) | **voglio** (I want) |
| tu | **devi** | **puoi** | **vuoi** |
| lui, lei, Lei | **deve** | **può** | **vuole** |
| noi | **dobbiamo** | **possiamo** | **vogliamo** |
| voi | **dovete** | **potete** | **volete** |
| loro | **devono** | **possono** | **vogliono** |

# EXERCISE

**ANSWERS p. 239**

Give the correct form of the verbs in parentheses.

1. (**dovere**) Noi _____ andare a prendere la metro.
2. (**potere**) Io non _____ sapere se lui è all'estero.
3. (**volere**) Tutti i nostri parenti _____ festeggiare il suo compleanno.
4. (**potere**) Sergio, quando _____ partire per la Francia?
5. (**volere**) Mamma, che cosa _____ dal tabaccaio?
6. (**dovere**) Tu _____ dare le chiavi della porta a Mariangela.
7. (**potere**) Noi non _____ entrare nella sua camera.
8. (**dovere**) Loro _____ stare a casa tutti i sabati.
9. (**volere**) La loro cognata _____ mangiare in quell'eccellente ristorante francese.
10. (**volere**) Questo pomeriggio i nostri nipoti _____ andare al parco.

# GRAMMAR V  The Interrogative Pronoun *chi* and the Adjectives *che, quale,* and *quanto*

A. The interrogative pronoun **chi** *(m.* and *f., sing.* and *pl.)* means *who* and *whom*. It may be used alone or after a preposition.

| | |
|---|---|
| *Chi* è quel signore? | Who is that gentleman? |
| *Chi* sono quelle ragazze? | Who are those girls? |
| A *chi* parlate voi? | To whom are you talking? |

B. The adjectives **che** *(m.* and *f., sing.* and *pl.)* and **quale** *(pl.* **quali***)*, when used in an interrogative sentence, mean *what* or *which*.

| | |
|---|---|
| *Che/quale* film vuoi vedere? | What film do you want to see? |
| Con *che/quali* amici vieni? | With which friends *(m.)* are you coming? |

C. **Quanto** may be used as an adjective or adverb. When used as an adjective, it must agree in gender and number with the noun it modifies. It means *how many* or *how much*.

| | |
|---|---|
| *Quanti* pomodori compri? | How many tomatoes are you buying? |
| *Quanto* costa quell'orologio? | How much does that watch cost? |
| Con *quante* amiche parli? | With how many friends *(f.)* are you talking? |

# EXERCISE

**ANSWERS p. 239**

Give the correct form of *che, quale, quanto,* or *chi.*

*Example:* (What book) ____ compri? *Che/quale* libro compri?

1. (*What*) _____ film preferite vedere?
2. Non so in (*which*) _____ ristorante lui vuole mangiare.
3. Con (*whom*) _____ entri nell'albergo?
4. Su (*what*) _____ treno viaggiano?
5. Di (*what*) _____ signora parli?
6. (*Who*) _____ va in vacanza quest'estate?
7. (*How many*) _____ chiavi hai?
8. Da (*what*) _____ binario parte questo treno?
9. (*Who*) _____ è il signore davanti al bar?
10. (*How many*) _____ bottiglie di acqua gasata volete?
11. (*To whom*) _____ scrivi?
12. (*How many*) _____ fratelli avete?

# GRAMMAR VI  Future Indicative of *avere* and *essere* and of *-are, -ere,* and *-ire* Verbs

A. Future Indicative of *avere* and *essere*

|  | avere | essere |
|---|---|---|
| io | avrò | sarò |
| tu | avrai | sarai |
| lui, lei, Lei | avrà | sara |
| noi | avremo | saremo |
| voi | avrete | sarete |
| loro | avranno | saranno |

B. Future Indicative Endings of *-are, -ere,* and *-ire* Verbs

|  | *-are* | *-ere* | *-ire* |
|---|---|---|---|
| io | -erò | -erò | -irò |
| tu | -erai | -erai | -irai |
| lui, lei, Lei | -erà | -erà | -irà |
| noi | -eremo | -eremo | -iremo |
| voi | -erete | -erete | -irete |
| loro | -eranno | -eranno | -iranno |

|          | **aiut are** (to help)   | **spend ere** (to spend)   | **sent ire** (to hear)         |
|----------|--------------------------|----------------------------|--------------------------------|
| Io       | aiut erò (I will help)   | spend erò (I will spend)   | sent irò (I will hear, feel)   |
| tu       | aiut erai                | spend erai                 | sent irai                      |
| lui, lei, Lei | aiut erà            | spend erà                  | sent irà                       |
| noi      | auit eremo               | spend eremo                | sent iremo                     |
| voi      | auit erete               | spend erete                | sent irete                     |
| loro     | auit eranno              | spend eranno               | sent iranno                    |

C. In Italian, the future tense may be replaced by the present when the time of the action is the very near future.

**Partiamo fra una settimana.**   We will leave in a week.

When a subordinate clause referring to a future action is introduced by **se** (if), **quando** (when), and **appena** (as soon as), Italian requires the future tense, while English uses the present tense.

**Mangerò *quando* avrò fame.**   I will eat when I'm hungry.
**Parlerò a Leo *appena* arriverò.**   I'll talk to Leo as soon as I arrive.
**Capirai *se* studierai.**   You will understand if you study.

Note that the verbs **capire, finire, preferire,** and **uscire** form the future like any other -ire verbs (**dormire, sentire,** etc.).

# EXERCISES

**ANSWERS pp. 239-240**

A. Change the verbs in the following sentences to the future.

*Example:* Noi arriviamo a casa all'una. **Noi *arriveremo* a casa all'una.**

1. Io domando una cosa a Giovanna.
2. Loro sono sulla spiaggia.
3. Lei offre un caffè agli amici.
4. A chi scrivi?
5. Quando esce la mamma?
6. Loro salutano il professore.

7. Capisce l'italiano Massimo?
8. Quando finiscono di studiare Rosa e Giorgio?
9. A che ora parte l'autobus?
10. Non dimentico il tuo numero di telefono.
11. Noi riceviamo un pacco dagli Stati Uniti.
12. Quanto spendi oggi?
13. Chi incontra Edoardo alla stazione?
14. Che libro desiderano i ragazzi?
15. La mamma preferisce stare a casa.
16. Voi non dormite molto bene.
17. Tu leggi troppi libri scientifici!
18. A che ora guardate il film?
19. Noi finiamo di mangiare alle otto.
20. I signori Roberts visitano l'Italia per la prima volta.

**ANSWERS p. 240**

B. Translate the following sentences.
1. When he is abroad, he will visit many French cities.
2. Carlo, if you are good, you will receive a beautiful book from your uncle.
3. As soon as they enter the hotel, they will talk to the receptionist.
4. I will go out when he leaves from here.
5. As soon as they meet their friends downtown, they will take the bus to go to Pisa.

# CHAPTER REVIEW

Today, in Italy, it's common to book a room in advance using sites such as Booking.com or Airbnb. A classic hotel is called *albergo*. However, we can find other typologies such as *ostello, rifugio*, and Bed & Breakfast (B&B). The first one is for travelers who don't want to spend much money, sharing the bathroom and sometimes also the bedroom with other guests. *Rifugio* indicates a house in the mountains where people can rest for one night after trekking. It often offers a meal. B&B is a room in a private home where guests share utilities with the landowners and have breakfast included.

**Match these sentences with their logical conclusion.**

1. Dal fruttivendolo mia sorella compra
2. La stanza non
3. Il rifugio è
4. Voi
5. Domani
6. Oggi
7. I miei amici arrivano
8. Sulla tavola ci sono
9. Conosco i proprietari
10. Negli ostelli

A. mangeremo insieme
B. delle pesche
C. sulla montagna
D. mangiamo al ristorante
E. i quaderni e i libri
F. in macchina
G. dividiamo la stanza
H. uscite tutte le sere
I. ha l'aria condizionata
J. del Bed & Breakfast

# Review A (Lessons 1–5)

**ANSWERS pp. 240–242**

A. Give the plural forms of the following nouns with the appropriate definite article.

*Example:* ristorante **i ristoranti**

1. sport
2. patata
3. spumante
4. caffè d'orzo
5. insalata
6. orologio
7. bagno
8. faccia
9. università
10. cuoco
11. viaggio
12. bagno
13. barca
14. stagione
15. arancia
16. pioggia
17. zio
18. bigliettaio
19. tabaccaio
20. albergo

B. Change the following words from the plural to the singular.

*Example:* gli amici francesi  l'amico francese

1. i caffè lunghi
2. gli studenti greci
3. i monaci cattolici
4. i bar italiani
5. i bambini simpatici
6. le verdure fresche
7. le stazioni ferroviarie
8. gli anni difficili
9. i formaggi francesi
10. quegli stadi
11. i buoni dolci
12. quei numeri
13. quelle banche
14. le belle città
15. gli ultimi piani
16. quelle bottiglie
17. i libri scientifici
18. le ciliegie piccole
19. i dialoghi interessanti
20. i parchi pubblici

C. Give the present and future forms of the following verbs, with the words in parentheses as subjects.

1. offrire (**tu, Alberto, loro**)
2. capire (**io, Lei, voi**)
3. spendere (**lui, noi, voi**)
4. aprire (**tu, Lei, loro**)
5. essere (**io, noi, loro**)
6. chiamare (**tu, voi, Luigi e Antonio**)
7. avere (**io, tu, Lei**)
8. conoscere (**tu, noi, loro**)
9. finire (**io, Lei, voi**)
10. dormire (**io, noi, loro**)
11. ricevere (**tu, voi, noi**)
12. sentire (**lui, loro, io**)

### Review A (Lessons 1–5)

**D. Change the following sentences from the singular to the plural.**

*Example:* Studio la lezione con lui. **Studiamo le lezioni con loro.**

1. Questa camicia è sporca e grande.
2. Non parlo con te, parlo con lui!
3. Quello studente scrive l'esercizio sul quaderno.
4. Tu non puoi comprare quella borsa; costa troppo!
5. Io esco a mezzogiorno e vado in centro con mia cugina.
6. Tu dai il biglietto a Carlo e la valigia a Luigi.
7. Ecco una bell'arancia rossa!
8. Qui c'è il vostro amico tedesco.
9. Al ristorante io ordino il pranzo e pago il cameriere.
10. Lui apre la porta della camera con la chiave.

**E. Complete the following sentences with the appropriate prepositions.**

1. Questo autobus parte _____ Venezia e arriva _____ Treviso nel primo pomeriggio.
2. Noi andiamo _____ stazione alle dieci.
3. Loro abitano _____ quella casa _____ Via Verdi.
4. Dov'è Boston? Boston è _____ Stati Uniti.
5. Prendo un caffè _____ bar.
6. Quando vieni _____ centro con noi?
7. Dov'è oggi tuo padre? Lui è _____ dottore; non sta bene.
8. Gianna arriva _____ casa _____ sei e mezzo di sera.
9. Di dove sono i tuoi cugini? Loro sono _____ Parma.
10. Lui viaggia sempre _____ macchina.

**F. Give the present or the future as appropriate for the verbs in parentheses.**

1. Oggi Paolo (**volere**) _____ incontrare Maria in Piazza Fontana.
2. Fra tre mesi noi (**partire**) _____ per l'Italia e (**visitare**) _____ molte città.
3. Stamattina Riccardo (**aspettare**) _____ degli amici.
4. Io (**mangiare**) _____ quando avrò fame.
5. Quando noi (**essere**) _____ a New York (**conoscere**) _____ i vostri parenti americani.

**G. Give the Italian equivalent of the following sentences.**

1. What are you doing, Carla? I am waiting for my father-in-law.
2. She arrives here at seven-thirty A.M. and goes home at four forty-five P.M.
3. To go to Brindisi with the train you (*fam. pl.*) must buy a first-class ticket.

4. I am calling that hotel to see if there are a few vacant rooms. The hotel's name is Bellosguardo.
5. As soon as they arrive home, they will open all their suitcases.
6. This afternoon she can't go to the beach.
7. Who is coming to the movies with us?
8. A good lunch in that restaurant costs forty euro.

**H. Read the following passage and answer the questions in Italian.**

Sergio e Maria Albertini hanno tre figli: un ragazzo, Antonio, e due bambine, Rosa di dieci anni e Angela di undici. La famiglia Albertini abita a Roma in una vecchia casa del centro. Il signor Albertini ha un bar molto grande vicino all'università. Molti professori e studenti vanno nel suo bar a prendere un espresso o un cappuccino o a mangiare una pasta dopo le lezioni. I giovani vanno anche per le sue famose apericene che offrono tanti tipi di antipasti. Sergio sa bene l'inglese e il francese e così può parlare anche con studenti non italiani. Maria aiuta il marito al bar quando i loro figli sono a scuola o dai nonni. Tutte le domeniche gli Albertini vanno a fare un giro in bicicletta fuori Roma. Hanno cinque biciclette nuove e a volte invitano gli amici dei figli. Pedalano tutto il giorno e alla sera tutti hanno sete. Prendono un aperitivo prima di tornare a casa.

1. Quanti figli hanno i signori Albertini?
2. Chi è Rosa e quanti anni ha?
3. Dove abita la famiglia Albertini?
4. Dov'è il bar del signor Albertini?
5. Cosa fanno nel bar di Sergio gli studenti e i professori?
6. Il signor Albertini parla spagnolo?
7. Chi aiuta Sergio nel bar?
8. Cosa fa la domenica la famiglia Albertini?
9. Quanto tempo stanno fuori?

# 6 Fare la spesa
## (Grocery Shopping)

## PAROLE DA RICORDARE (Words to Remember)

| | | | |
|---|---|---|---|
| l'aglio | garlic | l'olio d'oliva | olive oil |
| l'auto | car, auto | altro? | anything else? |
| la bistecca di manzo | beefsteak | due volte al mese | twice a month |
| | | il paio | pair, couple |
| il burro | butter | il pane | bread |
| la carne | meat | il panorama | panorama |
| la carne tritata | ground meat | il papa | pope |
| il chilo (grammo) | kilogram | la pera | pear |
| ciascuno, a | each | il pilota | pilot |
| il cinema | cinema, movie theater | il poeta | poet |
| | | il prezzemolo | parsley |
| il clima | climate | il problema | problem |
| il dramma | drama | la radio | radio |
| l'etto | hectogram (100 grams) | il re | king |
| | | i rigatoni | type of pasta |
| il fornaio | baker | il sole | sun |
| fresco, a | fresh | il supermercato | supermarket |
| il fruttivendolo | greengrocer | il mercato / il giorno del mercato | the street market, the day of the street market |
| il grammo | gram | | |
| il latte | milk | | |
| le linguine | type of pasta | le tagliatelle | type of pasta |
| il macellaio | butcher | il tema | theme, composition |
| la mela | apple | il tipo | type, kind |
| la moglie | wife | l'uomo | man |
| la moto | motorcycle | l'uovo | egg |

| | | | |
|---|---|---|---|
| il carrello | the shopping cart | nessuno | no one |
| i guanti di plastica | plastic gloves | non ... nessuno | not ... anyone |
| | | nessuno, a | no, not ... any |
| il sacchetto | grocery bag | niente, nulla | nothing |
| la ricevuta | the receipt | non ... niente | not ... anything |
| lo zucchino | zucchini (squash) | non ... affatto | not at all |
| passare (da) | to pass, go by | non ... più | not anymore, no longer |
| pesare | to weigh | | |
| non ... ancora | not ... yet | non ... né ... né | neither ... nor |
| non ... mai | not ... ever, never | non ... neanche | not ... even |
| fare la spesa | to do grocery shopping | non ... nemmeno | not ... even |
| | | non ... neppure | not ... even |
| fare la fila | to get in line | sempre | always |

## DIALOGO   A fare la spesa

Quando la signora Venturi va a fare la spesa sotto casa, passa sempre dal macellaio, dal fornaio e dal fruttivendolo. Due volte al mese va anche al supermercato per comprare il latte, il burro, dell'olio d'oliva e alcune uova.

**Dal macellaio**

SIGNORA VENTURI   Vorrei due bistecche di manzo.
MACELLAIO   Vanno bene queste?
SIGNORA VENTURI   Sì, quanto pesano?
MACELLAIO   Trecento grammi ciascuna.
SIGNORA VENTURI   Va bene così.
MACELLAIO   Altro?
SIGNORA VENTURI   Sì, sei etti di carne tritata.

**Dal fornaio**

FORNAIO   Quanto pane vuole, signora?
SIGNORA VENTURI   Oggi non voglio pane, solo qualche pezzo di focaccia.
FORNAIO   Che tipo di focaccia? Alla cipolla, alle olive o all'olio?
SIGNORA VENTURI   All'olio, quella semplice, per favore.
FORNAIO   Quanto grande? Basta così?
SIGNORA VENTURI   Un po' più piccola, grazie.

**Dal fruttivendolo**

FRUTTIVENDOLO   Signora, guardi che bella frutta!
SIGNORA VENTURI   Sì, è proprio bella! Prendo un chilo di mele e mezzo chilo di pere.
FRUTTIVENDOLO   Vuole anche della verdura fresca?
SIGNORA VENTURI   Sì, delle zucchine, un po' di prezzemolo e ... anche dell'aglio.

# DIALOGUE   Grocery Shopping

When Mrs. Venturi goes grocery shopping in her neighborhood, she always goes to the butcher's, to the baker's, and to the greengrocer's. Twice a month, she also goes to the supermarket to buy milk, butter, some olive oil, and a few eggs.

### At the butcher's
| | |
|---|---|
| Mrs. Venturi | I would like two beefsteaks. |
| Butcher | Are these all right? |
| Mrs. Venturi | Yes, how much do they weigh? |
| Butcher | Three hundred grams each. |
| Mrs. Venturi | That's fine. |
| Butcher | Anything else? |
| Mrs. Venturi | Yes, 600 grams of ground meat. |

### At the baker's
| | |
|---|---|
| Baker | How much bread do you want, ma'am? |
| Mrs. Venturi | I don't want any bread today, only a few pieces of focaccia. |
| Baker | What kind of focaccia? With onion, olives or olive oil? |
| Mrs. Venturi | With olive oil, the simple one, please. |
| Baker | How big? Is this enough? |
| Mrs. Venturi | A little smaller, thanks. |

### At the greengrocer's
| | |
|---|---|
| Greengrocer | Ma'am, look what beautiful fruit! |
| Mrs. Venturi | Yes, it's really beautiful! I'll take a kilo of apples and half a kilo of pears. |
| Greengrocer | Do you also want some fresh vegetables? |
| Mrs. Venturi | Yes, some zucchini, a bit of parsley, and... some garlic. |

Note that:
A **chilo** (**chilogrammo**, 1,000 grams) equals 2.204 pounds.
An **etto** (**ettogrammo**, 100 grams) equals 3.527 ounces.

# EXERCISES

**ANSWERS p. 243**

A. Answer the questions based on the dialogue, choosing the correct response from the options in parentheses.

1. Dove va la signora Venturi per comprare della carne? (dal fornaio—dal fruttivendolo—dal macellaio)
2. Quante volte va al supermercato la signora Venturi? (tutti i giorni—due volte al mese—solo il sabato)

3. Cosa compra al supermercato la signora Venturi? (carne tritata—pane—burro e uova)
4. Dal macellaio lei compra due bistecche. Quanto pesa ciascuna? (un chilo—trecento grammi—due etti).
5. Quale verdura compra dal fruttivendolo? (qualche patata—un po' d'insalata verde—delle zucchine)
6. Che tipo di frutta vuole la signora Venturi? (mele e pere—ciliegie—arance).

**ANSWERS p. 243**

B. Read the passage and the questions below. Give the English equivalents for the questions, and answer them in Italian.

Adriana Arnoldi, una giovane signora di ventitrè anni, abita con il marito al terzo piano di una bella casa in Via Vincenzo Bellini a Firenze. Tutti i martedì lei va a fare la spesa nel grande supermercato vicino a casa sua. Comincia alle dieci e mezzo e finisce a mezzogiorno. Al supermercato Adriana compra carne tritata, dodici uova, tre etti di burro, un litro di latte, un chilo di spaghetti e della verdura fresca. Qualche volta compra anche dell'acqua minerale e una bottiglia di vino rosso.

1. Quanti anni ha Adriana Arnoldi?
2. La signora Arnoldi abita a Milano in Via Mazzini?
3. In quale giorno della settimana lei va a fare la spesa?
4. Dov'è il supermercato, in centro?
5. Quante uova compra Adriana Arnoldi?
6. A che ora finisce di fare la spesa?
7. Che tipo di vino compra?

## GRAMMAR I   Plural of Some Nouns

A. Several masculine nouns end in **a** in the singular. They form the plural by replacing **a** with **i**.

| il clima | i climi | climate |
| il dramma | i drammi | drama |
| il panorama | i panorami | panorama |
| il papa | i papi | pope |
| il pilota | i piloti | pilot |
| il poeta | i poeti | poet |
| il problema | i problemi | problem |
| il telegramma | i telegrammi | telegram |
| il tema | i temi | theme, composition |

A few masculine nouns ending in **a** in the singular remain unchanged in the plural.

| il cinema | i cinema | cinema, movie theater |

B. Some feminine nouns end in o in the singular. Most of these remain unchanged in the plural.

| l'auto | le auto | auto, car |
| la moto | le moto | motorcycle |
| la radio | le radio | radio |

Remember that the plural of **la mano** (hand) is **le mani**.

C. The plural forms of the following nouns should be memorized. Note that some nouns are masculine in the singular and feminine in the plural.

| **il dito** | **le dita** | finger |
| **il paio** *(m.)* | **le paia** *(f.)* | pair, couple |
| **il re** | **i re** | king |
| **l'uomo** | **gli uomini** | man |
| **l'uovo** *(m.)* | **le uova** *(f.)* | egg |

# EXERCISES

**ANSWERS p. 243**

A. Give the plural of the following phrases.

1. il dramma politico
2. il poeta cattolico
3. la ciliegia rossa
4. il vecchio papa
5. il bell'albergo
6. il problema difficile
7. l'auto italiana
8. il pilota biondo
9. il cinema francese
10. l'uomo gentile
11. il piccolo lago
12. il bambino magro
13. l'altro re
14. l'uovo fresco

**ANSWERS pp. 243–244**

B. Translate into Italian.

1. We see a beautiful panorama.
2. My cousins receive three checks.
3. This is an excellent climate!

4. I want to buy a new Japanese motorcycle.
5. Marta is writing another composition.
6. We don't understand his telegram.
7. He arrives here in a couple of months.
8. Giorgio is buying too many eggs.
9. Those radios are very small.
10. My grandfather's hands are very strong.

# GRAMMAR II  Personal Pronouns After a Preposition or a Verb

The personal object pronouns shown below are used with a preposition or after a verb. When they follow a verb, they are normally used for emphasis or contrast.

| Singular | | Plural | |
|---|---|---|---|
| me | me | noi | us |
| te | you *(fam. sing.)* | voi | you *(fam. pl.)* |
| lui | him | loro | them |
| lei | her | | |
| Lei | you *(form. sing.)* | | |

Chi viene in centro con *me*?  Who is coming downtown with me?
Lisa compra un libro per *loro*.  Lisa is buying a book for them.
Vedo *lui*, ma non vedo *lei*.  I see him, but I don't see her.
Che cosa posso fare per *Lei*?  What can I do for you?

## EXERCISE

**ANSWERS p. 244**

Complete the following sentences, translating the words in parentheses.
1. L'autista viene qui per (*you, fam. pl.*) _____, non per (*us*) _____.
2. Mario porta un telegramma a (*him*) _____ e una lettera a (*her*) _____
3. Dove volete andare con (*them*) _____?
4. I nonni vanno a trovare tua sorella sabato e (*you, fam. sing.*) _____ domenica.

# GRAMMAR III  Direct Object Pronouns

Direct object pronouns replace a noun or a noun phrase and are always used in conjunction with a verb. These pronouns cannot be used after a preposition.

**Fare la spesa** 73

| Subject Pronoun | Direct Object Pronoun | English |
|---|---|---|
| io | mi | me |
| tu | ti | you *(fam. sing.)* |
| lui | lo | him, it *(m.)* |
| lei | la | her, it *(f.)* |
| Lei | La | you *(form. sing.)* |
| noi | ci | us |
| voi | vi | you *(fam. pl.)* |
| loro | li | them *(m.)* |
| loro | le | them *(f.)* |

# EXERCISE

**ANSWERS p. 244**

Substitute the appropriate direct object pronouns for the words listed below, and give the English equivalents.

*Examples:* l'automobile = la *(it, f.)*;, tu e io = ci *(us)* ; tu e lui = *vi (you, pl.)*

1. i problemi
2. il papa
3. le uova
4. noi
5. la radio
6. io
7. il nonno
8. gli stadi
9. voi
10. Lei
11. le mie zie
12. Anna e Luisa
13. tu e Giovanni
14. lui
15. tu
16. i pacchi
17. la mano
18. le mogli
19. io e lui
20. lei

# GRAMMAR IV  Position of the Direct Object Pronoun in a Sentence

A. The direct object pronoun precedes a verb conjugated in a tense of the indicative.

Mario legge il blog.               Mario *lo* legge.
Conosco quelle ragazze.      *Le* conosco.
Lui incontra noi alle tre.       Lui *ci* incontra alle tre.

B. When a direct object pronoun is used as the object of an infinitive, it follows the infinitive and is attached to it. Before the pronoun is added, the final e of the verb is dropped.

Vado a comprare l'olio d'oliva.          Vado a comprar*lo*.
Lei desidera vedere le sue amiche.       Lei desidera veder*le*.
Voi venite a visitare me e lei.          Voi venite a visitar*ci*.

C. When the infinitive follows an objective form of **dovere**, **potere**, and **volere**, the direct object pronoun either precedes these verbs or is attached to the infinitive. Both forms are correct and equally used.

Vuoi pesare quel pacco?          Vuoi pesar*lo*? or *Lo* vuoi pesare?
Posso capire Giovanna!           Posso capir*la*! or *La* posso capire!
Devo vedere Lei!                 Devo veder*La*! or *La* devo vedere!

Note the following:

1. When used in a negative sentence, the direct object pronoun always follows the word **non**.

   Piero non mangia la frutta.       Piero non *la* mangia.

2. The direct object pronoun is always attached to the word **ecco** (here is, here are).

   Ecco il mio caricatore!      Ecco*lo*!
   Ecco le zucchine!            Ecco*le*!

3. The direct object pronouns **lo**, **la**, and **La** normally become **l'/L'** before a verb beginning with a vowel or before the forms **ho, hai, ha**, and **hanno** of **avere**. With **avere**, to say *one has it*, it uses **ce**: ce l'ho, ce l'hai. . .

   Chi aiuta la mamma?              Chi *l'*aiuta?
   Hanno loro il mio cellulare?     Ce *l'*hanno loro?

# EXERCISES

ANSWERS p. 244

A. Substitute the appropriate direct object pronouns for the words in italics.

*Example*: Lui guarda *quel film italiano.* **Lui lo guarda.**

1. Preferisco *la bistecca di manzo.*
2. Alberto saluta *quell'autista.*
3. Non posso mangiare *l'aglio.*

4. Mangio *le linguine* tutti i sabati.
5. Chi vuole spiegare *quei problemi?*
6. Ecco la mia *nuova auto!*
7. Non vogliamo sentire *la radio.*
8. Incontriamo *Marisa* dal fornaio.
9. Vanno a comprare *le pere* in centro.
10. Conosco bene *te e loro.*
11. Dove aspettate *Roberto e Rita?*
12. Quando posso vedere *Lei, signor Righi?*
13. Non desideriamo pagare *il loro pranzo.*
14. Finalmente ecco *il sole!*
15. Accompagno *Lei e la signora* volentieri.

B. Answer the questions, positively or negatively as indicated, using the appropriate direct object pronouns.

*Example:* Mamma compri **la carne tritata** al supermercato? *Sì, la* **compro al supermercato.**

1. Riccardo, fai **la spesa** ora? No, _____
2. Professore, capisce **quello studente americano?** Sì, _____
3. Scusi, signora, conosce **i miei parenti canadesi?** Sì, _____
4. Mamma, possiamo leggere **il telegramma del babbo?** No, _____
5. Ragazzi, volete prendere **il cappuccino al bar?** Sì, _____
6. Tu metti sempre **i guanti** quando tocchi la frutta al supermercato? Sì, _____
7. Al mercato devi pesare **la frutta** nel sacchetto? Sì, _____
8. Ragazzi, prendete la ricevuta? No, _____

C. Translate the following sentences.

1. They always greet me when they see me.
2. This afternoon Mirella is studying her lesson, but tomorrow she will not remember it very well.
3. Sometimes he sees us at the greengrocer's.
4. May I help you, Miss Belli?
5. Where are her children? Here they are!

# GRAMMAR V  Future Indicative of Verbs Ending in *-care*, *-gare*, *-ciare*, and *-giare*

A. Verbs ending in the infinitive in **-care** and **-gare** add an **h** to the stem before the future endings.

|  | dimentic are | pag are |
|---|---|---|
| io | dimentic herò (I will forget) | pag herò (I will pay) |
| tu | dimentic herai | pag herai |
| lui, lei, Lei | dimentic herà | pag herà |
| noi | dimentic heremo | pag heremo |
| voi | dimentic herete | pag herete |
| loro | dimentic heranno | pag heranno |

B. Verbs ending in the infinitive in **-ciare** and **-giare** drop the final **i** of the stem before the future endings.

|  | cominc iare | viagg iare |
|---|---|---|
| io | cominc erò (I will begin, start) | viagg erò (I will travel) |
| tu | cominc erai | viagg erai |
| lui, lei, Lei | cominc erà | viagg erà |
| noi | cominc eremo | viagg eremo |
| voi | cominc erete | viagg erete |
| loro | cominc eranno | viagg eranno |

# EXERCISE

**ANSWERS p. 245**

Give the future indicative of the verbs in parentheses.

1. (dimenticare) Loro _____ il latte al supermercato.
2. (cercare) Luisa _____ di stare a casa oggi.
3. (cominciare) Quando _____ la primavera ?
4. (pesare) Il macellaio _____ le bistecche.
5. (festeggiare) I miei nonni _____ il loro compleanno.
6. (spiegare) Noi _____ il film agli amici.
7. (passare) Quando _____ per Firenze il rapido ?
8. (pagare) Chi _____ il pranzo al ristorante ?
9. (dormire) Sebastiano, in quale albergo _____ quando sarai in Italia ?
10. (viaggiare) Angela e Massimo _____ in aeroplano.

11. (ricevere) Questa settimana tu _____ un telegramma dagli Stati Uniti.
12. (mangiare) Il fornaio e il fruttivendolo _____ nel ristorante vicino alla stazione.

# GRAMMAR VI  *Niente, nulla, nessuno,* and Other Negative Expressions

A. The pronouns **niente** and **nulla** (nothing, not ... anything) are invariable and are used only in the singular. They can begin a sentence or come after **non** and the verb.

> Giorgio non fa *niente/nulla*, ma è sempre stanco.
> George doesn't do anything, but he is always tired.

> Che cosa volete? *Niente/nulla*, grazie!
> What do you want? Nothing, thank you!

B. The word **nessuno** may be used as a pronoun or as an adjective, and it is always singular.

  a. As a pronoun, **nessuno** (no one, not ... anyone) is invariable and is almost always used in reference to people. *Non* is not used when *nessuno* is at the beginning of a sentence.

  > In classe non c'è *nessuno*.   There is no one in class.
  > *Nessuno* mi capisce!   No one understands me!

  b. As an adjective, **nessuno, a** (no, not ... any) always precedes a singular noun, agreeing with it in gender. It has the same endings of the indefinite article **un, un', uno,** and **una**. It may begin a sentence or come after **non** and the verb.

  > Non voglio *nessun* biglietto.   I don't want any ticket.
  > Non vuole nessun'altra.   He wants no other one.
  > Non c'è *nessuna* camera libera.   There are no vacant rooms.
  > *Nessuno* sport è facile.   No sport is easy.

  c. Note the use and the meaning of the following negative expressions.

  > non + verb + **affatto**          not at all
  > non + verb + **ancora**           not yet
  > non + verb + **mai**              never, not ... ever
  > non + verb + **più**              not ... anymore, no longer
  > non + verb + **neanche/nemmeno/neppure**   not even
  > non + verb + **né ... né**        neither ... nor

Rita *non* è *affatto* gentile.  
Lui *non* dorme *ancora*.  
*Non* vanno *mai* al cinema.  
Marco, *non* ti vedo *più*!

*Non* ho *nemmeno* una lira.

Rita is not kind at all.  
He is not sleeping yet.  
They never go to the movies.  
Mark, I don't see you anymore!

I don't even have a lira. (idiomatic, referring to the old Italian currency. **Non ho nemmeno un euro** is more literal).

Quello studente *non* vuole *né* leggere *né* scrivere.  
That student wants neither to read nor to write.

Non mangia *né* carne *né* pesce.  
He doesn't eat meat or fish.

# EXERCISE

**ANSWERS p. 245**

A. Rewrite in the negative, substituting *sempre* with *affatto*, *ancora*, *mai*, or *più* as indicated.

*Example:* (non ... ancora) Io leggo sempre.     Io non leggo ancora.

1. (non ... mai) Noi viaggiamo sempre in autobus.
2. (non ... ancora) Giovanni è sempre a casa sua.
3. (non ... più) Voi avete sempre molti problemi.
4. (non ... affatto) Il dottore spiega sempre tutto.
5. (non ... più) La mamma fa sempre la spesa dal macellaio.
6. (non ... mai) Lei viene sempre da me la domenica.

**ANSWERS pp. 245–246**

B. Translate the following sentences.

1. No problem is too difficult for him!
2. That great poet is not at all rich.
3. In this city there are no large hotels.
4. We don't want to buy any English books.
5. No one can go out tonight.
6. I don't have anything, and I want nothing!
7. We are going neither to Bologna nor to Venice.
8. She is not a very kind girl; she doesn't even help her classmates!
9. They no longer talk with us.
10. That baker never makes much bread.

# GRAMMAR VII  Future Indicative of the Stem-Changing Verbs *dare, andare, fare, stare,* and *dovere, potere, volere*

|  | dare | andare | fare | stare |
|---|---|---|---|---|
| io | dar ò (I will give) | andr ò (I will go) | far ò (I will do, make) | star ò (I will stay) |
| tu | dar ai | andr ai | far ai | star ai |
| lui, lei, Lei | dar à | andr à | far à | star à |
| noi | dar emo | andr emo | far emo | star emo |
| voi | dar ete | andr ete | far ete | star ete |
| loro | dar anno | andr anno | far anno | star anno |

|  | dovere | potere | volere |
|---|---|---|---|
| io | dovr ò (I will have to) | potr ò (I will be able to) | vorr ò (I will want to) |
| tu | dovr ai | potr ai | vorr ai |
| lui, lei, Lei | dovr à | potr à | vorr à |
| noi | dovr emo | potr emo | vorr emo |
| voi | dovr ete | potr ete | vorr ete |
| loro | dovr anno | potr anno | vorr anno |

# EXERCISE

Complete the following sentences, changing the verbs to the future tense.

1. Il macellaio (**da**) _____ tre bistecche a Marisa.
2. Chi (**va**) _____ al supermercato in auto?
3. Noi (**dobbiamo**) _____ partire per Venezia alle ventidue.
4. Nessuno (**può**) _____ domandare mai nulla a quel pilota.
5. Loro (**stanno**) _____ da Giuseppe per due settimane.
6. Ragazzi, a che ora (**andate**) _____ al cinema?
7. Quando (**fanno**) _____ la spesa i vostri zii?
8. Tu e Giovanna (**volete**) _____ sempre comprare troppe cose.
9. A chi (**diamo**) _____ questa bottiglia d'olio d'oliva?
10. Tu non (**devi**) _____ dire nulla a nessuno.
11. Se loro (**vogliono**) _____, (**possono**) _____ festeggiare il mio compleanno.
12. Oggi io (**faccio**) _____ i rigatoni al pomodoro.
13. Voi (**dovete**) _____ parlare con i genitori di Roberto.
14. Tu (**stai**) _____ bene se non (**mangi**) _____ troppo.

# CHAPTER REVIEW

**Fill in the blanks translating the words in parentheses.**

Nuove ricette nell'Italia di oggi

Oggi, in Italia, vivono diversi gruppi di immigrati che arricchiscono la nostra cucina tradizionale. Per le strade italiane non è raro sentire odori diversi che vengono dalle finestre aperte: _____ (*not anymore*) solo il profumo della salsa di pomodoro e della frittata di _____ (*eggs*)!

Per esempio, gli indiani e bengalesi cucinano con molte spezie come il curry e la curcuma che hanno un odore pungente. Dall'Africa i senegalesi portano la yucca (chiamata anche cassava o manioca). Dal Medio Oriente abbiamo il cous cous o il falafel. Ci sono tanti ristorantini di kebab arabo, molto amati perché sono economici. Spesso i ragazzi _____ (*they get in line*) davanti alla porta.

I ristoranti cinesi sono diffusissimi dagli anni '80 ed ora anche il sushi giapponese è diventato molto popolare. Ci sono molti bar di tè boba o ristoranti di poke. Ho visto un ristorante a Venezia che si chiamava "Poke scuse"!

Nei negozi di alimentari oggi troviamo ingredienti nuovi come tahini, tacos, il riso basmati, il cilantro e l'okra. Ci sono anche molti mercati etnici e le famiglie straniere _____ (*go shopping*) qui e tornano a casa con _____ (*shopping carts*) pieni.

Gli italiani sono curiosi e spesso incorporano nelle loro ricette nuovi sapori e odori. Vanno al loro amato mercato all'aperto nel _____ (*market day*), ma anche visitano i nuovi negozi etnici.

Con questa varietà, _____ (*no one*) può più lamentarsi. Anche i vegetariani, i vegani e i celiaci (*allergici al glutine*) _____ (*will be able to*) trovare ottimi cibi adatti a loro.

**Answer these comprehension questions:**
1. Quale cambiamento si sente nelle strade italiane?
2. Quali diverse etnie vivono in Italia oggi?
3. Chi va nei negozi etnici?

# 7 In una banca di Firenze
## (In a Bank in Florence)

**PAROLE DA RICORDARE** *(Words to Remember)*

| | | | |
|---|---|---|---|
| l'artista | artist | il giornale | newspaper |
| il conto bancario | bank account | la, il giornalista | journalist |
| la busta | envelope | l'impiegato, a di banca | bank clerk |
| lo sportello | teller window | | |
| l'assegno | check | la lettera | letter |
| il bonifico | bank transfer | la lingua | language, tongue |
| il cliente | client | la medicina | medicine |
| la filiale | branch | il paese | country, town |
| la commissione | transaction fee | il, la pianista | pianist |
| l'operazione | operation bank | la posta | mail |
| la carta di credito | credit card | il postino, la postina | mail carrier |
| il bancomat | debit card, ATM automatic teller machine | ritirare/prelevare | to withdraw |
| | | ritornare | to return |
| la ricevuta | receipt | spedire | to mail, ship, send |
| la firma | signature | tenere | to keep, hold |
| il modulo | form | vendere | to sell |
| l'autista | driver | adesso | now |
| il cambio | exchange | ancora | yet, still |
| il cassiere, la cassiera | cashier | com'è | how is it (he, she)? |
| il denaro | money | perché | because |
| il contante | cash | perché | why? |
| la domanda | question | per favore | please |
| la, il farmacista | pharmacist | più | more |
| | | fa | ago |

| | | | |
|---|---|---|---|
| già | already | pochi giorni fa | a few days ago |
| ieri | yesterday | solamente | only |
| Le piace? | Do you like (it)? *(form. sing.)* | specialmente | especially |
| più alto | higher | | |

Note that the verb **spedire** forms the present indicative as **capire** and **finire** do.

# DIALOGO    In una banca di Firenze

| | |
|---|---|
| SIGNORA PARKER | Vorrei incassare un assegno. Com'è il cambio del dollaro oggi? |
| IMPIEGATO DI BANCA | Buono, più alto della settimana scorsa. Come li vuole? Da cinquanta? Da cento? |
| SIGNORA PARKER | Due da cento. Ecco il mio passaporto. |
| IMPIEGATO DI BANCA | Deve firmare l'assegno, per favore. |
| SIGNORA PARKER | Certo. |
| IMPIEGATO DI BANCA | Ecco la penna. Quando è arrivata a Firenze? |
| SIGNORA PARKER | Pochi giorni fa. |
| IMPIEGATO DI BANCA | Ma Lei parla molto bene l'italiano! Dove l'ha imparato? |
| SIGNORA PARKER | Negli Stati Uniti ... all'università. |
| IMPIEGATO DI BANCA | E da quanto tempo è in Italia? |
| SIGNORA PARKER | Da due settimane solamente. |
| IMPIEGATO DI BANCA | Le piace il nostro paese? |
| SIGNORA PARKER | Molto, specialmente Firenze. Una domanda, per favore: domani le banche aprono? |
| IMPIEGATO DI BANCA | No, il sabato tutte le banche sono chiuse. Signora, ecco il suo contante. |
| SIGNORA PARKER | Grazie mille e arrivederLa. |

# DIALOGUE    In a Bank in Florence

| | |
|---|---|
| MS PARKER | I would like to cash a check. How's today's exchange rate for the dollar? |
| BANK CLERK | It's good; better than last week. How do you want them? Fifties or hundreds? |
| MS PARKER | Two hundreds. Here is my passport. |
| BANK CLERK | You must sign the check, please. |
| MS PARKER | Certainly. |
| BANK CLERK | When did you arrive in Florence? |

| | |
|---|---|
| Ms Parker | A few days ago. |
| Bank Clerk | But you speak Italian very well! Where did you learn it? |
| Ms Parker | In the United States ... at the university. |
| Bank Clerk | And how long have you been in Italy? |
| Ms Parker | For two weeks only. |
| Bank Clerk | Do you like our country? |
| Ms Parker | A lot, Florence especially. A question, please: do banks open tomorrow? |
| Bank Clerk | No, on Saturday all banks are closed. Now, Ma'am, here is your cash. |
| Ms Parker | Thank you very much and goodbye. |

# EXERCISES

**A.** Read the following statements based on the content of the dialogue; then check the true or false blank.

                                                                                                                                   T          F

1. La signora Parker va in una banca per incassare un assegno       ____   ____
2. Quando lei entra in banca, il cambio del dollaro è buono.          ____   ____
3. La signora Parker è arrivata a Firenze due mesi fa.                      ____   ____
4. Per incassare degli assegni è necessario firmarli.                         ____   ____
5. In Italia le banche aprono anche il sabato.                                   ____   ____
6. La signora Parker ritira solamente cento dollari.                         ____   ____
7. La signora Parker parla molto bene l'italiano perché è in Italia  ____   ____
   da due anni.

**B.** Complete the sentences, filling in the blanks with one of the options listed below.

dal fruttivendolo—alla stazione—in un bar—l'orologio—al cinema—un buon letto—una penna—la chiave—dal cassiere—il biglietto

1. Per bere un cappuccino è necessario entrare _____.
2. Per vedere un film è necessario andare _____.
3. Per dormire bene è necessario avere _____.
4. Per scrivere è necessario avere _____.
5. Per viaggiare con il treno è necessario comprare _____.
6. Per aprire la porta della camera è necessario avere _____.
7. Per ritirare del denaro in una banca è necessario passare _____.
8. Per comprare della frutta è necessario andare _____.
9. Per sapere che ore sono è necessario avere _____.
10. Per prendere l'Intercity è necessario andare _____.

# GRAMMAR I  Nouns Ending in -*ista*

Nouns ending in **-ista** can be either masculine or feminine in the singular. Masculine nouns form the plural by changing the final **a** to **i**; feminine nouns form the plural by changing the **a** to **e**.

| Singular | Plural (*m.*) | Plural (*f.*) | |
|---|---|---|---|
| l'artista | gli artisti | le artiste | artist |
| l'autista | gli autisti | le autiste | driver |
| il, la farmacista | i farmacisti | le farmaciste | pharmacist |
| il, la giornalista | i giornalisti | le giornaliste | journalist |
| il, la pianista | i pianisti | le pianiste | pianist |
| il, la violinista | i violinisti | le violiniste | violinist |

# EXERCISES

**ANSWERS p. 247**

A. Change the following sentences to the plural.
1. Quel giornalista francese parla bene l'italiano.
2. L'impiegato dà l'assegno al cassiere.
3. Questa giovane violinista è molto brava.
4. Oggi la banca non apre.
5. Compro la medicina dal farmacista.
6. Il portiere dell'albergo è molto gentile.
7. Lo studente non risponde alla domanda del professore.
8. Il cameriere chiude il ristorante a mezzanotte.
9. L'autobus di quell'autista è nuovo.
10. Il barista mette il liquore nel drink.
11. Il pianista legge il giornale.
12. La farmacia di questo piccolo paese non è molto grande.

**ANSWERS p. 247**

B. Translate the following sentences.
1. Why aren't you working now, Giuseppe?
2. Today I must sign all those letters.
3. How many languages does she speak?
4. On Saturday the mail arrives at eleven o'clock.
5. I don't remember the name of that violinist, but I know that she will be here tomorrow.
6. The doctor gives Marisa the medicine because she is not feeling well.
7. He wants to cash two checks.
8. That beautiful Japanese motorcycle costs a lot of money.
9. This is a very interesting country.
10. Today's exchange rate is excellent!

# GRAMMAR II  Present Indicative of the Stem-Changing Verbs *bere, dire, rimanere,* and *tenere;* Future Indicative of *sapere, vedere,* and *venire*

Present Indicative

|  | *bere* | *dire* | *riman ere* | *ten ere* |
| --- | --- | --- | --- | --- |
| io | bev o (I drink) | dic o (I say, tell) | riman go (I remain) | ten go (I keep, hold) |
| tu | bev i | dic i | riman i | tieni |
| lui, lei, Lei | bev e | dic e | riman e | tiene |
| noi | bev iamo | dic iamo | riman iamo | ten iamo |
| voi | bev ete | dite | riman ete | ten ete |
| loro | bev ono | dic ono | riman gono | ten gono |

Future Indicative

|  | *sap ere* | *ved ere* | *ven ire* |
| --- | --- | --- | --- |
| io | sap rò (I will know) | ved rò (I will see) | ver rò (I will come) |
| tu | sap rai | ved rai | ver rai |
| lui, lei, Lei | sap rà | ved rà | ver rà |
| noi | sap remo | ved remo | ver remo |
| voi | sap rete | ved rete | ver rete |
| loro | sap ranno | ved ranno | ver ranno |

# EXERCISES

**ANSWERS p. 247**

A. Fill in the blanks with the correct form of the present indicative.
1. (bere) Tutti i giorni noi _____ dell'acqua minerale.
2. (sapere) Io _____ che lui abita in Via Rossini.
3. (spedire) Giorgio _____ una lunga lettera alla sua amica Marietta.
4. (vedere) Chi _____ quel film tedesco?
5. (lavorare) Molti farmacisti _____ anche la domenica.
6. (bere) Io non _____ mai vino.
7. (venire) Lisetta _____ al supermercato con noi.
8. (mettere) Tu _____ sempre troppo zucchero nel caffè.
9. (dire) Il babbo _____ al figlio di studiare di più.
10. (tenere) I miei fratelli _____ la moto davanti all'università.

11. (rimanere) Gli studenti oggi _____ in classe dopo la lezione.
12. (tenere) Quel ricco signore _____ tutto il suo denaro in banca.
13. (rispondere) Tu non _____ mai alle lettere di tuo fratello.
14. (ritornare) Quella pianista _____ in questo paese fra sei settimane.

**ANSWERS pp. 247–248**

B. Change the verbs in the following sentences from the present to the future.

1. Domani loro sanno tutto.
2. Il fornaio fa il pane il prossimo martedì.
3. Chi vede la moglie del dottor Sebastiani?
4. Non possiamo andare in centro alle tre.
5. La zia sa che tu non vieni con noi.
6. Voi tornate a casa in tassì.
7. Spediamo un pacco a Lucia la settimana prossima.
8. Finalmente vedete il dramma di quel giovane poeta.
9. Potete ritirare il denaro quando viene il cassiere.
10. La mamma dà un po' di pane a quel povero vecchio.

# GRAMMAR III   The Past Participle

A. The past participle of -are, -ere, and -ire verbs is formed by adding the endings -ato, -uto, and -ito, respectively, to the stems of the infinitive.

| Infinitive | Past Participle | |
|---|---|---|
| pag are | pag *ato* | paid |
| pot ere | pot *uto* | been able |
| fin ire | fin *ito* | finished |

B. Several verbs, however, have an irregular past participle. Here are some of them, several of which you have already encountered in the preceding lessons.

| Infinitive | Past Participle | |
|---|---|---|
| aprire | aperto | opened |
| bere | bevuto | drunk |
| correre | corso | run |
| dire | detto | said, told |
| chiudere | chiuso | closed |
| conoscere | conosciuto | known |
| essere | stato | been |
| fare | fatto | done, made |

| Infinitive | Past Participle | |
|---|---|---|
| leggere | letto | read |
| mettere | messo | put, placed |
| nascere | nato | born |
| morire | morto | died |
| offrire | offerto | offered |
| prendere | preso | taken |
| ridere | riso | laughed |
| rimanere | rimasto | remained |
| rispondere | risposto | answered |
| scrivere | scritto | written |
| spendere | speso | spent |
| vedere | visto | seen |
| venire | venuto | come |

Note that **vedere** also has a regular past participial form: **veduto**.

C. The past participle is normally used with the auxiliary verbs **avere** and **essere** to form the *passato prossimo* and all other compound tenses. The past particle may be used also as an adjective; in this case, it follows the noun it modifies, agreeing with it in gender and number.

> **Preferisco mangiare la carne *comprata* dal macellaio.**
> I prefer to eat the meat bought at the butcher shop.
>
> **Il libro d'inglese *letto* in classe è difficile.**
> The English book read in class is difficult.

# EXERCISES

**ANSWERS p. 248**

A. Give the past participle of the verbs listed below.

1. viaggiare _____
2. dovere _____
3. pagare _____
4. dare _____
5. avere _____
6. sentire _____
7. dormire _____
8. salutare _____
9. incontrare _____
10. uscire _____
11. partire _____
12. ritornare _____
13. potere _____
14. lavorare _____
15. stare _____
16. preferire _____
17. dire _____
18. capire _____
19. morire _____
20. correre _____

B. Give the past participle of the verbs in parentheses, making all appropriate agreements.

1. (conoscere) Quella ragazza _____ da tutti si chiama Rosalba.
2. (fare) Non tutte le auto _____ all'estero costano molto.
3. (mangiare) I dolci _____ da Piero non sono freschi.
4. (ricevere) Il telegramma _____ da Gina viene da New York.
5. (scrivere) Il libro _____ da quel giornalista è molto lungo.
6. (bere) Sergio parla sempre degli eccellenti vini _____ in Francia e in Italia.
7. (ordinare) Ecco l'espresso _____ da te al bar!
8. (spiegare) Non capiamo la lezione _____ dal professore.
9. (vedere) Il film _____ alcuni giorni fa non è affatto bello.
10. (offrire) Il pranzo _____ da Sara è molto buono.
11. (spedire) Ecco la lettera _____ ieri!
12. (incassare) Questo è l'assegno _____ dalla signorina Parker.

# GRAMMAR IV  *Passato Prossimo* of Transitive and Intransitive Verbs

A. The *passato prossimo* is a past tense used to express an action that was recently completed. It corresponds to the English simple past, emphatic past, and present perfect.

> Io **ho studiato** la lezione.
> (I studied / I did study / I have studied the lesson.)

Note that while English uses only *have* to form the present perfect tense of both transitive and intransitive verbs, in the formation of the *passato prossimo* Italian uses **avere** and **essere**, respectively.

B. The *passato prossimo* of transitive verbs is formed with the present indicative of **avere** plus the past participle of the verb.

|  | *imparare* | *mettere* | *spedire* |
|---|---|---|---|
| io | ho imparato (I have learned, I learned, did learn) | ho messo (I have put, I put, did put) | ho spedito (I have mailed, I mailed, did mail) |
| tu | hai imparato | hai messo | hai spedito |
| lui, lei, Lei | ha imparato | ha messo | ha spedito |
| noi | abbiamo imparato | abbiamo messo | abbiamo spedito |
| voi | avete imparato | avete messo | avete spedito |
| loro | hanno imparato | hanno messo | hanno spedito |

Ieri sera *abbiamo mangiato* fuori.   We ate out last night.
Chi *ha spiegato* la lezione?   Who explained the lesson?
Cosa *avete detto* a Rosa?   What did you say to Rosa?

C. The *passato prossimo* of most intransitive verbs is formed with the present indicative of **essere** plus the past participle of the verb. The past participle must agree in gender and number with the subject of the verb.

Remember that intransitive verbs do not require an object to complete their meaning. In Italian these verbs indicate motion or express a fact or a state of being.

The intransitive verbs encountered so far are **andare, arrivare, entrare, nascere, morire, rimanere, partire, ritornare, stare, uscire,** and **venire**. When the verb **passare** is followed by the preposition **da**, it is intransitive and requires **essere**.

|  | andare | nascere | partire |
|---|---|---|---|
| io | sono andato, a (I went) | sono nato, a (I was born) | sono partito, a (I left) |
| tu | sei andato, a | sei nato, a | sei partito, a |
| lui, lei, Lei | è andato, a | è nato, a | è partito, a |
| noi | siamo andati, e | siamo nati, e | siamo partiti, e |
| voi | siete andati, e | siete nati, e | siete partiti, e |
| loro | sono andati, e | sono nati, e | sono partiti, e |

Le mie amiche *sono andate* a Pisa.   My friends (*f.*) went to Pisa.
Maria *è nata* a Toronto.   Mary was born in Toronto.
Quei piloti *sono partiti* ieri.   Those pilots left yesterday.
Ieri lei *è passata* da casa mia.   Yesterday she passed by my house.

Note that the verbs **dormire, rispondere,** and **viaggiare,** though intransitive, are conjugated with **avere**.

Nessuno *ha risposto* alle mie domande.   No one answered my questions.
Voi non *avete dormito* ieri notte.   You did not sleep last night.
Grazia *ha viaggiato* in treno.   Grazia traveled by train.

Sometimes verbs can be both transitive or intransitive depending on the sentence. For example, **correre** (to run) has an irregular past participle, **corso**. Although it is normally conjugated with **essere**, it may also use **avere** as its auxiliary when used transitively.

Lei *è corsa* a casa appena ha saputo la notizia.
She ran home as soon as she heard the news.

**Riccardo Patrese *ha corso* molte volte il Gran Premio di Formula 1.**
Riccardo Patrese raced many times the Formula 1 Grand Prix.

Vivere (to live) is conjugated with both **avere** (when used transitively) and **essere** (when used intransitively).

> Lui *ha vissuto* una vita lunga e interessante.
> He lived a long and interesting life.
>
> Noi *siamo vissuti* per molti anni in Inghilterra.
> We lived in England for many years.

D. When the *passato prossimo* is used in a negative sentence, the word **non** always precedes the conjugated forms of **avere** and **essere**.

> Perché *non* hai letto il libro?    Why haven't you read the book?

E. The adverbs of time **ancora** (yet, still), **già** (already), **mai** (ever), and **sempre** (always) usually follow the verb. When used with compound tenses, however, they come between the auxiliary verb and the past participle.

> La posta non è *ancora* arrivata.    The mail has not arrived yet.
> Avete *già* mangiato voi?    Have you eaten already?

F. The *passato prossimo* of the auxiliary verbs **avere** and **essere** is as follows:

|  | avere | essere |
|---|---|---|
| io | ho avuto (I had, have had) | sono stato, a (I was, have been) |
| tu | hai avuto | sei stato, a |
| lui, lei, Lei | ha avuto | è stato, a |
| noi | abbiamo avuto | siamo stati, e |
| voi | avete avuto | siete stati, e |
| loro | hanno avuto | sono stati, e |

> La settimana scorsa *abbiamo avuto* molti amici a casa nostra.
> Last week we had many friends at our house.
>
> Giulia, con chi *sei stata* a Roma sei mesi fa?
> Giulia, with whom were you in Rome six months ago?

# EXERCISES

**ANSWERS p. 248**

A. Change the infinitives below to the proper form of the *passato prossimo*, with the subjects given in parentheses.
1. dovere (**io, voi, loro**)
2. guardare (**tu, Lei, noi**)
3. preferire (**lei, noi, voi**)
4. mettere (**io, lui e lei, voi**)

5. sentire (**tu, Marco, io e loro**)
6. entrare (**Lei, lui, gli amici**)
7. firmare (**loro, io, voi**)
8. stare (**la mamma, lui, le ragazze**)
9. avere (**io, Lei, loro**)
10. festeggiare (**io, loro, lui**)
11. chiudere (**la banca, voi, i ristoranti**)
12. viaggiare (**tu, l'intercity, noi**)
13. vedere (**io, lui, loro**)
14. dormire (**tu, Giorgio, voi**)
15. leggere (**il postino, io e Roberto, voi tutti**).

B. Change the verbs in the following sentences according to the expressions of time given in parentheses.

*Example:* Oggi lei compra della frutta. (Ieri) Ieri lei ha comprato della frutta.

1. Stamattina noi andiamo in Via Bellini. (**Ieri**) _____
2. Chi fa la spesa oggi? (**La settimana scorsa**) _____
3. Irma torna a casa adesso. (**Tre ore fa**) _____
4. Paghiamo il conto questo pomeriggio. (**Lunedì scorso**) _____
5. Voi prendete l'autobus domani. (**Ieri mattina**) _____
6. Il pianista oggi è a Roma. (**Un mese fa**) _____
7. Tu devi finire la lezione stasera. (**Ieri sera**) _____
8. Lei adesso offre un caffè a Paolo. (**Domenica scorsa**) _____
9. Lui e lei escono stasera. (**Tre giorni fa**) _____
10. Oggi voi spendete troppo. (**Ieri**) _____

C. Change the verbs in parentheses to the proper forms of the *passato prossimo*.

1. Ieri sera Caterina (**rimanere**) in città e (**vedere**) un bel film.
2. Quando il babbo (**entrare**) in casa, (**chiudere**) subito la porta.
3. Al ristorante noi (**mangiare**) una bistecca e (**bere**) del vino.
4. Il professore (**arrivare**) in classe e (**spiegare**) un'altra lezione.
5. Quando Gino (**tornare**) da Roma, lui (**incontrare**) la moglie alla stazione.
6. Mio fratello (**potere**) comprare una nuova moto perché l'anno scorso (**lavorare**) molto.
7. Il macellaio (**vendere**) molti chili di carne e così (**incassare**) molto denaro.
8. Quando loro (**capire**) la mia domanda, (**rispondere**) subito.
9. L'autista (**passare**) dal bar e (**prendere**) un cappuccino e una pasta.
10. Ieri gli studenti non (**avere**) lezione e per questo (**rimanere**) a casa.

# GRAMMAR V  Agreement of the Past Particle with Direct Object Pronouns

When a direct object pronoun such as la, lo, li, le precedes a verb conjugated in a past tense with avere, the past participle must agree in gender and number with the direct object pronoun.

Quando hai mangiato la bistecca?   Quando *l'*hai mangi*ata*?
Loro hanno comprato i giornali.   Loro *li* hanno comprat*i*.
Luisa dice: "Tu, hai capito le lezioni?"   Luisa dice: "Tu, *le* hai *capite*?"

# EXERCISES

**ANSWERS p. 249**

A. For the words in italics substitute the appropriate direct object pronouns and change the gender and number of the past participle accordingly.

*Example:* Abbiamo imparato *la lezione*. L'abbiamo imparata.

1. Gli studenti hanno finito *le lezioni* in classe.
2. Tu hai dimenticato *il mio compleanno*.
3. Il farmacista ha dato *la medicina* al portiere dell'albergo.
4. Abbiamo incassato *i tuoi assegni* in banca.
5. Perché non avete ancora spedito *quel pacco*?
6. La mamma oggi ha tenuto *i figli* in casa.
7. Chi ha conosciuto *quella brava pianista tedesca*?
8. Giuseppe ha già venduto *la sua automobile rossa*.

**ANSWERS p. 249**

B. Translate the words in parentheses.

1. Marianna dice: "(*They saw me*) _____ al cinema con lui ieri sera."
2. Roberto, (*we greeted you*) _____ ma tu non hai detto nulla!
3. (*We met you (fam. pl.)*) _____ l'anno scorso allo stadio.
4. Tutti i nostri amici (*have forgotten us*) _____.

# GRAMMAR VI  Idiomatic Use of the Present Indicative with the Preposition *da*

To express an action begun in the past and continuing into the present, English uses the present perfect with the preposition *for*. Italian renders this with the present indicative followed by the preposition *da*.

> Lui *abita* qui *da* un mese.   He has been living here for a month.
> *Parlano da* tre ore.   They have been talking for three hours.

The expressions **da poco tempo**, **da molto tempo**, and **da quanto tempo** mean, respectively, *for a short time*, *for a long time*, and *for how long*.

> **Da** *quanto tempo* lavori?   How long have you been working?
> Aspetto *da molto tempo*.   I have been waiting for a long time.

# EXERCISE

**ANSWERS pp. 249–250**

Translate the following sentences.

1. My wife has been sleeping for ten hours.
2. Mario, how long have you been reading that newspaper?
3. I have been waiting for the mail for two hours.
4. What did Albert say when he saw her?
5. The mayor has been talking for a long time.
6. How many Spanish cities did you (*fam. pl.*) visit last year?
7. We have been working in Mr. Porta's restaurant for six years.
8. Our daughter was born in Parma on February 25.

# CHAPTER REVIEW

Fill in the blanks translating the words in parenthesis.

Ti racconto una cosa. Ieri (*I went*) _____ a fare alcune operazioni qui in _____ (*branch*). Mia sorella ha bisogno di (*cash*) _____ e (*I asked*) _____ all'impiegato di fare un (*bank transfer*) _____ dal mio conto bancario italiano al suo conto americano. _____ (*I signed*) tutti i _____ (*forms*) _____ e poi _____ (*I asked*) quanto è la _____ (*transaction fee*). L'impiegato _____ (*answered*) 40 euro! Per depositare 500 euro!

Quando lui _____ (*saw*) la mia faccia, mi _____ (*he said*) che l'operazione non costa nulla se è fatta dal mio _____ (*online account*). Per fortuna che l'ho saputo in tempo! Così _____ (*I returned*) a casa. Prima però, _____ (*I withdrew*) 40 euro con il _____ (*debit card*) e _____ (*I bought*) un chilo di gelato.

# 8 Una visita medica
## (A Medical Examination)

## PAROLE DA RICORDARE (Words to Remember)

| | | | |
|---|---|---|---|
| l'abito | suit, dress | la gamba | leg |
| l'appetito | appetite | generalmente | generally |
| l'appuntamento | appointment | la giacca | coat, jacket |
| avere bisogno di | to need | la gonna | skirt |
| avere tanto da fare | to have a lot to do | intanto | meanwhile |
| i baffi (pl.) | moustache | leggero, a | light |
| la barba | beard | il mal di testa | headache |
| la bocca | mouth | medico, a (pl. medici, mediche) | medical |
| la calza | stocking, sock | | |
| i pantaloni (pl.) | pants | è meglio | it's better |
| la camicetta | blouse | la moda | fashion |
| il capo | head, boss | sintomo | symptom |
| i capelli | (head of) hair | il naso | nose |
| il capello | (single) hair | normale | normal |
| il cappello | hat | l'occhio (pl. gli occhi) | eye |
| il cappotto | (over)coat | | |
| la cravatta | tie | la caviglia | ankle |
| il chilometro | kilometer | occupato, a | busy |
| il corpo | body | gonfio, a | swollen |
| il dolore | pain, grief | ogni | each, every, all |
| elegante | elegant | l'ospedale | hospital |
| l'esame | examination, exam | la pancia | belly |
| fare delle analisi | to do/run some tests | la passeggiata | walk, stroll |
| in fretta e furia | in a great hurry | però | nevertheless |

| | | | |
|---|---|---|---|
| pesante | heavy | la scuola | school |
| il petto | chest | secondo me | according to me |
| il piede | foot | lo specchio (*pl.* gli specchi) | mirror |
| la pillola/la pastiglia | pill | | |
| la medicina | medicine | la stoffa | cloth, material |
| lo sciroppo | cough syrup | lo stomaco (*pl.* stomaci, stomachi) | stomach |
| un poco, un po' | a bit | | |
| portare | to bring, carry | | |
| la pressione del sangue | blood pressure | tardi | late |
| | | telefonare | to telephone |
| presto | early | il tempo | weather, time |
| regolarmente | regularly | la testa | head |
| la salute | health | l'ufficio (*pl.* gli uffici) | office |
| il sangue | blood | | |
| la scarpa | shoe | la visita | visit, examination |

# DIALOGO   Una visita medica

La signora Sandri ha sempre un forte mal di testa ed è andata a cercare su Internet le cause. Preoccupata, telefona al medico di famiglia e prende un appuntamento.

MEDICO     Che cos'ha, signora Sandri?

SIG. SANDRI     Non so veramente. Ho spesso un forte mal di testa ... e qualche dolore al petto. Su Internet dicono che sono i sintomi dell'infarto.

MEDICO     Non ascolti quello che scrivono su Internet! Quando ha questi sintomi, la mattina prima di alzarsi?

SI. SANDRI     No, generalmente la sera quando ritorno a casa.

MEDICO     Lavora molto in questi giorni?

SIG. SANDRI     Sì, sono molto occupata. In ufficio c'è sempre tanto da fare.

MEDICO     Vediamo la pressione del sangue. Bene, è normale. E l'appetito come va?

SIG. SANDRI     Mangio regolarmente, ma sempre in fretta e furia. Sono anche un po' costipata.

MEDICO     Mi faccia vedere, le caviglie mi sembrano gonfie. Si sente disidratata?

SIG. SANDRI     Un po'. Non bevo molto in effetti.

MEDICO     Secondo me, Lei ha bisogno di riposarsi, di rilassarsi un po' e bere almeno un litro di acqua al giorno. Comunque è meglio fare delle analisi.

SIG. SANDRI     Devo andare in ospedale? Quando?

MEDICO     Mercoledì mattina alle nove. Così potrà ritornare da me lunedì prossimo. Intanto, prenda queste pillole per il mal di testa.

SIG. SANDRI     Quante volte al giorno?

MEDICO     Ogni quattro ore.

SIG. SANDRI     Grazie, dottore. A lunedì.

## DIALOGUE  A Medical Examination

Mrs. Sandri always has a headache and has gone to look for the causes on the Internet. Because she is worried, she telephones the family doctor and makes an appointment.

| | |
|---|---|
| PHYSICIAN | What's wrong, Mrs. Sandri? |
| MRS. SANDRI | I don't really know. I often have a severe headache ... and some pain in my chest. On the Internet, they say these are stroke symptoms. |
| PHYSICIAN | Don't listen to what people write on the Internet! When do you have these symptoms? In the morning before getting up? |
| MRS. SANDRI | No, generally in the evening when I return home. |
| PHYSICIAN | Are you working hard these days? |
| MRS. SANDRI | Yes, I am very busy. At the office there is always so much to do. |
| PHYSICIAN | Let's see your blood pressure. Fine, it's normal. And how is your appetite? |
| MRS. SANDRI | I am eating regularly, but always in a great hurry. I am little constipated too. |
| PHYSICIAN | Let me see, your ankles seem swollen. Do you feel dehydrated? |
| MRS. SANDRI | A little. I don't drink much actually. |
| PHYSICIAN | In my opinion, you need to rest, to relax a bit and drink at least one liter of water a day. However, it's better to do some tests. |
| MRS. SANDRI | Must I go to the hospital? When? |
| PHYSICIAN | Wednesday morning at nine o'clock, so you will be able to return here next Monday. Meanwhile, take these pills for your headache. |
| PIERO | How many times a day? |
| MRS. SANDRI | Every four hours. |
| PIERO | Thank you, Doctor. See you on Monday. |

## EXERCISES

**ANSWERS p. 250**

A. Read the following statements; then choose the answers that seem correct on the basis of the dialogue.

1. Di che cosa si preoccupa la signora Sandri? (della salute di suo marito—della sua salute—della salute del suocero)
2. A chi telefona lei? (a un amico di famiglia—a suo marito—al medico)
3. Che cos'ha la signora Sandri? (un forte mal di pancia—qualche dolore a una gamba—un forte mal di testa).
4. Quando non si sente bene? (la mattina, prima di alzarsi—quando lavora—quando torna a casa la sera)

5. Perché in questi giorni lei è molto occupata? (in ufficio ha sempre molto da fare—viaggia spesso per affari—ha molti appuntamenti)
6. Com'è la pressione del sangue della signora Sandri? (alta—normale—eccellente)
7. Secondo il medico, cosa deve fare adesso la signora? (deve riposarsi un poco—non deve lavorare—deve andare in vacanza per qualche giorno)
8. Cosa dovrà fare la signora Sandri mercoledì? (ritornare dal medico—fare delle analisi—prendere delle medicine)
9. Perché il medico dà delle pillole alla signora? (per il dolore al petto—per rilassarsi—per il mal di testa)

**ANSWERS p. 250**

B. In Italian how do you say:
1. She is very busy.
2. The blood pressure is normal.
3. I have an appointment.
4. How many times a day?
5. See you Thursday!
6. He lives close by.
7. Please, don't mention it!
8. The family physician
9. Every four hours
10. A long walk
11. In my office
12. On the fifth floor

# GRAMMAR I  Future Indicative of the Stem-Changing Verbs *bere, dire, rimanere,* and *tenere*

|  | *bere* | *dire* | *rimanere* | *tenere* |
|---|---|---|---|---|
| io | berr *ò*<br>(I will drink) | dir *ò*<br>(I will say, tell) | rimarr *ò*<br>(I will remain) | terr *ò*<br>(I will keep, hold) |
| tu | berr *ai* | dir *ai* | rimarr *ai* | terr *ai* |
| lui, lei, Lei | berr *à* | dir *à* | rimarr *à* | terr *à* |
| noi | berr *emo* | dir *emo* | rimarr *emo* | terr *emo* |
| voi | berr *ete* | dir *ete* | rimarr *ete* | terr *ete* |
| loro | berr *anno* | dir *anno* | rimarr *anno* | terr *anno* |

# EXERCISE

**ANSWERS pp. 250–251**

Put the verbs in parentheses in the future tense.

1. (rimanere) Quanti giorni voi _____ a New York?
2. (telefonare) Chi _____ al medico?
3. (dire) Loro _____ a Elisabetta di non preoccuparsi.
4. (portare) Il nonno _____ i nipoti al cinema.
5. (tenere) Tu _____ il cappotto nella macchina.
6. (avere) Noi _____ bisogno di voi.
7. (mangiare) Io non _____ più tanta carne.
8. (rimanere) Tu _____ in classe dopo la lezione.
9. (andare) Stefano _____ in vacanza fra due settimane.
10. (sapere) Lunedì voi _____ se Mario è tornato dalla Francia.
11. (bere) Gli amici _____ alla salute di Giacomo.
12. (tenere) I ragazzi _____ i capelli molto lunghi.

# GRAMMAR II  The Relative Pronouns *che, cui, il quale,* and *la quale*

A. Che (who, whom, that, which) is the most widely used relative pronoun. It has the same form for the masculine and the feminine, the singular and the plural. It may be used to indicate persons as well as objects. It *cannot* be used after a preposition.

| | |
|---|---|
| Il pianista *che* conosco è francese. | The pianist whom I know is French. |
| La bambina *che* dorme è Anna. | The girl who is sleeping is Ann. |
| Il paese *che* visitiamo è piccolo. | The town that we are visiting is small. |
| Il libro *che* leggi è facile. | The book that you are reading is easy. |

B. Cui (which, whom) is commonly used after a preposition. It refers to persons or things.

| | |
|---|---|
| Ecco l'amico *con cui* viaggio. | Here is the friend with whom I'm traveling. |
| La ragazza *a cui* parlo è Gina. | The girl to whom I'm talking is Gina. |
| La casa *in cui* abito è nuova. | The house in which I live is new. |
| La città *da cui* parte è Roma. | The city from which he is leaving is Rome. |

C. The pronouns **il quale (i quali)**, **la quale (le quali)** also mean *who, whom,* and *which*. They are used to replace **che** and **cui** particularly in writing, for clarity or for emphasis. They can be used alone or after a preposition. Today they are rare.

**La città *nella quale* (or *in cui*) vorrei abitare è Firenze, non Milano!**
The city in which I would like to live is Florence, not Milan!

**Non vedo i ragazzi *ai quali* (or *a cui*) tu hai parlato ieri sera.**
I don't see the boys to whom you spoke last night.

**Ecco la signora *la quale* (or *che*) ha detto che ti conosce!**
Here is the lady who said that she knows you!

# EXERCISES

A. Complete the following sentences.
1. La via (*in which*) _____ noi abitiamo è larga.
2. Il medico (*who*) _____ visita Piero è molto bravo.
3. Questo è il film (*that*) _____ desidero vedere.
4. Il professore (*with whom*) _____ ho imparato il francese è di Parigi.
5. Il treno (*on which*) _____ tu viaggi è un Intercity.
6. Hai letto la newsletter (*that*) _____ è arrivata stamattina?
7. Il paese (*from which*) _____ vieni è piccolo!
8. Questa è la madre dell'impiegato (*who*) _____ lavora con me.
9. Non conosciamo i politici (*whom*) _____ voi avete salutato.
10. I pantaloni (*that*) _____ Anna ha comprato sono troppo lunghi.
11. Ecco la cravatta (*for which*) _____ ho speso trenta euro.
12. Il postino (*to whom*) _____ hai dato la lettera si chiama Antonio.
13. È Umberto (*who*) _____ ha parlato di voi!
14. Il binario (*from which*) _____ parte l'intercity è il numero 20.
15. La medicina (*that*) _____ tu devi prendere è molto amara.

B. Make a single sentence of the two given in each example.

*Example:* La classe è piccola. Io studio nella classe. **La classe in cui io studio è piccola.**

1. Tu studi con la compagna di classe. La compagna di classe è molto intelligente.
2. Daremo il nostro libro a Giancarlo. Giancarlo ha dodici anni.
3. La settimana scorsa abbiamo dormito in albergo. L'albergo è in centro.
4. Ieri sono andato a scuola con la moto. Adesso la moto è sporca.
5. Lei fa una domanda al professore. Il professore risponde subito.

6. Mio padre compra il latte, il burro e l'olio al supermercato. Il supermercato è moderno.
7. Salgono sull'aereo. L'aereo è della compagnia nazionale.
8. La zia mangia il pane. Il fornaio fa il pane.
9. Il fruttivendolo vende l'insalata. L'insalata è sempre fresca.
10. Lei scrive molte cose sul quaderno. Il quaderno è piccolo e vecchio.

## GRAMMAR III  Reflexive Verbs and Reflexive Pronouns

A. When the action of a verb falls back on the subject, the verb in question is called *reflexive*. A reflexive verb is, therefore, a transitive verb whose subject and object are identical.

Although many verbs that are reflexive in English are also reflexive in Italian, not all the same verbs are reflexive in both languages. In dictionaries, reflexive verbs are listed with their infinitive endings **-arsi**, **-ersi**, and **-irsi**. The **-si** in each ending means *oneself*.

Many transitive verbs can be used reflexively. When this occurs, the final **e** of the simple infinitive is dropped before adding **-si**. The reflexive form of these verbs often acquires a different meaning.

| chiamare | to call | chiamarsi | to be called, be named |
| domandare | to ask | domandarsi | to wonder |
| fermare | to stop | fermarsi | to stop (oneself) |
| guardare | to look, watch | guardarsi | to look at oneself |
| lavare | to wash | lavarsi | to wash (oneself) |
| mettere | to put, place | mettersi | to put on, wear |
| preparare | to prepare | prepararsi | to get ready, fix for oneself |
| sentire | to hear, feel | sentirsi | to feel (within oneself) |
| svegliare | to wake up (someone else) | svegliarsi | to wake up (oneself) |
| svestire | to undress (someone) | svestirsi | to get undressed, take off |
| trovare | to find | trovarsi | to be, to feel |
| vedere | to see | vedersi | to see oneself |
| vestire | to dress (someone) | vestirsi | to get dressed |

Other transitive verbs are more commonly used in their reflexive forms. Some of these verbs are:

| accorgersi | to realize | farsi la barba | to shave one's beard |
| addormentarsi | to fall asleep | pettinarsi | to comb one's hair |
| alzarsi | to get up | innamorarsi | to fall in love |
| annoiarsi | to be, get bored | preoccuparsi | to worry, be worried |
| coricarsi | to go to bed | ricordarsi | to remember |
| dimenticarsi | to forget | rilassarsi | to relax |
| divertirsi | to amuse oneself, to have a good time | riposarsi | to rest, take a rest |

B. Conjugation of Reflexive Verbs/Reflexive Pronouns

1. Reflexive verbs are conjugated like any other verbs ending in **-are, -ere,** and **-ire.**

2. In forming the *passato prossimo* (as well as other compound tenses), the auxiliary verb **essere** must be used. The past participle must, therefore, agree in gender and number with the subject.

3. In the conjugation of a reflexive verb, the forms of the verb must be used with the *reflexive pronouns* listed below:

|  |  |
|---|---|
| mi | myself |
| ti | yourself (*fam. sing.*) |
| si | himself, herself, itself, yourself (*form. sing.*) |
| ci | ourselves |
| vi | yourselves (*fam. pl.*) |
| si | themselves, yourselves (*form. pl.*) |

## Present Indicative

| *alz arsi* | *mett ersi* | *vest irsi* |
|---|---|---|
| mi alz o (I get up) | mi mett o (I put on, wear) | mi vest o (I get dressed) |
| ti alz i | ti mett i | ti vest i |
| si alz a | si mett e | si vest e |
| ci alz iamo | ci mett iamo | ci vest iamo |
| vi alz ate | vi mett ete | vi vest ite |
| si alz ano | si mett ono | si vest ono |

## Future Indicative

| *alz arsi* | *mett ersi* | *vest irsi* |
|---|---|---|
| mi alz erò (I will get up) | mi mett erò (I will put on, wear) | mi vest irò (I will get dressed) |
| ti alz erai | ti mett erai | ti vest irai |
| si alz erà | si mett erà | si vest irà |
| ci alz eremo | ci mett eremo | ci vest iremo |
| vi alz erete | vi mett erete | vi vest irete |
| si alz eranno | si mett eranno | si vest iranno |

## Passato Prossimo

| alzarsi | mettersi | vestirsi |
|---|---|---|
| mi sono alzato, a (I got up) | mi sono messo, a (I put on, wore) | mi sono vestito, a (I got dressed) |
| ti sei alzato, a | ti sei messo, a | ti sei vestito, a |
| si è alzato, a | si è messo, a | si è vestito, a |
| ci siamo alzati, e | ci siamo messi, e | ci siamo vestiti, e |
| vi siete alzati, e | vi siete messi, e | vi siete vestiti, e |
| si sono alzati, e | si sono messi, e | si sono vestiti, e |

C. Position of the Reflexive Pronouns

1. The reflexive pronouns **mi, ti, si, ci, vi, si** always precede indicative forms of the verb.

   **I bambini *si alzano* presto.**   The children are getting up early.

2. When a reflexive pronoun depends on a verb in the infinitive, it follows the verb and is attached to it. The infinitive drops its final vowel.

   **Desidero *mettermi* un vestito nuovo.**   I wish to put on a new suit.
   **Sono tornato a casa per *riposarmi*.**   I returned home to rest.

3. If the infinitive is preceded by an indicative form of **dovere, potere, volere**, the reflexive pronoun may either precede these verbs or be attached to the infinitive.

   Non *mi* posso *svegliare* alle otto. or Non posso *svegliarmi* alle otto.

   I can't wake up at eight o'clock.

# EXERCISES

**ANSWERS pp. 251–252**

A. Give the present, the future, and the *passato prossimo* of the following reflexive verbs, with the subjects indicated in parentheses.

1. alzarsi (**tu, lei, voi**)
2. pettinarsi (**Maria, noi, loro**)
3. sentirsi (**noi, voi, loro**)
4. vestirsi (**io, Massimo, le ragazze**)
5. accorgersi (**noi, Lei, voi**)
6. addormentarsi (**la bambina, io, loro**)
7. rilassarsi (**tu, noi, voi**)
8. chiamarsi (**tu, noi, loro**)
9. lavarsi (**Giorgio, Rosa, i ragazzi**)
10. guardarsi (**io, tu, lei**)

**Una visita medica**  

**ANSWERS p. 252**

B. Complete the following sentences.
1. Cinzia adesso (*is resting*) _____ perché è molto stanca.
2. Domani (*I will wear*) _____ il vestito rosso.
3. Quando Rita (*woke up*) _____, ha telefonato a sua madre.
4. Se loro potranno, (*they will stop*) _____ a casa nostra.
5. D'inverno (*I get up*) _____ tardi perché fa freddo.
6. Se loro non vanno al cinema, a casa (*they get bored*) _____.
7. Tutte le volte che andiamo allo stadio, (*we have a good time*) _____.
8. Ieri mia moglie (*wore*) _____ un nuovo paio di scarpe.
9. La signora Betti ha avuto un figlio. Il bambino (*is named*) _____ Franco.
10. Lei è sempre davanti allo specchio; (*she combs her hair*) _____ tre volte al giorno.

**ANSWERS p. 252**

C. Translate the following sentences.
1. Tomorrow morning I want to wake up at six thirty-five.
2. Mario must get ready to go out.
3. He is looking at himself in front of the mirror.
4. I wonder why she is not coming to the movies with us.
5. Yesterday his wife realized that Paolo can never relax.

## GRAMMAR IV   The Direct Object Pronoun *ne*

A. Another commonly used direct object pronoun is **ne**. This corresponds to the expressions *of it, of them, some of it, some of them,* and *any,* which are often only implied in English. In Italian, the pronoun **ne** is instead always expressed. Usually, it is used in answers. Ne replaces a noun (and other words, such as the preposition **di**).

| | |
|---|---|
| Vuole del pane? | *Ne* vorrei un chilo. |
| Prendi delle medicine? | *Ne* prendo meno possibile. |
| Abbiamo degli amici a Pisa? | *Ne* abbiamo molti. |
| Il medico scrive una ricetta. | Il medico *ne* scrive *una*. |
| Conosco alcuni autori inglesi. | *Ne* conosco *alcuni*. |
| Quanti spritz beve? | *Ne* beve *pochi*. |
| Loro visitano molte città? | Loro *ne* visitano *molte*. |
| Tu racconti sempre tante falsità! | Tu *ne* racconti sempre *tante*! |

Ne can be used instead of the expression **un po' di**.

| | |
|---|---|
| Lei compra un po' di aglio. | Lei *ne* compra *un po'*. |

B. The position of **ne** in a sentence is the same as that of all other direct object pronouns.

1. **Ne** precedes a verb conjugated in the indicative.

    **Loro scriveranno molte lettere.**  **Loro *ne* scriveranno *molte*.**

2. When **ne** precedes a verb in the *passato prossimo* conjugated with **avere**, the past participle must agree in gender and number with **ne**.

    **Maria ha mangiato tanta insalata.**  **Maria *ne* ha mangiata *tanta*.**

    **Chi ha spedito tre lettere a Pino?**  **Chi *ne* ha spedite *tre* a Pino?**

3. When **ne** is used as the object of an infinitive, it can follow the infinitive, be attached to it, or precede the conjugated verb.

    **Gigi va a visitare alcuni parenti.**  **Gigi va a visitar*ne* *alcuni*.** or
    **Gigi *ne* va a visitare alcuni.**

    **Domani potrò guardare due film.**  **Domani potrò guardar*ne* *due*.** or
    **Domani *ne* potrò guardare *due*.**

4. Used in conjunction with **ecco**, **ne** follows **ecco** and is attached to it.

    **Ecco sei etti di burro!**  **E̩cco*ne* *sei etti*!**

5. In a negative sentence, **ne** always follows **non**.

    **Lei non riceve mai messaggi.**  **Lei non *ne* riceve mai.**

    **Non vogliamo mangiare carne.**  **Non ne vogliamo mangiare/non vogliamo mangiarne.**

6. When **ne** is used with the expressions **c'è** and **ci sono**, it joins thus: c'è + ne = ce n'è and ci sono + ne = ce ne sono.

    **In classe c'è uno studente.**  **In classe *ce n'è* uno.**

    **Qui ci sono tante mele.**  **Qui *ce ne sono* tante.**

7. The pronoun **ne** may replace a noun or a personal pronoun used after **parlare** + the preposition **di** (alone or combined with the definite article). In this case **parlare** + **ne** means *to talk about someone/something*.

    **Aldo *parla* sempre *dei suoi amici* di Chicago.**
    **Aldo *ne* parla sempre.**
    He always talks about them.

    **Hai *parlato* a Paola *del tuo viaggio* all'e̩stero?**
    ***Ne* hai parlato a Paola?**
    Did you speak with Paola about it?

# EXERCISE

**ANSWERS pp. 252–253**

Rewrite the following sentences, substituting *ne* for the words in italics. Make any other necessary changes where appropriate.

*Examples*: Vorrei *delle scarpe*. **Ne vorrei.**

Ho scritto molti *messaggi*. **Ne ho scritti molti.**

1. Lui stira *qualche camicia*.
2. Loro hanno *dei giornali*.
3. Le mie zie spediscono tanti *pacchi* a tutti.
4. Ecco dell'acqua!
5. Roberto ha molti *conti* da pagare.
6. Ieri ho venduto molte *cravatte*.
7. Desidero comprare mezzo etto *di tofu*.
8. I ragazzi hanno fatto pochi *esercizi*.
9. Tu hai alcune *amiche*.
10. Devi mettere un po' *di zucchero* nel caffè.
11. Lunedì Rita porterà una *camicetta* a sua cognata.
12. Siamo qui per mangiare un piatto *di gnocchi*.
13. Quante *calze* volete mettere in valigia?
14. Avete passato tante *difficoltà*?
15. A casa non abbiamo molto *formaggio*.
16. Teresa non parla mai *dei suoi problemi*.

# GRAMMAR V  The Adjective *ogni*

The adjective **ogni**, which means *every, each,* or *all* depending on context, always precedes the noun. Like **qualche**, it is singular in use and plural in meaning. It has only the singular form, and the noun that follows it must also be singular.

*Ogni* studente vuole parlarmi.        Each student wants to talk to me.
Ci sono alberghi in *ogni* città.       There are hotels in every city.
Vengo a trovarvi *ogni* settimana.      I come to see you each week.

# EXERCISE

**ANSWERS p. 253**

In the following sentences, substitute *tutti* and *tutte* with *ogni*, making all necessary changes.

*Example*: Tutte le camere sono occupate. **Ogni camera è occupata.**

1. Qui non conosco nessuno; tutti i miei parenti abitano a Palermo.
2. Vedono tutte le serie TV su Netflix.

3. Perché non hai scaricato tutti quei documenti?
4. Ci sono ristoranti e alberghi in tutti i paesi.
5. Voi andate in vacanza tutte le estati.
6. Non vogliamo lavare tutti le magliette che avete.
7. Ci svegliamo presto tutte le mattine.
8. Ho corretto tutti gli esercizi!

# GRAMMAR VI  Idiomatic Expressions with *fare*

Many widely used idiomatic expressions are formed with the verb **fare**. Among the more common are:

| | |
|---|---|
| fa bel tempo | it's nice, fine weather |
| fa brutto tempo | it's bad weather |
| fa caldo | it's hot (weather) |
| fa freddo | it's cold (weather) |
| fare il bagno/la doccia | to take a bath, bathe, / a shower |
| fare colazione | to have breakfast |
| fare una foto | to take a photo |
| fare un esame | to take an exam |
| fare una passeggiata | to take a walk, stroll |
| fare presto | to be quick, hurry up, make haste |
| fare tardi | to be late/to come back late |
| fare un viaggio/una gita | to take a trip/an outing |

Note that both **fare presto** and **fare tardi** are used only with reference to people. The expression **Che tempo fa?** means *How is the weather?*

# EXERCISE

**ANSWERS p. 253**

Complete the sentences

1. Quando (*the weather is fine*) _____ i bambini escono presto.
2. (*I take a walk*) _____ tutte le mattine prima di andare a lavorare.
3. Marisa (*took a bath*) _____ ieri sera quando è ritornata dall'ufficio.
4. Fra due giorni Mario e Edoardo (*will take an exam*) _____ di lingua francese e tedesca.
5. Che tempo fa? Oggi (*it's bad weather!*) _____!
6. Quando quelle ragazze vanno in discoteca, (*they come back late*) _____.
7. Questo tempo è variabile: un po' (*it is cold*) _____ e un po' (*it is hot*) _____!
8. Giovanni (*was late*) _____ e così non ha potuto prendere il treno.
9. Ragazzi, (*take a shower*) _____!
10. Il mio telefono non (*takes pictures*) _____ belle.

# CHAPTER REVIEW

Fill in the blanks translating the words in parentheses.

Una lettera

Cara Giovanna,

_____ (*I did not forget*) che oggi è il tuo compleanno e ti scrivo questo messaggio. Auguri!

Scusa se è un SMS, ma non ho mai tempo di prendere carta e penna perché lavoro _____. (*each day*)

_____ (*You will ask yourself*) come sto. Ecco, ti dico due grandi novità: ho preso un gattino e io e mia sorella _____ (*we will take a trip*) in Spagna. Il gatto _____ (*is called*) Max e ora gli _____ (*I take a picture*) per te. Lo so, è strano ma quando l'ho visto, così piccolo e morbido, sul post di Facebook, _____ (*I fell in love*). Non ridere. Ora non ho tempo di scrivere del viaggio in Spagna, ma _____ (*I will write of it*) nel prossimo messaggio. Devo preparare la borse: se _____ (*the weather will be good*), _____ (*we will have an outing*) al mare domani.

Per fortuna mi è passato il _____ (*headache*) _____ (*of which*) soffrivo da mesi. _____ (*Do you remember*)? Mia sorella mi ha dato delle pastiglie miracolose e io _____ (*I put myself*) in dieta, non fumo e non svapo più!

Corro, un bacio.

# 9 In un negozio di abbigliamento
## (In a Clothing Store)

# PAROLE DA RICORDARE (Words to Remember)

| Italian | English |
|---|---|
| l'attore | actor |
| l'attrice | actress |
| l'accessorio | accessory |
| blu | blue |
| il camerino | fitting room |
| la camicia a maniche corte | short-sleeved shirt |
| la camicia a maniche lunghe | long-sleeved shirt |
| la camicia di cotone | cotton shirt |
| la camicia di seta | silk shirt |
| caro, a | dear, expensive |
| celeste | light blue, sky blue |
| il centro commerciale | mall, shopping center |
| il colore | color |
| il cotone | cotton |
| la commessa | saleswoman |
| il commesso | salesman |
| il direttore | director |
| la direttrice (f.) | director |
| la fabbrica | factory |
| famoso, a | famous, great |
| la maglietta | t-shirt |
| lo scrittore (m.) | writer |
| la scrittrice (f.) | writer |
| sportivo, a | sporty, sporting |
| i tacchi alti | high heels |
| borsa | bag |
| rossetto | lipstick |
| indossare | to wear |
| grigio, a (pl. grigi, grigie) | gray |
| l'insegnante (pl. gli insegnanti, le insegnanti) | teacher |
| la misura | size, measure |
| malato, a | sick |
| la manica | sleeve |
| il negozio | store |
| il negozio di abbigliamento | clothing store |
| la padrona di casa | landlady |
| il padrone di casa | landlord |
| parecchio, a (pl. parecchi, parecchie) | several |

| | | | |
|---|---|---|---|
| la proprietaria *(f.)* | owner | seguire | to follow |
| il proprietario *(m.)* | owner | tornare | to return |
| il romanzo | novel | perdere | to lose |
| la scelta | selection, choice | piacere | to please |
| la taglia | clothing size | portare | to bring, carry |
| i videogiochi | videogames | andare di moda | to be in style |
| perciò | therefore | avere pazienza | to be patient |
| giocare | to play (a game) | avere ragione | to be right |
| mandare | to send | avere torto | to be wrong |
| mostrare | to show | desidera altro? | anything else? |
| provare | to try/try on, attempt | stare a pennello | to fit like a glove |
| | | Ecco ... | Here's ... |

Note that:

1. The adjective **blu** is invariable; it has the same form for the masculine and the feminine, the singular and the plural.
2. The verb **perdere** has a regular past participle, **perduto**, as well as an irregular one, **perso**.

## DIALOGO   In un negozio di abbigliamento

Edmondo Catania ha bisogno di comprarsi un abito per la prossima primavera. Va perciò in un negozio di abbigliamento il cui proprietario è un caro amico di suo padre. Il commesso gli mostra parecchie cose e l'aiuta nella scelta.

| | |
|---|---|
| COMMESSO | Le piace questa giacca, signor Catania? |
| EDMONDO | Mi piace, ma è larga per me. |
| COMMESSO | Provi questa giacca blu allora. È la sua misura. Si guardi allo specchio, prego. |
| EDMONDO | Mi sta a pennello! La prendo. Vorrei anche un buon paio di pantaloni ... |
| COMMESSO | Le piacciono questi pantaloni grigi? Andranno bene con la giacca blu. |
| EDMONDO | Sì, ha ragione ... mi vanno bene e non sono troppo pesanti. |
| COMMESSO | Desidera altro? |
| EDMONDO | Sì, mi mostri qualche camicia, per favore. |
| COMMESSO | Camicie di cotone, di lino, o di seta? |
| EDMONDO | Di cotone. |
| COMMESSO | Di che colore? |
| EDMONDO | Ne vorrei due. Una bianca, a maniche lunghe, e una celeste, sportiva, a maniche corte. Vanno di moda. |
| COMMESSO | Ecco delle belle camicie ... e non sono affatto care! Le abbiamo appena ricevute dalla fabbrica. |

## DIALOGUE  In a Clothing Store

Edmondo Catania needs to buy a suit for next spring. Therefore, he goes to a clothing store whose owner is a dear friend of his father. The salesman shows him several things and helps him in the selection.

SALESMAN  Do you like this jacket, Mr. Catania?
EDMONDO  Yes, but it's big for me.
SALESMAN  Try on this blue jacket, then. It's your size. Look at yourself in the mirror.
EDMONDO  It fits me like a glove! I'll take it. I would also like a good pair of pants ...
SALESMAN  Do you like these gray pants? They will go well with your blue coat.
EDMONDO  Yes, you are right ... they fit me and they are not too heavy.
SALESMAN  Anything else?
EDMONDO  Yes, show me some shirts, please.
SALESMAN  Cotton, linen, or silk shirts?
EDMONDO  Cotton shirts.
SALESMAN  What color?
EDMONDO  I would like two. A white long-sleeved shirt and a light blue sport shirt with short sleeves. They're in style.
SALESMAN  Here are some beautiful shirts ... and they are not expensive at all! We have just received them from the factory.

## EXERCISES

**ANSWERS p. 253**

A. Read the following statements based on the content of the dialogue; then check the true or false blank.

|   | T | F |
|---|---|---|
| 1. Il signor Catania vuole comprarsi un abito per l'inverno. | ___ | ___ |
| 2. Il proprietario del negozio conosce bene suo padre. | ___ | ___ |
| 3. Il commesso è un vecchio amico di Edmondo. | ___ | ___ |
| 4. Edmondo prova una giacca blu e poi la compra. | ___ | ___ |
| 5. Edmondo ha anche bisogno di una cravatta per la giacca blu. | ___ | ___ |
| 6. Il commesso vende a Edmondo un paio di pantaloni. | ___ | ___ |
| 7. La camicia sportiva è celeste e va di moda. | ___ | ___ |
| 8. Nel negozio non ci sono camicie a maniche corte. | ___ | ___ |
| 9. Edmondo compra soltanto una camicia sportiva, celeste. | ___ | ___ |
| 10. Il commesso dice che le camicie sono appena arrivate dalla fabbrica. | ___ | ___ |

**B.** Match related terms in the two columns.

| | | | |
|---|---|---|---|
| 1. il fornaio | | a. | il negozio |
| 2. la camera | | b. | il medico |
| 3. la classe | | c. | il macellaio |
| 4. lo scrittore | | d. | i nonni |
| 5. la medicina | | e. | la banca |
| 6. il postino | | f. | la via |
| 7. il commesso | | g. | il cinema |
| 8. la bistecca | | h. | il regionale |
| 9. l'ospedale | | i. | il caffè |
| 10. i nipoti | | l. | la lettera |
| 11. l'assegno | | m. | il pane |
| 12. la casa | | n. | il romanzo |
| 13. il film | | o. | la farmacista |
| 14. la stazione | | p. | gli studenti |
| 15. il bar | | q. | il letto |

# GRAMMAR I  The Relative Pronoun *cui* and the Possessive Interrogative *di chi*

**A.** When the relative pronoun **cui**, used in a dependent clause, is preceded by a definite article and followed by the noun the article refers to, **cui** corresponds to the English *whose*. Cui is invariable, and the definite article must agree in gender and number with the noun following. These sentences are not very common.

> **La signora Berti, la *cui* figlia è attrice, ha sessant'anni.**
> Mrs. Berti, whose daughter is an actress, is sixty years old.

> **Quello scrittore, i *cui* romanzi tu hai letto, è molto famoso.**
> That writer, whose novels you have read, is very famous.

Note that **cui** (like *whose* in English) may also be preceded by a preposition.

> **Il bambino, con la *cui* insegnante parlo, non vuole studiare.**
> The child, with whose teacher I'm talking, doesn't want to study.

> **Sergio, nel *cui* negozio ho comprato parecchi vestiti, è simpatico.**
> Sergio, in whose store I bought several suits, is friendly.

**B.** The possessive interrogative **di chi** expresses the English *whose* or *of whom*. Note that in Italian **di chi** is followed immediately by the verb, not by the noun as it is in English.

> ***Di chi* sono queste calze?**   Whose socks are these?
> ***Di chi* è quella maglietta?**   Whose t-shirt is this?

# EXERCISE

**ANSWERS p. 254**

Complete the following sentences, translating the phrases in parentheses.

1. La macchina sportiva, (*with whose owner*) _____ sono uscito ieri sera, costa centomila euro.
2. (*Whose*) _____ è la bicicletta rossa?
3. La casa, (*in whose rooms*) _____ voi vivete, è molto vecchia.
4. Lo zio, (*for whose birthday*) _____ ho comprato un dolce eccellente, oggi è malato.
5. La camicia a maniche corte, (*whose color*) _____ mi piace molto, è di seta.
6. Bologna, (*in whose streets*) _____ ci sono tanti negozi, ha un'università molto vecchia.
7. La direttrice, (*whose granddaughter*) _____ è professoressa, non abita più qui.
8. (*Whose*) _____ sono questi libri?

# GRAMMAR II   Reciprocal Constructions

A. The reflexive pronouns **ci**, **vi**, and **si**, used as direct or indirect objects of transitive verbs, may express reciprocal actions. Their English meaning in this instance is *each other* or *one another*. When used with a compound tense, the required auxiliary is **essere**, and the past participle agrees in gender and number with the subject.

| | |
|---|---|
| *Ci* telefoneremo a mezzogiorno. | We will call each other at noon. |
| Le ragazze *si* sono vist*e* ieri. | The girls saw one another yesterday. |
| Loro non *si* parlano più. | They no longer talk to each other. |

B. The pronouns **mi**, **ti**, **si**, **ci**, **vi**, and **si** can also be used reflexively as indirect objects of transitive verbs. Their meaning in English is *to (for) myself, yourself, himself, herself, ourselves, yourselves,* and *themselves*. In the past tense, the required auxiliary is **essere**, and the past participle must agree with the subject.

| | |
|---|---|
| Noi *ci* siamo comprat*i* due camicie. | We bought ourselves two shirts. |
| Rina *si* è scritt*a* un promemoria. | Rina wrote herself a reminder. |

Some of the verbs often used to express reciprocal actions are:

| | | | |
|---|---|---|---|
| aiutarsi | to help each other | salutarsi | to greet each other, say goodbye to each other |
| capirsi | to understand each other | scriversi | to write to each other |
| conoscersi | to know each other | telefonarsi | to phone each other |
| incontrarsi | to run into each other | vedersi | to see each other |
| parlarsi | to talk to each other | messaggiarsi | to text each other |

**In un negozio di abbigliamento** 113

## EXERCISE

**ANSWERS p. 254**

Translate the words in parentheses to complete the following sentences.

1. Rodolfo è felice quando (*we see each other*).
2. Se gli esercizi sono molto difficili, (*they help each other*).
3. Se possibile, (*we will talk to each other*) prima della lezione.
4. Quel ricco direttore (*bought himself*) una macchina sportiva molto cara.
5. Ieri sera Franco e Carlo (*ran into each other*) in Piazza Garibaldi.
6. Chiara e Umberto (*phone each other*) quasi tutti i giorni.
7. Tu e Giacomo siete vecchi amici e (*you understand each other*).

## GRAMMAR III   Indirect Object Pronouns

A. Indirect object pronouns, like direct object pronouns, are always used in conjunction with verbs. They too replace nouns or noun phrases.

| | |
|---|---|
| mi | to me, for me |
| ti | to you, for you (*fam. Sing.*) |
| gli | to him, for him; to it, for it (*m.*) |
| le | to her, for her; to it, for it (*f.*) |
| Le | to you, for you (*form. Sing.*) |
| ci | to us, for us |
| vi | to you, for you (*fam. Pl.*) |
| gli | to them, for them |

B. Position of Indirect Object Pronouns

As the following examples illustrate, the position of indirect object pronouns in a sentence is the same as that of direct object pronouns.

1. With a verb conjugated in the indicative:

   **Parlo spesso *alle mie amiche canadesi*. *Gli* parlo spesso.**
   **Piero domanda *a Lucia* come sta. Piero *le* domanda come sta.**

2. In a negative sentence:

   **Non comprano nulla *per noi*. Non *ci* comprano nulla.**
   **Lucia non compra i videogiochi *al figlio*. Lucia non *gli* compra i videogiochi.**

3. With an infinitive:

   **Desidero scrivere *a lui e a lei*. Desidero scriver*gli*.**
   **Viene a dire *a me* ogni cosa. Viene a dir*mi* ogni cosa.**

4. With the verbs **dovere, potere, volere** plus an infinitive:

   **Posso offrire un caffè a *Lei*, signora?**
   **Posso offrir*Le* un caffè, signora?** or ***Le* posso offrire un caffè?**

Cosa devo portare *a voi* da Milano?

**Cosa devo portar*vi* da Milano?** or **Cosa *vi* devo portare da Milano?**

Note the following:

a. Indirect object pronouns never agree with the past participle, no matter what the auxiliary verb is.

b. Usually only the indirect object pronouns Le and vi are attached to the word ecco.

Signor Direttore, ecco *a Lei* il cappello!

**Signor Direttore, ecco*Le* il cappello!**

Ragazzi, ecco *a voi* il dolce!

**Ragazzi, ecco*vi* il dolce!**

# EXERCISES

**ANSWERS p. 254**

A. Substitute the appropriate indirect object pronouns for the words in italics, making any necessary changes in word order.

1. È necessario parlare subito *al direttore*.
2. Quando tornerete in città, offrirò *a voi* un buon pranzo.
3. Riccardo ha comprato una camicetta di seta *a sua moglie*.
4. Hai portato un regalo *ai tuoi genitori*?
5. Loro desiderano portare *a voi e a me* sei bottiglie del loro vino.
6. Non potete dire nulla *a quei ragazzi*?
7. Avete spiegato *a Annamaria* che io farò tardi domani sera?
8. Lui ha dovuto mandare tre pacchi *a me*.
9. Guglielmo e Luigi, ecco *a voi* della frutta fresca!
10. Dottore, chi ha detto *a Lei* che non ho fatto la dieta?

**ANSWERS pp. 254–255**

B. In answering the questions, substitute the appropriate indirect object pronouns for the words in italics.

*Examples:* Avete parlato *a Marisa*? Sì, noi *le* abbiamo parlato.

*Mi* avete mandato quel libro? No, noi non *ti* abbiamo mandato quel libro.

1. Il fruttivendolo ha venduto le mele *alla nonna*? Sì,_____.
2. Il postino *vi* ha portato la lettera? No, _____.
3. Ragazzi, avete scritto *a quell'attore*? No, _____.
4. Signora, *Le* ha telefonato Alberto ieri sera? Sì, _____.
5. Giorgio, hai parlato *alle commesse* giovedì scorso? Sì, _____.
6. Direte tutto *alla mamma e a me*? Sì, _____.
7. Luca, vorrai mostrar*mi* quel film? Sì, _____.
8. Signor Porta, potrà spedire il pacco *a Umberto*? No, _____.

## GRAMMAR IV  The Verb *piacere*

A. Italian and English do not express the idea of liking (or disliking) in the same way. While English-speakers say that they like someone or something, Italians say that someone or something is pleasing to them. The verb **piacere**, means *to please, to be pleasing to*.

The sentence *Mary likes my house* is rendered in Italian as:

*A* Maria *piace* la mia casa. or La mia casa *piace a* Maria.
My house is pleasing to Mary.

In the Italian version of the sentence, *Mary,* the English subject of *likes,* becomes the indirect object of **piacere** (a **Maria**), while *my house,* the object of the English verb, becomes the subject of **piacere** (la mia casa). If the subject of **piacere** is plural, the verb must be plural (**piacciono**).

*A* Maria *piacciono* i miei fiori. or I miei fiori *piacciono* a Maria.

When the indirect object of **piacere** is a noun, it must be preceded by the preposition **a** (either alone or combined with the definite article).

Quel film *piace al* Dottor Mei. or *Al* dottor Mei *piace* quel film.

Note also that when the English object of *to like* is an action (expressed by a verb), in Italian the action becomes the subject of the sentence, and **piacere** must be conjugated in the third-person singular.

*Ai* giovani *piace* viaggiare.
Young people like to travel.

B. Conjugation of the verb **piacere**

|  | Present | Future | *Passato Prossimo* |
| --- | --- | --- | --- |
| io | piac cio | piac erò | sono piaciuto, a |
| tu | piac i | piac erai | sei piaciuto, a |
| lui, lei, Lei | piac e | piac erà | è piaciuto, a |
| noi | piac ciamo | piac eremo | siamo piaciuti, e |
| voi | piac ete | piac erete | siete piaciuti, e |
| loro | piac ciono | piac eranno | sono piaciuti, e |

C. All compound tenses of **piacere** require the auxiliary verb **essere**.

| Io *piaccio* ai genitori di Maria | Maria's parents like me. |
| Le *piace* questo dopobarba? | Do you like this aftershave? |
| A Tina *piacciono* le gonne lunghe. | Tina likes long skirts. |
| Vi *sono piaciuti* gli spaghetti? | Did you like the spaghetti? |
| Rosa e Rita *sono piaciute* a tutti. | Everyone liked Rosa and Rita. |

# EXERCISES

**A. Translate the phrases in parentheses to complete the following sentences.**
1. (*They will like*) i romanzi di quel famoso scrittore.
2. (*I didn't like*) quel profumo.
3. (*Luisa likes*) la nostra professoressa.
4. Dottor Brown, (*will you like*) cibo italiano?
5. (*He likes*) molto la nostra lingua.
6. (*We like*) le patate fritte.

**B. Rephrase each of the following sentences, substituting *piacere* for *preferire*.**

*Example:* Noi preferiamo gli spaghetti. **Ci piacciono gli spaghetti.**

1. Luisa preferisce una bella bistecca.
2. I miei zii preferiscono i film francesi.
3. Lei preferisce le camicie di cotone.
4. Voi preferite la gonna celeste.
5. Tu preferisci andare al centro commerciale.
6. Io preferisco quei jeans grigi.
7. Scusi, Lei preferisce il vino bianco o quello rosso?
8. I ragazzi americani preferiscono mangiare in paninoteca.

**C. Translate the following.**
1. Elena, do you like me?
2. Why didn't Marco like my gift?
3. When you see them, you will like them!
4. I don't like her very much.
5. Our children like to spend a lot of money.

# GRAMMAR V  Imperative of First-, Second-, and Third-Conjugation Verbs

A. The imperatives of -are, -ere, and -ire verbs are formed as follows:

|  | *mand are* | *vend ere* | *segu ire* |
| --- | --- | --- | --- |
| tu | mand a (send) | vend i (lose) | segu i (follow) |
| Lei | mand i | vend a | segu a |
| noi | mand iamo | vend iamo | segu iamo |
| voi | mand ate | vend ete | segu ite |

Because the imperative expresses a command, a request, or an exhortation, it does not have the **io** form. Subject pronouns are not normally used with the imperative.

B. The **noi** form of the imperative, which is identical to the **noi** form of the present indicative, is the equivalent of the English *let's* + verb.

    Rodolfo dice all'autista:    *Segua* quella macchina!
    Rodolfo tells the driver:    "Follow that car!"

    *Mandiamo* un messaggio a Roberto. Domani è il suo compleanno.
    Let's send Robert a text. It's his birthday tomorrow.

C. Verbs whose infinitives end in **-iare** form the imperative by dropping the **i** of the stem before the endings **i, iamo,** and **ino**. Those ending in **-care** and **-gare** add **h** before the imperative endings **i, iamo,** and **ino**.

|      | mang iare   | dimentic are      | pag are    |
|------|-------------|-------------------|------------|
| tu   | mangi *a* (eat) | dimentic *a* (forget) | pag *a* (pay) |
| Lei  | mang *i*    | dimentic *hi*     | pag *hi*   |
| noi  | mang *iamo* | dimentic *hiamo*  | pag *hiamo* |
| voi  | mangi *ate* | dimentic *ate*    | pag *ate*  |

    Alberto, *mangia* la minestra.    Albert, eat your soup.
    Signora, *paghi* subito il conto.    Ma'am, pay the bill immediately.

D. In forming the imperative of **finire** and **spedire**, as in the present indicative, **isc** must be added to the stem of the infinitive before the endings of the second- and third-person singular and the third-person plural:

|      | fin ire           | sped ire              |
|------|-------------------|-----------------------|
| tu   | fin isci (finish) | sped isci (mail, send) |
| Lei  | fin isca          | sped isca             |
| noi  | fin iamo          | sped iamo             |
| voi  | fin ite           | sped ite              |

    Ida, *finisci* i compiti; non distrarti.
    Signorina Rossi, *spedisca* subito quel pacco.

E. To express a negative command, place the word **non** before the imperative, except for the **tu** form, which is rendered by **non** + the infinitive of the verb.

| Positive Commands | Negative Commands |
|---|---|
| Signora, *compri* quelle scarpe. | Signora *non compri* quelle scarpe. |
| Usate il cellulare adesso. | Non usate il cellulare adesso. |
| *Prendiamo* un espresso al bar. | *Non prendiamo* un espresso al bar. |
| Massimo, *chiudi* la porta. | Massimo, *non chiudere* la porta. |

# EXERCISE

**ANSWERS p. 255**

Change the first- and second-person verbs from the present indicative to positive and negative imperative.

*Examples:* Voi studiate. Studiate. Non studiate.

Lei scrive. Scriva. Non scriva.

1. Tu dimentichi.
2. Voi passate.
3. Tu ricordi.
4. Voi ricevete.
5. Lei paga.
6. Voi lavorate.
7. Voi cominciate.
8. Tu viaggi.
9. Tu finisci.
10. Voi entrate.
11. Tu canti.

## GRAMMAR VI  Imperative of *avere* and *essere* and of the Stem-Changing Verbs *dare, dire, fare, stare*

|  | avere | essere |
|---|---|---|
| tu | abbi (have) | sii (be) |
| Lei | abbia | sia |
| noi | abbiamo | siamo |
| voi | abbiate | siate |

Signor Pini, *abbia* pazienza. Oggi non posso lavare la sua macchina.
Mr. Pini, be patient. Today I cannot wash your car.

Marco, anche se hai ragione, *sii* gentile con i tuoi cugini.
Mark, even if you are right, be kind to your cousins.

|  | dare | dire | fare | stare |
|---|---|---|---|---|
| tu | da' (give) | di' (tell, say) | fa' (do, make) | sta' (stay) |
| Lei | dia | dica | faccia | stia |
| noi | diamo | diciamo | facciamo | stiamo |
| voi | date | dite | fate | state |

Signora Salvatori, *dica* a suo figlio che ha torto.
Mrs. Salvatori, tell your son that he is wrong.

Non giocare adesso, Marco, *fa'* gli esercizi.
Don't play now, Marco, do your exercises.

*Fate i* bravi, ragazzi. Ho un forte mal di testa.
Be good, boys. I have a bad headache.

*Non diamo* nulla a Luigi. Ieri è stato molto cattivo.
Let's give nothing to Luigi. He was very bad yesterday.

# EXERCISE

**ANSWERS pp. 255–256**

Change the first- and second-person verbs from the future to positive and negative imperative.

> *Example:* Lei farà un piatto di spaghetti. **Faccia/Non faccia un piatto di spaghetti.**

1. Tu farai gli esercizi di italiano.
2. Voi avrete pazienza.
3. Lei sarà gentile.
4. Tu dici tutto.
5. Voi darete il giornale a Sergio.
6. Tu sarai buona.
7. Lei starà a casa.
8. Lei dirà a Silvio di telefonarci.
9. Lei farà qualcosa da mangiare.

# CHAPTER REVIEW

Fill in the blanks translating the words in parentheses. Then answer the questions.

In un negozio di abbigliamento

Federica Rossi deve acquistare _____ (*a dress*) per andare a un matrimonio. Va in un _____ (*shop*) di abbigliamento. La commessa è una ragazza giovane. Le mostra diverse cose e l'aiuta nella _____ (*choice*).

| | |
|---|---|
| FEDERICA | Ciao! Sto cercando un vestito da indossare a un matrimonio. |
| COMMESSA | In quale _____ (*season*) si terrà il matrimonio? |
| FEDERICA | Sarà in primavera. |
| COMMESSA | Ottimo! Abbiamo diversi vestiti color pastello. Qual è la tua _____ (*size*)? |

| | |
|---|---|
| FEDERICA | Di solito indosso una Small. Hai vestiti rosa o blu? |
| COMMESSA | Sì! Prova questi due vestiti Small. Quale ti piace? |
| FEDERICA | Mi piace il vestito rosa! Lo prendo. Vorrei anche un paio di _____ (*shoes with high heels*) da abbinare. |
| COMMESSA | Che numero hai? |
| FEDERICA | Io porto il 38. |
| COMMESSA | Ti piacciono queste scarpe beige? Stanno bene con il tuo vestito. |
| FEDERICA | Sì, ma posso provare un 39? Queste sono troppo _____ (*tight*). |
| COMMESSA | Abbiamo esaurito il numero 39 nel negozio. Le posso ordinare online e _____ (*send them*) a casa tua? Possiamo farlo al momento del pagamento. |
| FEDERICA | Sì. Potresti anche mostrarmi delle _____ (*bags*), per favore? |
| COMMESSA | Ne abbiamo diversi tipi. Ecco, prova questa pochette elegante. |
| FEDERICA | Wow, ci sta il mio _____ (*cellphone*) e un _____ (*lipstick*)! La prendo. |
| COMMESSA | Benissimo. C'è altro? O sei pronta per il pagamento? |
| FEDERICA | Sono pronta! |
| COMMESSA | A quale _____ (*address*) vuoi ricevere le tue scarpe? |
| FEDERICA | Viale Garibaldi 6, Mestre-Venezia 30173. |
| COMMESSA | Le tue scarpe arriveranno tra 10–14 giorni. Il tuo totale è di 110 euro. Paghi _____ (*cash*) o con carta? |
| FEDERICA | Con la carta, se posso. |
| COMMESSA | Inserisci o scorri la tua carta ora. Per il bancomat serve il pin. Vuoi la _____ (*receipt*)? |
| FEDERICA | Sì. In caso, posso _____ (*exchange*) la merce? |
| COMMESSA | Puoi restituire la merce inutilizzata e con le etichette entro 30 giorni dall'acquisto con la ricevuta. |
| FEDERICA | Ok. Grazie. |
| COMMESSA | Grazie a te. Buona giornata! |

1. Quali colori si usano nei vestiti per i matrimoni?
2. Come si chiamano le misure dei vestiti? E delle scarpe?
3. Se non trovi un articolo in negozio, cosa puoi fare?
4. Come puoi pagare in un negozio di vestiti?
5. Se vuoi cambiare la merce, cosa devi fare?

# 10 Una telefonata
## (A Telephone Call)

## PAROLE DA RICORDARE (Words to Remember)

| | | | |
|---|---|---|---|
| la borsa di studio | scholarship | la verità | truth |
| la cena | supper | immenso, a | immense, huge |
| il compito | task, chore, homework | importante | important |
| | | infelice | unhappy |
| le congratulazioni | congratulations | irregolare | irregular |
| l'accendino | lighter | pronto, a | ready |
| la fine | end | straniero, a | foreign |
| il fiore | flower | vero, a | true |
| la geografia | geography | almeno | at least |
| la matematica | mathematics | appena adesso | just now |
| il momento | moment | di nuovo | again |
| (il) Natale | Christmas | durante | during |
| la notizia | news (one item); pl. news (general) | fino a | until |
| | | intanto | meanwhile |
| il pranzo | lunch | mentre | while |
| la sigaretta | cigarette | oltre a | besides |
| il sole | sun | pronto? | hello? (when answering the telephone) |
| la storia | history, story | | |
| la straniera (f.) | foreigner | alzare | pick up, lift |
| lo straniero (m.) | foreigner | cenare | to have supper |
| la telefonata | phone call | fumare | to smoke |
| il telefonino (or il cellulare) | cellular phone | caricare | to download |
| | | svapare | to vape |
| il telefono | phone | invitare | to invite |

| | | | |
|---|---|---|---|
| pensare | to think | vincere | to win |
| pranzare | to dine | che c'è di nuovo? | what's up? what's new? |
| restare | to remain | è vero? | is it true? |
| riuscire | to succeed, be able to | fare colazione | to have breakfast |
| sembrare | to seem | invitare a cena | to invite to supper |
| felice | happy | invitare a pranzo | to invite to lunch |
| sperare | to hope | sperare di sì | to hope so |
| squillare/suonare | to ring | | |

# DIALOGO   Una telefonata

Il telefono squilla. La signora Benetti va a rispondere. Alza il telefono e dice:

| | |
|---|---|
| SIGNORA BENETTI | Pronto? Chi parla? |
| RICCARDO | Signora Benetti, sono io, Riccardo. Posso parlare con Umberto? |
| SIGNORA BENETTI | Sì, è qui. Un momento, glielo chiamo. |
| UMBERTO | Ciao, Riccardo, Che c'è di nuovo? |
| RICCARDO | Ti chiamo per darti una bella notizia. |
| UMBERTO | Dimmi, dimmi ... Sembri molto felice. |
| RICCARDO | Ho vinto un'importante borsa di studio negli Stati Uniti! |
| UMBERTO | Davvero? Congratulazioni! Quando l'hai saputo? |
| RICCARDO | Ho appena adesso ricevuto una chiamata da Roma. Partirò per Boston i primi di settembre. |
| UMBERTO | E quanto tempo ci resterai? |
| RICCARDO | Fino alla fine di giugno. |
| UMBERTO | Oltre a Boston, riuscirai a visitare altre città? |
| RICCARDO | Spero di sì, almeno durante le vacanze di Natale. |
| UMBERTO | Ricordati di mandarmi messaggi e foto! |
| RICCARDO | Certamente. Intanto, per festeggiare, ti invito a pranzo. Puoi venire da me domani all'una? |
| UMBERTO | Con immenso piacere. Porterò lo spumante. |
| RICCARDO | Va bene. Ci vediamo domani, allora. Ciao! |
| UMBERTO | Ciao ... e di nuovo, congratulazioni! |

# DIALOGUE   A Telephone Call

The phone rings. Mrs. Benetti goes to answer. She picks up the phone and says:

| | |
|---|---|
| MRS. BENETTI | Hello? Who is speaking? |
| RICCARDO | Mrs. Benetti, it's me, Riccardo. May I talk to Umberto? |
| MRS. BENETTI | Yes, he is here. One moment, I'll call him for you. |
| UMBERTO | Hi, Riccardo. What's up? |

| | |
|---|---|
| RICCARDO | I'm calling to give you some good news. |
| UMBERTO | Tell me, tell me ... You seem very happy. |
| RICCARDO | I won an important scholarship to the United States! |
| UMBERTO | Is that so? Congratulations! When did you hear about it? |
| RICCARDO | I just now received a call from Rome. I will leave for Boston the first few days in September. |
| UMBERTO | And how long will you stay there? |
| RICCARDO | Until the end of June. |
| UMBERTO | Besides Boston, will you be able to visit other cities? |
| RICCARDO | I hope so, at least during the Christmas holidays. |
| UMBERTO | Remember to send me messages and photos! |
| RICCARDO | Certainly. Meanwhile, to celebrate, I'm inviting you to lunch. Can you come to my house tomorrow at one o'clock? |
| UMBERTO | With great pleasure. I'll bring the spumante. |
| RICCARDO | Okay. We'll see each other tomorrow, then. Bye! |
| UMBERTO | Bye, and again, congratulations! |

Note that:
1. **Vincere** has an irregular past participle, **vinto**.
2. **Riuscire** conjugates like **uscire** (present indicative: **riesco, riesci, riesce**, etc.). It is usually followed by the preposition **a**, and it means *to succeed in, to be able to*. (**Lui riesce a fare molto denaro.** He succeeds in making a lot of money.)
3. The expression **i primi di**, followed by the name of a month, means *the first few days in, early in*.
4. **Va bene** is equivalent to *okay*, which Italians understand and use as well.

# EXERCISES

**ANSWERS p. 256**

A. Read the following and select the appropriate answers.

1. Chi risponde quando il telefono squilla? (**la signora Benetti**; suo figlio Umberto; suo marito)
2. Riccardo telefona all'amico perché (vuole andare al cinema con lui; **vuole dirgli una cosa molto importante**; vuole parlargli di un suo problema).
3. Che cosa ha vinto Riccardo? (un viaggio a Boston; **una borsa di studio**; molto denaro)
4. Riccardo ha appena ricevuto (una lettera; un telegramma; **una telefonata**).
5. Riccardo resterà negli Stati Uniti (tre mesi; **poco meno di un anno**; otto settimane).
6. Quando Riccardo sarà in America, lui (starà sempre a Boston; andrà soltanto a New York; **visiterà anche altre città**).
7. Per festeggiare la bella notizia, Riccardo invita l'amico a casa sua (**a pranzo**; a cena; a colazione).
8. Quando Umberto andrà da Riccardo, gli porterà (un bel dolce; della frutta; **una bottiglia di spumante**).

**ANSWERS pp. 256–257**

B. Translate the words in parentheses into Italian.
1. (*I need*) _____ un vestito nuovo.
2. Preferiamo (*a double room*) _____.
3. Loro abitano (*on the third floor*) _____.
4. (*I must shave*) _____ prima di uscire.
5. È necessario (*to be patient*) _____.
6. Scusi, signore, qual è (*your size*) _____?
7. Lui fa molte (*calls*) _____ al cellulare.
8. Domani mattina (*we will have breakfast*) _____ alle sette e mezzo.
9. Quando rispondo al telefono, io dico sempre: (*Hello? Who is calling?*) _____.
10. Ieri sera lui mi ha dato (*bad news (sing.)*) _____.
11. Tu, Alberto, mangi sempre (*in a great hurry*) _____.
12. (*In my opinion*) _____ è già troppo tardi.
13. (*I am not able*) _____ a capire.

# GRAMMAR I  The Adverbial Pronoun *ci*

The adverb **ci** (used in **ci sono**, or *there are*, and **c'è**, or *there is*) may also be used to replace an adverbial phrase with a noun (proper or common) indicating a locality previously mentioned. When used as an adverbial pronoun, *ci* follows the same rules governing the position of direct and indirect object pronouns in a sentence.

Desideri andare *al cinema*?   *Ci* desideri andare? / Desideri andar*ci*?
Voglio venire *in centro*.   *Ci* voglio venire / Voglio venir*ci*.

Ci can also be used also to substitute "a qualcosa" ("at about something"). For example, **non ci penso** (I don't think about it); **ci gioco** (I play it); **ci riesco** (I am able to do it).

Abitiamo ancora *in quella via*.   *Ci* abitiamo ancora.
Quando sei tornato *in Francia*?   Quando *ci* sei tornato?
Rimaniamo *a Torino* due giorni.   *Ci* rimaniamo due giorni.

# EXERCISE

**ANSWERS p. 257**

Replace the words in italics with the adverbial pronoun *ci*.

*Example:* Oggi rimango *a casa* con lui. **Oggi *ci* rimango con lui.**

1. Gli studenti restano *in classe* fino alle quattordici.
2. Perché non venite *in Piazza Dante* con noi?
3. Quando potrete andare *negli Stati Uniti*?

4. Silvia non è mai stata *all'estero*.
5. Non pensiamo mai *alle malattie*.
6. Adriana non riesce *a guidare* da sola.
7. Preferisco andare *al supermercato* nel primo pomeriggio.
8. A mia moglie piace molto giocare *a burraco*.
9. A che ora dovete essere *alla stazione ferroviaria*?
10. Quella violinista ha dormito molte volte *in quest'albergo*.

# GRAMMAR II  Position of Direct and Indirect Object Pronouns with the Imperative

A. When a direct or an indirect object pronoun (**ne** included) is used with a verb conjugated in the imperative, the pronoun precedes the formal imperative (**Lei** form) but follows the familiar imperative (**tu, noi,** and **voi** forms) and is attached to the verb.

|     | *Seguire*                      | *Parlare*                         |
| --- | ------------------------------ | --------------------------------- |
| tu  | segui*lo* (follow him!)        | parla*gli* (talk to him)          |
| Lei | *lo* segua                     | *gli* parli                       |
| noi | seguiamo*lo* (let's follow him)| parliamo*gli* (let's talk to him) |
| voi | segui*telo*                    | parla*tegli*                      |

Luisa, non portar*ci* del pane, porta*ci* del formaggio!
Louise, don't bring us bread, bring us some cheese!

La lezione non è affatto difficile; imparate*la* per domani!
The lesson is not at all difficult; learn it for tomorrow!

Dottore, *mi* dia una medicina per il mal di testa.
Doctor, give me some medicine for my headache.

Anna ha fame. Prepariamo*le* un piatto di pasta.
Ann is hungry. Let's prepare a dish of pasta for her.

Ecco delle caramelle. Porta*ne* alcune a mio padre.
Here are some cigarettes. Take a few to my father.

Quando parla con i miei figli, non *gli* dica che sono malato.
When you talk to my children, don't tell them that I am sick.

B. When the pronoun **ne** or a direct or indirect object pronoun is used with the familiar singular imperative of the verbs **dare, dire, fare,** and **stare,** the initial consonant of the pronoun is doubled before it is attached to the imperative (for example, **da' + mi = dammi; di + ci = dicci**).

Gina, *dalle* la borsa!     Gina, give her the purse!
Marco, *dicci* la verità!     Marco, tell us the truth!
Marta, *falli* subito!     Marta, do them right away!
*Danne* due a tuo zio!     Give two to your uncle!
Per favore, *stammi* vicino!     Please stay close to me!

The doubling never takes place with the pronoun **gli**.

*Digli* di essere buono!     Tell him to be good!

It occurs instead when the adverbial pronoun **ci** is used with the imperative of **stare**.

*Stacci* fino alle tre!     Stay there until three o'clock!

# EXERCISES

**A.** Rewrite the following sentences, substituting the appropriate direct or indirect object pronouns for the words in italics.

*Example:* Spedisci oggi *quella lettera!* **Spediscila oggi!**

1. Alessio, chiama *il tassì!*
2. Signor Cecchi, telefoni *al padrone di casa!*
3. Cerchiamo *i ragazzi stranieri!*
4. Susanna, non portare il caffè *a Sandro!*
5. Signorina Russo, offra alcune *paste* al professore!
6. Mostrate *il film* agli studenti di inglese!
7. Non parlare *a quest'impiegato!* Deve lavorare.
8. Bambini, salutate *il maestro!*
9. Spedite subito tre *camicie* dalla fabbrica!
10. Dottor Bassi, non dia *l'accendino* a suo figlio!

**B.** Rewrite the following sentences, substituting the appropriate direct or indirect object pronouns for the words in italics.

1. Date *la notizia* al farmacista!
2. Dite *ai ragazzi* di dare il telefonino alla mamma.
3. Fa' un piacere *a me!*
4. Signora, dia il mio assegno *alla proprietaria!*
5. Restate *a Milano* fino a domenica!
6. Simone, da' *il cappotto* al commesso!
7. Adesso di' a tutti *la verità!*
8. Nonno, sta' vicino *a lei!*
9. Marisa, fa' *i compiti* per il corso di francese!
10. Ragazzi, non pensate *all'esame* per ora.
11. Zia, di' *a Angela* di preparare il pranzo!
12. Giacomino, pensa *alla tua vita.*

## GRAMMAR III  Imperative of Reflexive Verbs

A. Reflexive verbs ending in -arsi, -ersi, and -irsi form the imperative as any verb of the first, second, and third conjugation. The pronoun si (singular and plural) always precedes the Lei forms of the imperative; the pronouns ti, ci, and vi follow the tu, noi, and voi imperative forms, respectively, and are attached to them.

|  | *alz arsi* | *mett ersi* | *vest irsi* |
| --- | --- | --- | --- |
| tu | alz a*ti* (get up!) | mett i*ti* (put on, wear!) | vest i*ti* (get dressed!) |
| Lei | *si* alzi | *si* metta | *si* vesta |
| noi | alz iamo*ci* | mett iamo*ci* | vest iamo*ci* |
| voi | alz ate*vi* | mett ete*vi* | vest ite*vi* |

Giovanni, *alzati!* Sono le otto.  John, get up! It's eight o'clock.
*Svegliamoci* presto domattina.  Let's get up early tomorrow morning.
Signora, *si diverta* al cinema!  Enjoy yourself at the movies, ma'am!

B. When the imperative of a reflexive verb is used in a negative sentence, the word non precedes all forms of the imperative, except for the tu form, which is rendered by non + the infinitive of the verb. In this instance, the reflexive pronoun ti is attached to the infinitive.

Positive Commands

Antonio, *riposati!*  Anthony, rest!
*Mettiamoci* il cappotto!  Let's put on our coats!
Bambine, *lavatevi* le mani!  Girls, wash your hands!
Signora, *si vesta* adesso!  Get dressed now, ma'am!

Negative Commands

Antonio, *non rilassarti ancora!*  Anthony, don't relax yet!
*Non mettiamoci* il cappotto!  Let's not put on our coats!
Bambine, *non lavatevi* le mani!  Girls, don't wash your hands!
Signora, *non si vesta* adesso!  Don't get dressed now, ma'am!

# EXERCISE

Translate the imperatives in parentheses.

1. Alessandro, (*look at yourself*) _____ allo specchio!
2. Signor Bonetti, (*don't worry*) _____ per me; io sto bene.
3. Giovanna, (*relax*) _____ un po' questo pomeriggio!
4. Ragazzi, (*don't fall asleep*) _____ in classe!

5. Rosa, per favore (*comb your hair*) _____ prima di uscire.
6. Dottoressa Ciampi, (*get ready*) _____ perché sono già le quattro.
7. Pietro, Giovanni e Carlo (*don't get bored*) _____ durante la lezione del professore di storia!
8. Figlia mia, oggi (*wear*) _____ il vestito nuovo.
9. Signor Marchetti, (*stop*) _____ a casa mia questa sera.

## GRAMMAR IV  Imperative of the Stem-Changing Verbs *andare, bere, rimanere, tenere, uscire,* and *venire*

|  | *andare* | *bere* | *rimanere* |
|---|---|---|---|
| tu | va (go) | bevi (drink) | rimani (remain, stay) |
| Lei | vada | beva | rimanga |
| noi | andiamo | beviamo | rimaniamo |
| voi | andate | bevete | rimanete |

|  | *tenere* | *uscire* | *venire* |
|---|---|---|---|
| tu | tiene (hold, keep) | esci (go out) | vieni (come) |
| Lei | tenga | esca | venga |
| noi | teniamo | usciamo | veniamo |
| voi | tenete | uscite | venite |

## EXERCISES

A. Use the imperative to convert the sentences to a command.

*Example:* Di' a Mario di *rimanere* in classe. **Mario, *rimani* in classe.**

1. Di' a Martino di *bere* tutto il latte.
2. Di' a la signorina Luzzi di non *uscire* troppo tardi.
3. Di' a le studentesse americane di *venire* al cinema.
4. Di' a i signori Marchetti di *fumare* meno
5. Di' a i vostri amici di non *rimanere* in centro questa sera.

**B.** Change the verbs from *passato prossimo* to imperative.

> *Examples:* La signora ha fatto la spesa. **Signora, faccia la spesa!**
>
> Voi avete tenuto il figlio a casa. **Tenete il figlio a casa.**

1. Noi siamo andati al mare con loro.
2. Voi non avete bevuto troppo.
3. Tu hai dato la medicina a Silvio.
4. La signora Leoni ha tenuto l'automobile in piazza.
5. Tu, Luigi, sei andato dal fruttivendolo.
6. Il dottor Mattei non è uscito dall'ospedale alle undici.
7. Stasera noi siamo rimaste all'università.
8. Il professore ha invitato una studentessa straniera a cena.
9. Voi avete bevuto un cappuccino al bar.
10. Lei, signorina, ha fatto una chiamata breve?

# GRAMMAR V  Double Object Pronouns

A. In Italian, as in English, a direct and indirect object pronoun may be used with the same verb when both depend on it (as in: *I mail it to her*). When this occurs in Italian, the indirect object pronoun comes before the direct object pronoun, not after as in English.

Note that, with the exception of **gli**, all indirect object pronouns (**mi, ti, ci, si, vi**) replace their final vowel **i** with an **e** before any of the direct object pronouns **lo, la, li, le**, and **ne**. The indirect object pronoun **gli** instead adds an **e**, becoming **glie,** and attaches to it.

| | | |
|---|---|---|
| mi | + | **lo, la, li, le, ne = me lo, me la, me li, me le, me ne**<br>it, them (*m., f.*), some of it/of them to/for me |
| ti | + | **lo, la, li, le, ne = te lo, te la, te li, te le, te ne**<br>it, them (*m., f.*), some of it/of them to/for you (*fam. sing.*) |
| le, Le | + | **lo, la, li, le ne = glielo, gliela, gliele, gliene**<br>it, them (*m., f.*), some of it/of them to/for her, to/for you (*form. sing.*) |
| gli | + | **lo, la, li, le, ne = glielo, gliela, glieli, gliele, gliene**<br>it, them (*m., f.*), some of it/of them to/for him |
| si | + | **lo, la, li, le, ne = se lo, se la, se li, se le, se ne**<br>it, them (*m., f.*), some of it/of them, to/for himself/herself/itself (*pl.*) |
| ci | + | **lo, la, li, le, ne = ce lo, ce la, ce li, ce le, ce ne**<br>it, them (*m., f.*), some of it/of them to/for us |
| vi | + | **lo, la, li, le, ne = ve lo, ve la, ve li, ve le, ve ne**<br>it, them (*m., f.*), some of it/of them to/for you (*fam. pl.*) |

gli + lo, la, li, le, ne = glielo, gliela, glieli, gliele, gliene
it, them (*m., f.*), some of it/of them to them, to/for you (*form. pl.*)

si + lo, la, li, le, ne = se lo, se la, se li, se le, se ne
it, them (*m., f.*), some of it/of them to/for themselves

B. As far as the position of indirect and direct object pronouns in the same sentence, all the rules given in the preceding lessons regarding the position of direct and indirect object pronouns apply to double object pronouns as well.

1. With a verb conjugated in the indicative:

   **Loro danno dei fiori a Barbara.**  **Loro *gliene* danno.**
   They give Barbara some flowers.  They give her some.

   **Vi ho già parlato dell'Italia.**  **Ve *ne* ho già parlato.**
   I already spoke to you about Italy.  I already spoke to you about it.

2. In a negative sentence:

   **Noi non compreremo dei libri per voi.**  **Noi non *ve ne* compreremo.**
   We will not buy you any books.  We will not buy you any.

   **Rita non ci ha detto la verità.**  **Rita non *ce l'*ha detta.**
   Rita did not tell us the truth.  Rita didn't tell it to us.

3. With an infinitive:

   **Desìderi spedire una lèttera a Rosa?**  **Desìderi spedir*gliene* una?**
   Do you wish to mail Rosa a letter?  Do you wish to mail her one?

   **È tornato per darti gli assegni.**  **È tornato per dar*teli*.**
   He came back to give you the checks.  He came back to give them to you.

4. With the verbs dovere, potere, volere + infinitive:

   **Posso offrirLe un caffè?**  **Posso offrir*gliene* uno?**
   May I offer you a coffee?  **Gliene *posso offrire uno*?**
      May I offer you one?

   **Tu devi lavarti le mani.**  **Tu devi lavar*tele*.**
   You must wash your hands.  **Tu *te le* devi lavare.**
      You must wash them.

5. With an imperative:

   **Dottere, si compri quell'orologio!**  **Dottore, *se lo* compri!**
   Doctor, buy yourself that watch!  Doctor, buy it for yourself!

   **Non portare tanti libri agli amici!**  **Non portar*gliene* tanti!**
   Don't bring your friends so many books!  Don't bring them so many!

   **Dammi queste gonne!**  **Dam*mele*!**
   Give me these skirts!  Give them to me!

# EXERCISES

**ANSWERS pp. 258–259**

A. Substitute the appropriate double object pronouns for the words in italics, making all the necessary changes.

*Example:* Giovanni ha ordinato *tre camicette al commesso*. **Giovanni gliene ha ordinate tre.**

1. Loro si sono comprati *quella bella casa.*
2. Chi ha dato *il mio quaderno al professore?*
3. Mamma, non fare *tante telefonate a Luisa!*
4. L'insegnante *ti* ha spiegato *i verbi irregolari.*
5. Compriamo *queste scarpe per tua sorella.*
6. Noi *vi* diciamo sempre *la verità.*
7. Quella scrittrice *ci* parlerà *del suo nuovo romanzo.*
8. Voi dovete portar*le* un po' *di sale.*
9. Da' subito *a me quella lettera!*
10. Desidero mandare *dei fiori alla violinista straniera.*
11. Quante *lettere* avete scritto *ai vostri nonni?*
12. Cameriere, *mi* faccia *un espresso,* per favore!

**ANSWERS p. 259**

B. Translate the following:

1. Anthony, bring it (*f.*) to me! I want to see it right away.
2. He gave her many flowers for her birthday.
3. Mrs. Luciani, don't give it to us! We already have too many things.
4. I cannot tell it to you (*fam. pl.*) until tomorrow.
5. They have been talking to them about it for twenty-five minutes.

# GRAMMAR VI   The *Imperfetto*

A. The indicative tense that Italians call **imperfetto** is a past tense corresponding to the English expressions formed by:

*was/were* + gerund (They were studying in Italy.)

*used to* + infinitive (She used to live in Boston.)

*would* + infinitive (He would go home every day last year.)

Unless otherwise noted, most Italian verbs form the **imperfetto** of the indicative by dropping the **re** from the infinitive and adding the endings **vo, vi, va, vamo, vate, vano.**

|  | ***pens are*** (to think) | ***vinc ere*** (to win) | ***riusc ire*** (to succeed) |
|---|---|---|---|
| io | **pens a***vo* | **vinc e***vo* | **riusc i***vo* |
| tu | **pens a***vi* | **vinc e***vi* | **riusc i***vi* |
| lui, lei, Lei | **pens a***va* | **vinc e***va* | **riusc i***va* |
| noi | **pens a***vamo* | **vinc e***vamo* | **riusc i***vamo* |
| voi | **pens a***vate* | **vinc e***vate* | **riusc i***vate* |
| loro | **pens a***vano* | **vinc e***vano* | **riusc i***vano* |

Note that in pronunciation the stress falls on the next-to-last syllable, except for the third-person plural, which is stressed on the third-to-last syllable.

B. Of the verbs encountered so far, only **bere, dire, essere,** and **fare** are irregular in the formation of the **imperfetto.** Avere, all reflexive verbs, and verbs that conjugate like **capire, finire,** and **preferire** follow the regular pattern.

|  | ***bere*** | ***dire*** | ***essere*** | ***fare*** |
|---|---|---|---|---|
| io | bev evo | dic evo | ero | fac evo |
| tu | bev evi | dic evi | eri | fac evi |
| lui, lei, Lei | bev eva | dic eva | era | fac eva |
| noi | bev evamo | dic evamo | eravamo | fac evamo |
| voi | bev evate | dic evate | eravate | fac evate |
| loro | bev evano | dic evano | erano | fac evano |

C. Uses of the *imperfetto*

While the *passato prossimo* expresses an action begun and completed in the recent past, the **imperfetto** instead expresses a past action without any reference to when it began or ended.

This tense is used, therefore, to express habitual actions in the past, to describe a past action in progress, and to indicate age, time, weather, state of mind, or state of affairs.

**Quando *abitavamo* in Italia, *andavamo* spesso al mare.**
When we lived in Italy, we often went to the sea.

**Durante l'inverno, *ci alzavamo* sempre tardi.**
During the winter, we always used to get up late.

**Il mio insegnante di francese *entrava* sempre in classe alle otto.**
My French teacher always entered the class at eight.

**Umberto è arrivato mentre io *telefonavo* a suo fratello.**
Umberto arrived while I was calling his brother.

Quando *avevo* ventitrè anni, ho vinto una borsa di studio in Francia.
When I was twenty-three, I won a scholarship to France.

Ieri Emma si è messa un cappotto pesante perché fuori *faceva* freddo.
Yesterday Emma wore a heavy coat because it was cold outside.

**Mia cugina era alta e mora.**
My cousin was tall and dark.

# EXERCISES

**A. Change the following verbs to the *imperfetto*.**

1. abbiamo aperto
2. dimenticherai
3. sei uscito
4. mangeranno
5. hanno scritto
6. ho perso
7. ci rilassiamo
8. hai voluto
9. giocheremo
10. piaccio
11. vengono
12. possiamo
13. si sono divertiti
14. abbiamo
15. finiscono
16. mi sono vestita
17. ho invitato
18. ceneremo
19. sembri
20. sono restati

**B. Complete the sentences with the appropriate form of the *imperfetto*.**

1. Quando Ennio (**abitare**) _____ negli Stati Uniti, (**lavorare**) _____ in un negozio di New York.
2. Ieri io (**avere**) _____ di nuovo il mal di pancia.
3. L'anno scorso Elisa (**cenare**) _____ spesso da noi.
4. Quando i ragazzi (**studiare**) _____, l'insegnante (**essere**) _____ felice.
5. Mentre la mamma (**preparare**) _____ la colazione, il babbo (**vestire**) _____ i bambini.
6. Quando noi (**andare**) _____ a scuola, (**imparare**) _____ anche la storia e la geografia d'Italia.
7. I bambini (**avere**) _____ cinque anni ed (**essere**) _____ molto vivaci.

**ANSWERS pp. 259–260**

C. Complete the following sentences with the appropriate forms of the *passato prossimo* and/or the *imperfetto* as required by the context.

*Example:* Quando loro (*went out*) _____ stamattina, (*we already were*) _____ a scuola. **Quando loro sono usciti stamattina, noi eravamo già a scuola.**

1. Giorgio e io (*ran into each other*) _____ in centro mentre (*I was returning*) _____ in ufficio.
2. Irma (*arrived*) _____ alla stazione proprio mentre il treno (*was leaving*) _____ .
3. Domenica scorsa Marisa (*wore*) _____ un vestito elegante perché (*she was going*) _____ a pranzare con la direttrice della sua scuola.
4. Ieri, mentre la moglie e i figli (*were still sleeping*) _____, il signor Buozzi (*went grocery shopping*) _____ .
5. (*I was twenty years old*) _____ quando (*I did*) _____ il mio primo viaggio da solo.
6. Silvestro (*called me*) _____ alle due del pomeriggio mentre (*I was resting*) _____ .
7. Silvano (*seemed*) _____ infelice perché sua moglie (*wasn't feeling well*) _____ .
8. (*We did not succeed in*) _____ parlargli, perché lui (*wasn't*) _____ in ufficio.
9. Mentre la famiglia Rossi (*was having supper*) _____ il telefono (*was ringing*) _____ continuamente.
10. Mentre la famiglia Rossi (*was having supper*) _____ il telefono (*rang*) _____ .
11. Ieri pomeriggio mentre i bambini (*were playing*) _____, la loro mamma (*was washing her hair*) _____ .

# CHAPTER REVIEW

These are the steps for the tiramisù recipe and the pasta all'aglio e olio recipe. Rewrite them in the imperative form (*voi*), using the pronouns to avoid repetitions.

**Il tiramisù**

1. Rompere le uova
2. Separare le uova, il tuorlo dall'albume.
3. Sbattere i tuorli con lo zucchero
4. Aggiungere il marsala e il mascarpone
5. Sbattere gli albumi con un pizzico di sale

6. Aggiungere gli albumi alla crema
7. Bagnare i savoiardi nel caffè
8. Allineare i savoiardi bagnati nella teglia
9. Mettere la crema sopra i savoiardi
10. Fare due strati
11. Spolverare il cacao sopra gli strati

**La pasta aglio e olio**

1. Fare bollire l'acqua
2. Aggiungere il sale grosso nell'acqua
3. Buttare la pasta nell'acqua
4. Sminuzzare l'aglio
5. Scaldare l'olio nella padella
6. Aggiungere aglio e peperoncino all'olio caldo
7. Scolare la pasta
8. Versare la pasta nella padella con l'olio
9. Mescolare bene

Buon appetito!

# Review B (Lessons 6–10)

**ANSWERS pp. 260–263**

**A.** Give the masculine or feminine equivalent of the following words.

*Examples:* mio nonno **mia nonna**

il babbo di Maria **la mamma di Maria**

1. quel bell'uomo _____
2. il famoso scrittore _____
3. la vecchia direttrice _____
4. la nuora canadese _____
5. nostro fratello _____
6. il nipote biondo _____
7. lo stesso dottore _____
8. la farmacista gentile _____
9. il giovane marito _____
10. il nuovo autista _____

**B.** Change all possible words in the following sentences from the singular to the plural.

*Example:* È questo il film che tu vuoi vedere? **Sono questi i film che voi volete vedere?**

1. Il tema di quello studente è troppo lungo.
2. La radio che lui compra non costa molto.
3. Quel dramma è certo interessante, ma è anche difficile!
4. Il pilota dell'aereo è molto bravo.

5. Io devo ritirare il contante al bancomat adesso.
6. Quest'uovo è fresco e voglio mangiarlo subito.
7. Non conosco la moglie di quel pianista.
8. Il treno che arriva su questo binario viene da Torino.
9. Incontro spesso quell'uomo molto alto.

C. Give the future forms of the verbs in italics.
1. *Bevo* un po' di latte e *mangio* del formaggio.
2. Dove *possiamo* trovare un buon ristorante?
3. Chi *sa* se anche loro *vanno* al cinema?
4. *Diciamo* ai ragazzi che non *possono* usare il cellulare a scuola.
5. Se *rimanete* a Padova tutto l'anno, cosa *fate* d'estate quando noi *andiamo* al mare?
6. Chi gli *dà* qualcosa da bere quando lui *ha* sete?
7. *Vediamo* tuo fratello alle venti quando lui *viene* da noi.
8. Che cosa *dici* a Teresa se lei ti *telefona*?
9. Voi, ragazzi, *dimenticate* sempre tutto quello che io *faccio* per voi!
10. Chi *paga* il conto quando io non *sono* più qui?

D. Change the verbs from the present or the future to the *passato prossimo*.
1. Lui mangia spesso al ristorante.
2. Loro lavoreranno in questo negozio.
3. Noi abbiamo molti amici in Francia.
4. Giovanna dorme in classe.
5. Stasera vedremo un buon film giapponese.
6. Anna dice che loro partono alle due del pomeriggio.
7. Quanti giorni rimangono qui i tuoi cognati?
8. Dove tieni l'automobile?
9. Che cosa sapete voi di noi?
10. Non voglio nulla da te!
11. Dobbiamo spedire questo pacco.
12. Sergio entra in casa quando sua moglie esce.
13. Loro viaggeranno in treno.
14. Rosa, quando tu vai al supermercato, quanto denaro spendi?
15. La mamma fa la spesa il martedì e il sabato.
16. Il macellaio pesa la carne e io gli do venti euro.
17. Non risponderemo alle sue lettere.
18. Oggi io incasserò due assegni per il mio lavoro.
19. Quando Gino tornerà a scuola, parlerà subito con la sua insegnante.
20. Quando nasce il bambino di tua sorella?

E. Complete the following sentences with the appropriate relative or interrogative pronouns.

1. Con _____ parli al telefono, Giuseppe?
2. Mi hanno detto che la casa _____ vuoi comprare costa molto.
3. Il ragazzo con _____ Marianna esce è spagnolo.
4. A _____ avete dato la mia moto?
5. Il paese per _____ l'autobus passa si chiama San Giacomo.
6. Signorina Bacci, a _____ vuole spedir questa lettera?
7. La casa in _____ abitiamo è in Via Dante.
8. Il professore di _____ tutti gli studenti parlano è molto bravo.
9. Di _____ sono queste camicie?
10. Il violinista _____ voi conoscete non è americano ma canadese.

F. Complete the following sentences, translating the reflexive and reciprocal verbs in parentheses. Use this word bank: prepararsi, accorgersi, addormentarsi, mettersi, alzarsi, sentirsi bene, vedersi, annoiarsi, messaggiarsi

1. Ogni giorno (*I get up*) _____ prima di tutti.
2. Ieri sera Luciana (*fell asleep*) _____ alle otto perché era molto stanca.
3. Oggi (*she is wearing*) _____ il vestito che io le ho comprato la settimana scorsa.
4. Quando Luciano ha visto sua moglie, (*he realized*) _____ subito che lei non stava bene.
5. Quando i bambini (*fall asleep*) _____, la loro mamma può riposarsi un po'.
6. (*They see each other*) _____ tutte le domeniche.
7. Se leggo un libro poco interessante, (*I get bored*) _____.
8. Alberto e Silvana (*messaged each other*) _____ ieri sera.
9. Oggi (*he doesn't feel well*) _____ perché la carne che ha mangiato non era molto fresca.
10. Massimo, (*get ready*) _____! Sono già le undici e mezzo!

G. Rewrite these sentences, replacing the words in italics with the appropriate direct or indirect object pronouns.

1. Signorina, ha parlato *a suo fratello* ieri sera?
2. Perché desideri tornare *in quella casa*?
3. Mamma, hai lavato *le mie camicette*?
4. Non ho potuto telefonare *a mia cognata*.
5. Voglio mandare tre *cartoline* negli Stati Uniti.
6. Fa' subito *gli esercizi*!
7. È vero che Olga vuole *un po' di burro*?

8. Hai detto *a Giuliana e a Mario* di venire a cena da noi?
9. Dove avete visto *i miei nipoti*?
10. Dite *alla signora Marchetti* che io sono partita!

**H. Substitute the verb *piacere* for *preferire*, and make all the necessary changes.**

*Example:* Noi preferiamo la tagliatelle. Ci piacciono le tagliatelle.

1. Tu hai preferito l'arrosto di vitello?
2. I miei cugini preferiscono viaggiare in treno.
3. Lei preferisce il vino bianco.
4. Noi preferivamo visitare la Spagna.
5. Chi preferisce rimanere al mare per altri due giorni?
6. È vero che voi preferite comprare delle mele?

**I. Substitute the appropriate combined direct/indirect object pronouns for the words in italics, making all necessary changes.**

1. Luigi, dà *le chiavi alla mamma*!
2. Non ho potuto comprare *quelle cravatte per mio marito*.
3. Non portare *a me delle sigarette*! Io non fumo.
4. La commessa del negozio ha venduto molte *paia di scarpe a quei clienti*.
5. Perché non vuoi dire *la verità a tuo fratello*?
6. Chi deve dare *a noi quei giornali americani*?

**J. Translate the following sentences.**

1. My cousin Rita has been living in Naples for three months. She likes that city very much and hopes to remain there until next summer.
2. This morning Gianfranco shaved in a hurry, then had breakfast, read the paper for ten minutes, and at eight-thirty he went to work.
3. Rosetta goes grocery shopping every Tuesday, or when she needs eggs, olive oil, and fresh fruit and vegetables.
4. I am tired and hungry; I want to go home to eat and rest.
5. I know that she doesn't like me because when I see her and say, "Hi, Lisa, how are you today?" she answers only, "So-so."
6. Yesterday I bought myself a new jacket. I like it a lot, and it fits me like a glove.

**K. Answer these questions in the affirmative regarding the vocabulary of technology with the simple or combined pronouns.**

1. Hai scaricato il film?
2. Hai spedito il file al Professore?
3. Hai allegato il documento all'email?
4. Hai stampato le pagine della tesi per il lettore esterno?

5. Hai acceso la stampante (printer)?
6. Mi hai inoltrato (forwarded) la sua email?
7. Avete ricevuto il messaggio?
8. Avete fatto "copia e incolla" (cut and paste)?
9. Avete ripreso la pennetta/l'USB (flashdrive)?
10. Avete pulito il mouse e il router?
11. Ho ricevuto questo messaggino: "NN T preoccupare TVTB". Me lo spieghi?

# 11 Una gita domenicale
## (A Sunday Outing)

## PAROLE DA RICORDARE

| | | | |
|---|---|---|---|
| l'alba | dawn | migliore | better |
| l'autostrada | highway | il, la migliore | best |
| il, la cliente | customer | peggiore | worse |
| come | as, like; how | il, la peggiore | worst |
| così ... come | as ... as | la penisola | peninsula |
| dietro | behind | la persona | person |
| domenicale | Sunday (adj.) | il pesce | fish |
| la festa | holiday, party | pessimo, a | very bad |
| generoso, a | generous | pittoresco, a (pl. pittoreschi, pittoresche) | picturesque |
| la gente[1] | people | | |
| la gita | outing, trip | più piano | more slowly |
| l'idea | idea | le previsioni del tempo | weather forecast |
| infatti | in fact, as a matter of fact | | |
| | | la regione | region |
| il lampo | lightning | secondo[2] | second, according to |
| lì | there | statale | state |
| la macchina | car, machine | | |

---

[1] **Gente,** *though plural in meaning, is normally singular in use* (**Questa gente è molto ricca** = These people are very rich.)

[2] The preposition **secondo** + personal object pronoun, such as **me, te, lui, lei,** means according to me, you, him, her, or in my, your, his, her opinion. See Chapter 8.

| | | | |
|---|---|---|---|
| la strada | road, street | nevicare | to snow |
| tanto ... quanto | as ... as | portarsi dietro | to bring, take along |
| il temporale | storm | il tramonto | sunset |
| la Toscana | Tuscany | il tuono | thunder |
| il mondo | world | veloce | fast |
| la montagna | mountain | il vento | wind |
| nazionale | national | la vita | life |
| la nuvola | cloud | tirare vento | to blow (wind) |
| la neve | snow | tramontare | to set, go down |
| l'ombrello | umbrella | tuonare | to thunder |
| ottimo, a | excellent, very good | non importa | it doesn't matter |
| amare | to love | fare una gita in macchina | to go for a drive |
| ascoltare | to listen (to) | | |
| cucinare | to cook | lampeggiare | to lightning |
| diluviare | to pour (of rain) | piovere | to rain |
| fare una gita | to take a trip | regalare | to give (as a gift) |
| guadagnare | to earn (money) | | |

# DIALOGO  Una gita domenicale

L'Italia non è un paese molto grande; è infatti più piccola della California. La gente che abita in alcune regioni della penisola, come la Toscana, si trova vicino al mare come alle montagne.

PIETRO  Giulia, quali sono le previsioni del tempo per domani? Non ho ascoltato la radio. Guarda l'app del Meteo.
GIULIA  Domattina forse pioverà ... ma nel pomeriggio farà bel tempo. Ci sarà un po' di vento ma anche molto sole.
PIETRO  Allora possiamo fare una gita in macchina.
GIULIA  Ottima idea! Dove andiamo?
PIETRO  A Viareggio. Non ci siamo mai stati.
GIULIA  Ma non è lontano?
PIETRO  Solo centoventi chilometri. Se partiamo alle quattro, siamo lì prima delle sei.
GIULIA  Prendiamo l'autostrada?
PIETRO  No, la strada statale. Si va più piano, ma il panorama è più pittoresco.
GIULIA  Ci portiamo dietro qualcosa da mangiare?
PIETRO  No, Giulia. Ceniamo a Viareggio in un ristorante sul mare.
GIULIA  Allora domani mangiamo pesce! A che ora torneremo a casa?
PIETRO  Tardi, ma non importa! Lunedì non si lavora. È festa nazionale.

# DIALOGUE  A Sunday Outing

Italy is not a large country. As a matter of fact, it's smaller than California. People who live in some regions of the peninsula, such as Tuscany, are as close to the sea as they are to the mountains.

PIETRO  Giulia, what's the weather forecast for tomorrow? I didn't listen to the radio. Look at the Weather app.
GIULIA  Perhaps it will rain tomorrow morning, but the afternoon will be fine. A bit windy, but also sunny.
PIETRO  Then we can go for a drive.
GIULIA  Excellent idea! Where are we going?
PIETRO  To Viareggio. We have never been there.
GIULIA  But isn't it far?
PIETRO  Only 120 kilometers. If we leave at four, we'll be there before six.
GIULIA  Are we taking the highway?
PIETRO  No, the state road. It takes longer (one goes more slowly), but the landscape is more picturesque.
GIULIA  Are we bringing along something to eat?
PIETRO  No, Giulia. We'll have supper in Viareggio, in a restaurant by the sea.
GIULIA  Then tomorrow we eat fish! At what time will we go back home?
PIETRO  Late, but it doesn't matter. Monday nobody works. It's a national holiday.

# EXERCISES

**A.** Read the following statements based on the content of the dialogue; then check the true or false blank.

|   | T | F |
|---|---|---|
| 1. L'Italia è più grande della California perché è una lunga penisola. | ___ | ___ |
| 2. La gente che abita in Toscana si trova vicino al mare come alle montagne. | ___ | ___ |
| 3. Giulia sa che tempo farà perché ha visto l'applicazione del Meteo. | ___ | ___ |
| 4. Secondo le previsioni del tempo, pioverà anche domani pomeriggio. | ___ | ___ |
| 5. Giulia e Pietro andranno a Viareggio con l'autobus. | ___ | ___ |
| 6. Pietro conosce bene Viareggio, ma Giulia non c'è mai stata. | ___ | ___ |
| 7. Giulia e Pietro arriveranno a Viareggio dopo le sei. | ___ | ___ |
| 8. Pietro preferisce l'autostrada perché è più veloce. | ___ | ___ |
| 9. Giulia e Pietro mangeranno in un ristorante di Viareggio. | ___ | ___ |
| 10. A Giulia non piace affatto il pesce. | ___ | ___ |
| 11. Lunedì Giulia e Pietro non lavorano perché è festa nazionale. | ___ | ___ |

B. Match the related terms in the two columns.

1. il binario
2. la sigaretta
3. l'aeroplano
4. il pesce
5. la scarpa
6. l'albero
7. l'autobus
8. il cassiere
9. il tramonto
10. la chiave
11. la moglie
12. l'ufficio
13. la verdura
14. il compleanno
15. il negozio di abbigliamento
16. l'orologio
17. la pioggia
18. la donna

a. la festa
b. l'autista
c. la banca
d. l'ora
e. l'ombrello
f. il vestito
g. la porta
h. l'impiegato
i. il fruttivendolo
l. il tabaccaio
m. il mare
n. il piede
o. il pilota
p. il parco
q. la stazione
r. il sole
s. l'uomo
t. il marito

# GRAMMAR I  The Impersonal Construction

To render the English expressions formed by such words as *one*, *they*, and *people* followed by a conjugated verb, Italian uses the pronoun si plus the third-person singular of the verb.

**A che ora *si mangia* in quel ristorante?**
At what time do people eat in that restaurant?

**Quando *si fa* tardi, *si perde* il treno.**
When one is late, one misses the train.

***Si può* fumare qui?**
Can one smoke here?

Note that:
1. If the verb is reflexive, ci always precedes si.

   **Quando fuori fa freddo, *ci si mette* il cappello.**
   When it's cold outside, one wears a hat.

   **D'estate *ci si alza* sempre molto presto.**
   During the summer, people always get up early.

2. With a past action, the compound tense uses the auxiliary verb essere.

   **Non *si è saputo* nulla di lui.**
   People knew nothing about him.

*Si è mangiato* molto bene in quel ristorante.
They ate very well in that restaurant.

3. When the verb of the impersonal construction is **essere** followed by an adjective, the adjective is in the plural masculine form, even though the verb is singular.

Se si lavora molto, *si è stanchi.*
If one works hard, one is tired.

È vero che quando *si è ricchi,* la vita è facile?
Is it true that when you are rich, life is easy?

# EXERCISE

**ANSWERS p. 264**

Rephrase each sentence using the impersonal construction.

*Example:* Mangiamo soltanto quando abbiamo fame. *Si mangia* soltanto quando *si ha* fame.

1. Per andare in centro loro prendono l'autobus.
2. Ieri sera abbiamo parlato per due ore.
3. Quando piove, aprite l'ombrello.
4. Possiamo fare una telefonata internazionale?
5. La settimana scorsa abbiamo dormito in albergo.
6. Faremo colazione quando ci alzeremo.
7. Quando vinciamo, siamo felici.
8. Loro si preoccupano sempre di ogni cosa.
9. Che cosa vogliono da me?
10. Prima ci vestiamo e poi usciamo.

# GRAMMAR II  The Comparative

A. Unequal Comparison

Italian has two kinds of comparison: unequal and equal.

To form unequal comparisons, Italian uses the words **più** (more) and **meno** (less, fewer). The English *than* is expressed by the preposition **di** or by the conjunction **che**.

1. The preposition **di** (either alone or with the definite article), is used when a noun or a pronoun is being compared with another noun or pronoun.

Mio fratello è *più* alto *di* Antonio.
My brother is taller than Antonio.

La geografía è *meno* difficile *della* matemática.
Geography is less difficult/easier than mathematics.

Loro guadágnano *più* denaro *di* noi.
They earn more money than we do.

The preposition **di** is also required when a number word is used to express a quantity.

> **Quella macchina sportiva costa** *più di* **quarantacinquemila euro.**
> That sports car costs more than forty-five thousand euro.

> **In questa scuola ci sono** *meno di* **duemila studenti.**
> In this school there are fewer than two thousand students.

2. The conjunction **che** is used when what is being compared (nouns, adjectives, verbs, prepositional phrases of place, and adverbs) relates directly to the same subject.

> **Quel ristorante ha** *più* **camerieri** *che* **clienti.**
> That restaurant has more waiters than customers.

> **Tuo cugino è** *più* **forte** *che* **intelligente.**
> Your cousin is stronger than he is intelligent.

> **A quei ragazzi piace** *più* **giocare** *che* **studiare.**
> Those boys like playing more than studying.

> **Ci sono** *meno* **stranieri a Bologna** *che* **a Firenze.**
> There are fewer foreigners in Bologna than in Florence.

> **Andiamo al mare! È** *più* **caldo lì** *che* **qui.**
> Let's go to the beach! It's warmer there than here.

When the second term of comparison is a conjugated verb, the phrase **di quel che** (or **di quello che**) is required.

> **Marietta era** *più* **giovane** *di quel che (di quello che)* **io pensavo.**
> Marietta was younger than I thought.

B. Equal Comparisons

1. To express comparisons of equality, Italian uses the adverbs **cosí ... come** and **tanto ... quanto** (*as ... as*. Italians commonly omit **cosí** and **tanto** when comparing two nouns or two pronouns (**me, te, lui, lei, noi, voi,** and **loro**).

> **Il pranzo è buono** *come* (*quanto*) **la cena.**
> The dinner is as good as the supper.

> **Tu non sei gentile** *come* (*quanto*) **me.**
> You are not as kind as I am.

2. In the comparison of two adjectives or two verbs, the forms **cosí ... come** and **tanto ... quanto** are normally used.

> **Angela è una ragazza** *tanto* **bella** *quanto* **intelligente.**
> Angela is as beautiful a girl as she is intelligent.

> **Mi piace leggere** *tanto quanto* **scrivere.**
> I like writing as much as reading.

3. The English expression *as much (many)* + noun + *as* is rendered in Italian by **tanto** + noun + **quanto**. Since they are used as an adjective, they must agree in gender and number with the noun.

>**Luisa compra *tanta* frutta *quanta* verdura.**
>Luisa buys as much fruit as vegetables.

>**Io ho letto *tanti* libri *quanto* te.**
>I have read as many books as you have.

4. Some adjectives have irregular comparative forms in addition to the regular formation with **più**. The two adjectives whose irregular forms are more commonly used are **buono** and **cattivo**.

>**buono** good      **più buono** or **migliore** better
>**cattivo** bad      **più cattivo** or **peggiore** worse

5. **Migliore** and **peggiore** replace the regular comparative forms **più buono** and **più cattivo** when one wishes to emphasize a person's professional abilities and/or individual skills.

>**Quel giovane medico è bravo, ma il dottor Carli è *migliore* di lui.**
>That young doctor is good, but Dr. Carli is better than him.

>**Gino e Leo sono cattivi insegnanti; Leo, però, è *peggiore* di Gino.**
>Gino and Leo are bad teachers; Leo, however, is worse than Gino.

6. When **migliore** and **peggiore** refer to things, they emphasize material qualities.

>**È vero che la tua camicia costa poco, ma è *peggiore* della mia!**
>It's true that your shirt does not cost much, but it's of a worse quality than mine!

# EXERCISES

**ANSWERS p. 264**

A. Complete the sentences to form comparatives expressing *more*.
1. La bistecca di manzo è _____ buona _____ carne tritata.
2. Il mio padrone di casa ha _____ figli _____ figlie.
3. In questa città ci sono _____ alberghi _____ ristoranti.
4. A Anna piace _____ lavorare _____ studiare.
5. Quella studentessa era _____ alta _____ sua insegnante.
6. Ieri il cassiere della banca ha incassato _____ trecentoventi assegni.
7. Loro hanno _____ nemici _____ amici.
8. La nostra macchina è _____ vecchia _____ voi pensiate.
9. In quel negozio di abbigliamento ci sono commesse _____ commessi.
10. È _____ facile telefonarsi _____ scriversi.

B. Complete the sentences to form comparatives expressing *less*.
1. Quello stadio è _____ grande _____ questa piazza.
2. Giuseppe è stato _____ intelligente _____ noi tutti.
3. Forse Luciana era _____ bella _____ sua sorella.
4. Adriana legge _____ romanzi _____ quello che voi dite.
5. Generalmente i giovani hanno _____ denaro _____ vecchi.
6. Oggi il postino ci ha portato _____ tre pacchi.
7. La mia vita è sempre stata _____ interessante _____ vostra.
8. Giorgio compra sempre _____ camicie _____ cravatte.
9. Quelle medicine costano _____ trenta euro.

C. Change the following sentences from the comparative of inequality to the comparative of equality.

*Example:* Lui mangia più di me. Lui mangia *come/quanto* me.

1. Loro avevano più amici che parenti.
2. Alcuni clienti amano più parlare che comprare.
3. Le strade di Ferrara sono meno lunghe di quelle di Roma.
4. In questa casa ci sono più porte che camere.
5. Quel ragazzo è più buono che intelligente.
6. Nella classe c'erano più ragazze bionde che brune.
7. Spesso i poveri sono meno felici dei ricchi.
8. I treni non sono sempre più veloci delle automobili.
9. Tu eri meno grasso di me.
10. C'erano più turisti al mare che sul lago.

D. Select the most appropriate comparative form to complete the sentence. Choose among: *migliore, più buono, peggiore, più cattivo*
1. Il mio insegnante di francese spiega molto bene la lezione e piace a tutti gli studenti. Quando, invece, il professore di matematica spiega la lezione, nessuno capisce nulla. Il professore di francese è _____ del professore di matematica.
2. Tu ieri non hai voluto dare nulla a quella povera signora. Oggi le hai dato cinque euro. Oggi tu sei stato _____ di ieri.
3. I nostri zii si chiamano Renato e Augusto. Mentre lo zio Renato ci porta sempre dei dolci, lo zio Augusto non ci porta mai niente. Lo zio Augusto è certamente _____ dello zio Renato.
4. Sergio e Alberto sono commessi in un negozio di abbigliamento. Sergio parla molto, ma lavora poco. Alberto conosce tanti clienti e riesce sempre a vendere molti vestiti. Come commesso Sergio è _____ di Alberto.

# GRAMMAR III  The Superlative

Italian has two superlative forms; they are called **superlativo** relativo and **superlativo assoluto**.

A. The **superlativo relativo,** which corresponds to the English superlative (such as *most difficult, easiest*), is obtained by placing the definite article before the comparatives formed with **più** or **meno** or before **migliore** and **peggiore**.

| Rosa è *la più bella* di tutte. | Rosa is the most beautiful of all. |
| Lui è il *migliore studente* della classe. | He is the best student in the class. |

Note the following:

1. Italian uses **di** (alone or with the definite article), while English normally uses *in*.

   | Ecco la più lunga via *del* paese! | Here is the longest street in the town! |
   | Questo è il più grande stadio *d'*Italia. | This is the largest stadium in Italy. |

2. The irregular comparative forms **migliore** and **peggiore** may drop their final e before words beginning with a vowel or a consonant (except **s** + consonant or **z**).

   Abbiamo dormito nel *miglior* albergo di Roma.
   We slept in the best hotel in Rome.

   È stata la *peggior* settimana della mia vita.
   It has been the worst week of my life.

3. When the superlative follows the noun, the definite article is not repeated before **più, meno** or **migliore, peggiore**.

   Mi sembri *l'uomo più forte* del mondo.
   You seem to me the strongest man in the world.

   Questo è *il negozio meno caro* della città.
   This is the least expensive store in town.

4. The second term of the comparison is at times omitted.

   Il locale è *il treno meno veloce*. (omit: *di tutti*)
   The *locale* is the slowest train.

   Queste mele sono *le peggiori*! (omit: *di tutte*)
   These are the worst apples!

B. The **superlativo assoluto** corresponds to the English expressions formed with the adverbs *very, extremely,* and *exceedingly* + adjective. These are two ways to form the **superlativo assoluto**:

1. By combining the adverb **molto** with the adjective:

   | Giovanni è *molto gentile* con tutti. | Giovanni is very kind with everyone. |
   | Sara è una bambina *molto buona*. | Sara is an extremely good child. |
   | Ho visto degli alberi *molto alti*. | I saw some very tall trees. |

2. By dropping the last vowel of the adjective and adding in its place -issimo or -issima:

| Lei è una *bravissima* mamma. | She is an excellent mother. |
| Questa lezione è *difficilissima*. | This lesson is exceedingly difficult. |
| Abbiamo dei vestiti *carissimi*. | We have some very expensive clothes. |
| Hanno comprato delle macchine *velocissime*. | They bought some very fast cars. |

Note that:
1. Adjectives ending in **co/ca** and **go/ga** add an **h** before -issimo/-issima.

| ricco, a | ricchissimo, ricchissima |
| largo, a | larghissimo, larghissima |

Le mani di Elisabetta sono *bianchissime*.
Elizabeth has extremely white hands.

Ho viaggiato su un *lunghissimo* treno.
I traveled on a very long train.

2. The adjective **vecchio, a** and other adjectives ending in unstressed **io/ia** drop these endings before adding -issimo and -issima.

Abito in una *vecchissima* casa.
I live in a very old house.

Il professore ha dei libri *vecchissimi*.
The professor has some extremely old books.

3. The adjectives **buono** and **cattivo** have the following regular and irregular superlative forms:

| buono, a | molto buono, a / buonissimo, a and | ottimo, a |
| cattivo, a | molto cattivo, a / cattivissimo, a and | pessimo, a |

4. The irregular superlative forms **ottimo** and **pessimo** are used mostly to emphasize professional qualities, individual skills, and the material qualities of things and objects.

Luigi è un bambino *molto buono*, ma un *pessimo* studente.
Luigi is a very good child, but a very bad student.

Non sarà una donna molto gentile, ma è *un'ottima* pianista!
She may not be a very kind woman, but she is an excellent pianist!

In quel piccolo ristorante abbiamo mangiato un *ottimo* arrosto di vitello.
In that small restaurant we ate an excellent roast of veal.

# EXERCISES

**A.** Complete the following sentences with the appropriate form of the *superlativo relativo*.
1. Il Frecciarossa è (*the fastest*) _____ treno italiano.
2. Abbiamo comprato (*the most expensive*) _____ automobile francese.
3. La nostra casa era (*the smallest one*) _____ del paese.
4. Lucia è (*the youngest*) _____ delle nostre bambine.
5. Enrico era (*the worst*) _____ studente della scuola.
6. Il Grand Hotel è (*the most elegant*) _____ albergo di Firenze.
7. Hanno visto (*the best*) _____ film dell'anno.
8. Voi non avete ancora letto (*the most interesting*) _____ romanzo di quello scrittore.
9. Il signor Bastiani è sempre stato (*the least generous*) _____ cliente che noi abbiamo.
10. Questo è (*the easiest problem*) _____ che dobbiamo risolvere.

**B.** Translate the following.
1. He was the smartest kid in the family.
2. That skirt was the least beautiful one in the store.
3. This is the worst storm of the year.
4. She has always been the kindest of them all.
5. Renata is the smallest girl in her class.
6. This application is the cheapest for our cellphone.

**C.** Give all possible forms of the *superlativo assoluto* for the following adjectives.

*Example:* bello, molto bello, bellissimo

1. alto
2. ricca
3. divertente
4. basso
5. leggero
6. moderno
7. pesante
8. normale
9. vecchia
10. buona
11. regolare
12. difficile
13. nuova
14. felice
15. pronto
16. vera
17. importante
18. bionda
19. magro
20. brutta

**D.** Complete the following sentences with the superlative ending in *-issimo/-issima*.
1. Questo cameriere è sempre (**occupato**) _____.
2. Domani leggerò un libro (**interessante**) _____.
3. Tua nonna è una (**bella**) _____ donna.

4. Quel signore sembrava (**gentile**) _____.
5. Questa macchina è (**veloce**) _____.
6. Robert studia molto e il suo italiano è (**buono**) _____.
7. Giovanna Bellini è una violinista (**conosciuta**) _____.
8. Stefano spesso non va a scuola; è un (**cattivo**) _____ studente.
9. La cattedrale di questa città è (**grande**) _____.
10. Ieri un amico ci ha portato una (**bella**) _____ notizia.
11. Giorgio ora ha un buon lavoro e così è (**felice**) _____.
12. É veramente una persona saggia anche se ancora (**giovane**) _____.

## GRAMMAR IV  Verbs Used in the Third-Person Singular

Verbs expressing atmospheric changes and other natural phenomena are normally in the third-person singular or in the infinitive. In the *passato prossimo* (as in other compound tenses) they are normally conjugated with **essere** but today **avere** is also used (except for **tramontare** and **annuvolarsi**).

| | | | |
|---|---|---|---|
| **annuvolarsi** | to get cloudy | **piovere** | to rain |
| **diluviare** | to pour | **tirare vento** | to blow (wind) |
| **lampeggiare** | to lightning | **tramontare** | to set, go down |
| **nevicare** | to snow | **tuonare** | to thunder |

Non sono uscito perché *diluviava*.
I didn't go out because it was pouring.

Quando mi sono alzato, si stava già *annuvolando*.
When I got up, dawn was breaking.

Ieri è *nevicato,* ma oggi c'è il sole.
Yesterday it snowed, but today the sun is out.

Lunedì *ha piovuto* per molte ore.
On Monday it rained for many hours.

## EXERCISE

ANSWERS p. 266

Complete the sentences, translating the words in parentheses.

1. Domani andremo al mare, se (*it will not rain*) _____.
2. Ieri ci siamo messi il cappotto perché (*the wind was blowing*) _____.
3. Dobbiamo prendere l'ombrello! Fuori (*it's pouring*) _____.
4. Tornano sempre a casa quando il sole (*is going down*) _____.
5. L'inverno scorso (*it snowed*) _____ quasi tutti i giorni.
6. Nelle strade ora non c'è nessuno perché (*it's thundering and lightning*) _____.

## GRAMMAR V  Idiomatic Use of the *Imperfetto* with the Preposition *da*

To express the continuity of a past action, English uses the pluperfect indicative with the preposition *for*. Italian renders this construction with the **imperfetto + da**.

> **Quando Giovanni è tornato in ufficio,** *pioveva da* **due ore.**
> When Giovanni returned to the office, it had been raining for two hours.

> **Quando sono entrato in classe, l'insegnante** *spiegava* **la lezione** *da* **dieci minuti.**
> When I entered the room, the teacher had been explaining the lesson for ten minutes.

## EXERCISE

**ANSWERS p. 266**

Complete the sentences, translating the words in parentheses.

1. I bambini erano stanchi perché (*they had been playing*) _____ da tre ore.
2. (*She had been resting*) _____ da mezz'ora quando ha squillato il telefono.
3. Ieri siamo andati tutti al mare perché (*it had been hot*) _____ da due settimane.
4. Quando il treno si è fermato alla stazione di Taranto, (*I had been traveling*) _____ da parecchie ore.
5. Ieri faceva molto freddo perché (*it had been snowing*) _____ da tre giorni.
6. Quando li abbiamo conosciuti (*we had been*) _____ in Italia da due mesi.

## GRAMMAR VI  Present Conditional of *-are, -ere,* and *-ire* Verbs; Present Conditional of *avere* and *essere*

A. Whereas English forms the conditional with the auxiliary *would,* Italian forms the present conditional by adding appropriate conditional endings to the stem of the infinitive.

|              | -are / -ere | -ire     |
|--------------|-------------|----------|
| io           | -erei       | -irei    |
| tu           | -eresti     | -iresti  |
| lui, lei, Lei| -erebbe     | -irebbe  |
| noi          | -eremmo     | -iremmo  |
| voi          | -ereste     | -ireste  |
| loro         | -erebbero   | -irebbero|

|  | *guadagn are* | *vinc ere* | *segu ire* |
|---|---|---|---|
| io | guadagn erei<br>(I would earn) | vinc erei<br>(I would win) | segu irei<br>(I would follow) |
| tu | guadagn eresti | vinc eresti | segu iresti |
| lui, lei, Lei | guadagn erebbe | vinc erebbe | segu irebbe |
| noi | guadagn eremmo | vinc eremmo | segu iremmo |
| voi | guadagn ereste | vinc ereste | segu ireste |
| loro | guadagn erebbero | vinc erebbero | segu irebbero |

Note that:

1. Verbs whose infinitives end in -ciare and -giare drop the i of the stem before adding conditional endings (comin*cerei*, comin*ceresti*, etc.; man*gerei*, man*geresti*, etc.).
2. Verbs whose infinitives end in -care and -gare add an h before all conditional endings (dimenti*cherei*, dimenti*cheresti*, etc.; pag*herei*, pag*heresti*, etc.).
3. The verbs **capire, finire, preferire,** and **uscire** form the conditional as any other -ire verbs do. **Piacere** too is regular in the formation of the conditional.
4. All direct and indirect object pronouns, **ne** included, precede the conditional.

B. Present Conditional of **avere** and **essere**

| io | avrei (I would have) | sarei (I would be) |
|---|---|---|
| tu | avresti | saresti |
| lui, lei, Lei | avrebbe | sarebbe |
| noi | avremmo | saremmo |
| voi | avreste | sareste |
| loro | avrebbero | sarebbero |

C. Use of the Conditional

In Italian, as in English, the conditional is normally used to express an action that depends on another fact or action expressed or implied, or to express a future hypothetical situation.

*Comprerei* quella macchina sportiva, ma costa troppo.
I would buy that sports car, but it costs too much.

Per dire la verità, oggi *preferirei* rimanere a casa.
To tell the truth, today I would prefer to stay home.

In Italian, the conditional is required when expressing what is reported as rumor or hearsay.

Secondo loro, suo padre gli *regalerebbe* una nuova moto.
According to them, his father is going to give him a new motorcycle.

Il ladro *sarebbe* scappato dalla finestra.
The thief allegedly escaped from the window.

# EXERCISES

**A.** Change the verbs in the following phrases to the conditional.
1. Loro amavano studiare.
2. Io le ho regalato un libro.
3. Noi vendiamo la macchina al cliente.
4. Alberto mi ha parlato.
5. Tu tornerai alle sei.
6. I ragazzi hanno finito il compito.
7. Voi preferite fare una passeggiata.
8. Luigi le telefonava spesso.
9. Loro erano stranieri.
10. Voi avete avuto ragione.
11. Noi porteremo del pane.
12. Tu hai trovato del denaro.
13. Io metto la giacca sul letto.
14. Noi siamo usciti presto.
15. Abbiamo guadagnato duecento euro.
16. Mia madre cucina molto bene.
17. Domani nevicherà.
18. Che cosa desiderate per Natale?
19. Con chi parlavano loro?
20. Abbiamo speso troppo.

**B.** Supply the appropriate form of the conditional for the verbs in parentheses.
1. Quello straniero (**desiderare**) _____ incassare degli assegni, ma la banca è chiusa.
2. È vero che voi (**prepararsi**) _____ per le due?
3. Loro (**chiamare**) _____ con il cellulare, ma non ne hanno uno.
4. Vittorio (**vendere**) _____ il negozio, ma sua moglie non vuole.
5. Secondo il tabellone, l'aereo (**essere**) _____ in ritardo.
6. Ti (**spedire**) _____ ora quella mail, ma non mi funziona Internet.
7. Signora, (**avere**) _____ qualche moneta per questo poveretto?
8. Lei (**cucinare**) _____ molto bene, ma preferisce mangiare al ristorante.
9. Secondo il mio insegnante, io non (**essere**) _____ molto intelligente.
10. Mario, ti (**dare**) _____ subito il libro, ma voglio prima finire di leggerlo.

# CHAPTER REVIEW

Fill in the blanks conjugating the verbs in the impersonal form.

**Cosa *si fa* e cosa *non si fa*.**

1. (*Dire*) _____ "In bocca al lupo" prima di fare una competizione sportiva.
2. Al ristorante non (*potere*) _____ fumare a tavola.
3. (*Usare*) Non _____ il cucchiaio per mangiare gli spaghetti.
4. Durante una cena elegante non (*usare*) _____ gli stuzzicadenti.
5. Non (*mettere*) _____ il Ketchup sulla pasta.
6. Non (*bere*) _____ un cappuccino dopo pranzo.
7. Se si riceve un invito a casa di una persona, (*portare*) _____ qualcosa: il vino, un dolce o un piccolo pensiero per il padrone di casa.

**Fill in the blanks by translating the conditional tense. Then, answer the questions.**

Questo weekend Elena e Francesca (*would like*) _____ andare al mare. Non sono sicure, ma se il tempo sarà bello, dicono che (*they would spend*) _____ il fine settimana nella casa a Riccione che Elena ha ereditato dalla zia. La prima sera (*they would visit*) _____ il faro che è stato appena restaurato. Sua zia gliene parlava sempre. Il giorno dopo (*they would go*) _____ da Ermes, il ristorante in cui Elena andava con la sua famiglia da quando era una bambina. Che buoni i passatelli in brodo! Lei ne (*would eat*) _____ sempre tre piatti!

Per fare tutto le ragazze devono alzarsi presto. Elena è preoccupata perché conosce Francesca: si sveglia tardi ed è più lenta di lei a prepararsi. Mentre ci pensa su, Elena riceve un messaggio di Francesca che chiede qual è l'ora migliore in cui partire domani. Elena le dice che (*they should*) _____ partire alle 7 del mattino. Così (*they could*) _____ fare tutto quello che hanno organizzato.

Alle 7 del mattino sono pronte: l'app del Meteo assicura bel tempo. Anzi bellissimo. Non c'è una nuvola in cielo.

1. Dove passeranno Elena e Francesca il fine settimana?
2. Che cosa visiteranno la prima sera?
3. Quale piano hanno per il giorno dopo?
4. Perché Elena ha paura di fare tardi?
5. Elena cosa decide di dire a Francesca?
6. Chi è la più lenta delle due?
7. Dovrebbe piovere questo fine settimana?

# 12 Sul sito di viaggi online
## (On the Online Travel Website)

## PAROLE DA RICORDARE (Words to Remember)

| | | | |
|---|---|---|---|
| abbastanza | enough | invece (di) | instead (of) |
| l'aereo | plane | l'isola | island |
| l'aeroporto | airport | Londra | London |
| bonifico | wire transfer | non vedere l'ora | to look forward |
| africano, a | African | lontano, a | far |
| offerta | offer | meglio (adv.) | better |
| il sito di viaggi online | Online travel website | l'opuscolo | brochure, pamphlet |
| l'Australia | Australia | volare | to fly |
| australiano, a | Australian | la nave | ship |
| destinazione | destination | peggio (adv.) | worse |
| l'avvocato[1] | lawyer, attorney | il posto | place |
| il capoufficio (pl. i capiufficio) | office manager | la prenotazione | reservation |
| | | seguente | following |
| | | senza | without |
| l'Europa | Europe | volentieri | willingly, gladly |
| europeo, a | European | il volo | flight |
| giornaliero, a | daily | accompagnare | to accompany |
| il giro | tour | avere paura (di) | to fear, be afraid (of) |
| la Grecia | Greece | credere | to believe |
| incantevole | charming | decidere[2] | to decide |

---

[1]*Avvocato*, like *professore* and *dottore*, is a title and can be used alone in addressing a person who has the right to such a title, as in: *Buon giorno, avvocato; come sta?*
[2]Note that the verbs *decidere, piangere,* and *vivere* have irregular past participles: *deciso, pianto, vissuto.*

157

| | | | |
|---|---|---|---|
| camera doppia | double room | noleggiare | to rent (a car) |
| fare un giro | to take a tour | piangere[2] | to cry |
| iniziare | to begin, start | salpare | to sail |
| insegnare | to teach | sbagliare | to make a mistake |
| lasciare | to leave, leave behind | smettere (di) + *inf.* | to stop, cease |
| | | temere (di) + *inf.* | to fear, be afraid (of) |
| mettersi a + *inf.* | to start (doing something) | vivere[2] | live |
| | | a presto | see you soon |

# DIALOGO    Sul sito di viaggi online

L'avvocato Rosi e la moglie vorrebbero passare le vacanze all'estero. Non avendo ancora deciso quale posto visitare, cercano su un sito online la destinazione migliore per loro.

| | |
|---|---|
| SIGNORA ROSI | Dove vuoi andare, caro, in America, in Australia, in Africa … ? |
| AVVOCATO ROSI | A me piacerebbe visitare gli Stati Uniti. |
| SIGNORA ROSI | Anche a me, ma l'America è troppo lontana. Preferirei restare in Europa. |
| AVVOCATO ROSI | L'anno scorso mi è piaciuta molto Londra … ma è piovuto sempre! |
| SIGNORA ROSI | Allora perché non andiamo in Grecia. Lì troveremo certo bel tempo. Passiamo qualche giorno ad Atene e poi facciamo un bel giro delle isole. Devono essere veramente incantevoli. |
| AVVOCATO ROSI | Non è una cattiva idea. Come andiamo? |
| SIGNORA ROSI | Con l'aereo. Oppure potremmo prendere la nave e portarci dietro la macchina … invece di noleggiarne una in Grecia. |
| AVVOCATO ROSI | Sì, che bella idea. Cerchiamo una buona offerta sul sito. |
| SIGNORA ROSI | Guarda! Ho trovato una buona offerta: tre notti ad Atene in una doppia a soli 200 euro. |
| AVVOCATO ROSI | Hai contato le spese nascoste? Le pulizie e le tasse di soggiorno? |
| SIGNORA ROSI | Si, sono incluse. Mi sembra. |
| AVVOCATO ROSI | Dobbiamo prenotare adesso? |
| SIGNORA ROSI | No, guardiamo prima anche altre offerte. Intanto, cerchiamo i biglietti per la nave. |
| AVVOCATO ROSI | Benissimo … tu cerca altre offerte sul sito. Io cerco i biglietti! |

# DIALOGUE    On the Online Travel Website

Mr. Rosi, an attorney, and his wife would like to spend their vacation abroad. Since they haven't decided yet what place to visit, they look for their ideal destination on a website.

| | |
|---|---|
| MRS. ROSI | Dear, where do you want to go, to America, Australia, Africa … ? |
| MR. ROSI | I would like to visit the United States. |

| | | |
|---|---|---|
| Mrs. Rosi | | Me too, but America is too far. I would prefer to stay in Europe. |
| Mr. Rosi | | Last year, I liked London a lot ... but it rained all the time! |
| Mrs. Rosi | | Why don't we go to Greece, then? We'll find good weather there. Let's spend a few days in Athens, and then take a nice tour of the islands. They must be really charming. |
| Mr. Rosi | | It's not a bad idea. And how can we get there? |
| Mrs. Rosi | | By plane. Or we can take a ship and bring along our car instead of renting one in Greece. |
| Mr. Rosi | | Yes, it's a beautiful idea. Let's look for a good offer on the website. |
| Mrs. Rosi | | Look! I found a good offer: three nights in a double room in Athens for just 200 euros. |
| Avvocato Rosi | | Did you count the hidden cost? Cleaning fees and tourist tax? |
| Signora Rosi | | Yes, they are included. I think. |
| Mr. Rosi | | Should we book now? |
| Mrs. Rosi | | No, let's look for other offers first. Meanwhile, let's look for the tickets for the ship. |
| Mr. Rosi | | Fine, you look for other offers on the website. I look for the tickets. |

# EXERCISES

**ANSWERS pp. 267–268**

A. Read the following statements; then check the true or false blank.

|   |   | T | F |
|---|---|---|---|
| 1. | I signori Rosi vorrebbero passare le vacanze all'estero. | ___ | ___ |
| 2. | Utilizzano un sito di viaggi online. | ___ | ___ |
| 3. | La signora Rosi vuole rimanere in Europa. | ___ | ___ |
| 4. | L'anno scorso loro hanno visitato gli Stati Uniti. | ___ | ___ |
| 5. | Vogliono andare a Londra perché non hanno mai visto questa città. | ___ | ___ |
| 6. | I signori Rosi non sono mai stati in Grecia. | ___ | ___ |
| 7. | In Grecia vogliono visitare soltanto Atene. | ___ | ___ |
| 8. | Per andare ad Atene si può prendere solo l'aereo. | ___ | ___ |
| 9. | La nave per la Grecia non trasporta macchine. | ___ | ___ |
| 10. | Trovano un hotel con una camera singola. | ___ | ___ |
| 11. | Decidono di prenotare subito. | ___ | ___ |
| 12. | L'avvocato cerca i biglietti della nave. | ___ | ___ |

**B. Write the correct definite article before the following nouns.**

1. _____ bicchiere
2. _____ sangue
3. _____ direttrice
4. _____ piatto
5. _____ maniche
6. _____ fabbrica
7. _____ sport
8. _____ bontà
9. _____ negozi
10. _____ baffi
11. _____ congratulazioni
12. _____ scelta
13. _____ ospedale
14. _____ fiore
15. _____ esame
16. _____ salute
17. _____ piede
18. _____ pantaloni
19. _____ bar
20. _____ ufficio
21. _____ sindaci
22. _____ clima
23. _____ mani
24. _____ poeta

# GRAMMAR I  Present Conditional of Stem-Changing Verbs

A. All verbs that are irregular in the future are irregular also in the conditional. To form the conditional of these verbs, add the endings, -ei, -esti, -ebbe, -emmo, -este, -ebbero to the stem of the future.

The verbs listed below have an irregular future and conditional, whose first-person-singular form is given.

| Verb | Future | Future Stem | Conditional |
| --- | --- | --- | --- |
| andare | (io) andrò | andr- | (io) andrei |
| bere | berrò | berr- | berrei |
| dare | darò | dar- | darei |
| dire | dirò | dir- | direi |
| dovere | dovrò | dovr- | dovrei |
| fare | farò | far- | farei |
| rimanere | rimarrò | rimarr- | rimarrei |
| potere | potrò | potr- | potrei |
| sapere | saprò | sapr- | saprei |
| stare | starò | star- | starei |
| tenere | terrò | terr- | terrei |
| vedere | vedrò | vedr- | vedrei |
| venire | verrò | verr- | verrei |
| volere | vorrò | vorr- | vorrei |

B. The verb **vivere** (to live), whose past participle is **vissuto,** is also irregular in the future and the conditional.

Future: vivrò, vivrai, vivrà, vivremo, vivrete, vivranno

Conditional: vivrei, vivresti, vivrebbe, vivremmo, vivreste, vivrebbero

| | |
|---|---|
| Glielo *direi*, ma ora non posso. | I would tell it to him, but I can't now. |
| Loro *verrebbero,* ma non hanno la macchina. | They would come, but they have no car. |
| Mi *daresti* l'ombrello, per favore? | Would you give me the umbrella, please? |
| Signor Brown, Lei *vivrebbe* in Italia? | Would you live in Italy, Mr. Brown? |

C. Use and Meaning of the Conditional of the Verbs **dovere, potere, volere**

The conditional of the verbs **dovere, potere,** and **volere** is used to express intention or desire (*would like to, would want to*), possibility (*could, would be able to*), and obligation (*should, ought to, would have to*).

| English | Italian |
|---|---|
| *would* + verb | conditional of verb |
| I would study | **studierei** |
| *would like* + verb | conditional of **volere** + infinitive of verb |
| I would like to study | **vorrei studiare** |
| *could* + verb | conditional of **potere** + infinitive of verb |
| I could study | **potrei studiare** |
| *should* + verb | conditional of **dovere** + infinitive of verb |
| I should study | **dovrei studiare** |

When the conditional of **dovere, potere,** or **volere** is followed by an infinitive, direct/indirect object pronouns (**ne** included) either precede **dovere/potere/volere** or are attached to the infinitive. The same rule applies if the infinitive is a reflexive verb.

| | |
|---|---|
| *Vorrei* di*rglielo*. | *Glielo vorrei* dire. |
| *Potresti* mandar*mene* due? | *Me ne potresti* mandare due? |
| *Dovrebbero* dar*celi*. | *Ce li dovrebbero* dare. |
| *Potremmo* vestir*ci*. | *Ci potremmo* vestire. |

# EXERCISES

A. Supply the appropriate form of the conditional.
1. Lui (**tenere**) _____ spesso la macchina davanti alla banca.
2. Loro (**mettersi**) _____ sempre gli stessi abiti.
3. Lucia, tu (**venire**) _____ da me domani sera?
4. Dottore, Lei a Milano in quale albergo (**stare**) _____?
5. Luisa, a che ora tu (**alzarsi**) _____ domenica?

6. Voi (fare) _____ una gita in macchina con me?
7. Loro (bere) _____ volentieri dell'acqua, ma questa è caldissima!
8. Leo e Rita, che cosa (dare) _____ ai vostri genitori per Natale?
9. Scusi, Lei (sapere) _____ come si va alla stazione?
10. Mi domandi come io (andare) _____ a Atene. Perché vuoi saperlo?
11. Oggi Gino (vedere) _____ quel film, ma sua moglie non vuole uscire.
12. È vero che lei (rimanere) _____ in ufficio anche il sabato?
13. Ma chi mai (vivere) _____ in quella città! La vita lì è carissima!
14. Angela, (avere) _____ un po' di zucchero, per favore? Io non ne ho più.

**ANSWERS pp. 268–269**

B. For each sentence, give the verb first in the conditional, then the forms used in Italian to express intention, possibility, and obligation.

*Example:* io parlo parlerei, vorrei parlare, potrei parlare, dovrei parlare

1. Giovanni ora si riposa.
2. Loro ascoltano la radio.
3. Voi partite a mezzanotte.
4. Noi paghiamo il conto.
5. Tu spedisci il pacco.
6. Margherita non beve nulla.
7. I nostri amici fanno colazione.
8. Chi mi regala quel paio di scarpe?
9. Il papà li accompagna a scuola.
10. Noi noleggiamo un autobus.
11. Glielo porto subito.
12. Il commesso ne vende tre.

**ANSWERS p. 269**

C. Complete the following sentences, giving the Italian equivalent of the words in parentheses.

1. (*We would like to remain*) _____ in Australia per un altro mese.
2. Signora Betti, (*you should give him*) _____ un regalo perché è stato bravo!
3. (*They could phone us*) _____ almeno una volta al mese.
4. (*He would do it*) _____, ma non glielo voglio chiedere.
5. Tutti i vostri amici (*should celebrate*) _____ il compleanno di Giorgio.
6. (*We could come there*) _____, ma non prima delle sette e mezzo di sera.

# GRAMMAR II  Future Perfect and Perfect Conditional

A. To form the future perfect and the perfect conditional of any verb, Italian uses the future and the present conditional of **avere** and **essere** plus the past participle of the verb.

1. Transitive Verbs

| | |
|---|---|
| Future perfect: | **avrò, avrai, avrà, avremo, avrete, avranno** + past participle |
| Perfect conditional: | **avrei, avresti, avrebbe, avremmo, avreste, avrebbero** + past participle |

Ieri sera *avranno mangiato* troppo.   Last night they must have eaten too much.
Cosa *avresti comprato* a Roma?   What would you have bought in Rome?

2. Intransitive Verbs

| | |
|---|---|
| Future perfect: | **sarò, sarai, sarà, saremo, sarete, saranno** + past participle |
| Perfect conditional: | **sarei, saresti, sarebbe, saremmo, sareste, sarebbero** + past participle |

Io *sarei andato* in centro.   I would have gone downtown.
Lei *sarà rimasta* a casa.   She will have remained home.

Note that:

a. The verbs **dormire** and **viaggiare**, though intransitive, require the auxiliary **avere**.

Mario *avrà dormito* sul treno.   Mario will have slept on the train.
Chi *avrebbe viaggiato* con lui?   Who would have traveled with him?

b. All reflexive verbs are conjugated with **essere**.

Si saranno alzati presto.   They will have gotten up early.
Mi sarei rilassato per un'ora.   I would have relaxed for one hour.

c. When **dovere, potere,** and **volere** are conjugated in a compound tense followed by an intransitive verb, they take the auxiliary that is required by the intransitive verb.

*Sono voluti rimanere* in ufficio.   They wanted to remain in the office.
Oggi *lei sarebbe dovuta andare* a scuola.   She should have gone to school today.
*Avrei potuto viaggiare* in autobus.   I could have traveled by bus.

B. Future Perfect and Perfect Conditional of avere and ẹssere

| avere | | |
|---|---|---|
| io | avrò avuto (I will have had) | avrei avuto (I would have had) |
| tu | avrai avuto | avresti avuto |
| lui, lei, Lei | avrà avuto | avrebbe avuto |
| noi | avremo avuto | avremmo avuto |
| voi | avrete avuto | avreste avuto |
| loro | avranno avuto | avrẹbbero avuto |

| ẹssere | | |
|---|---|---|
| io | sarò stato, a (I will have been) | sarei stato, a (I would have been) |
| tu | sarai stato, a | saresti stato, a |
| lui, lei, Lei | sarà stato, a | sarebbe stato, a |
| noi | saremo stati, e | saremmo stati, e |
| voi | sarete stati, e | sareste stati, e |
| loro | saranno stati, e | sarẹbbero stati, e |

C. In Italian the future perfect is used to express an action that will already have happened when the action of the main clause takes place.

>Faremo colazione dopo che *ci saremo fatti* la barba.
>We'll have breakfast after we have shaved.

>Gli telefonerò quando *avrò finito* di leggere il giornale.
>I'll call him when I have finished reading the newspaper.

The future perfect, like the future present, is also used to express conjecture, probability, or possibility, though in the past. It corresponds to the English expression *it must have been* or *it probably was*.

>In casa non c'è nessuno. *Saranno* già *usciti*.
>There is no one home. They must have already gone out.

>Non mi ha mai scritto. *Si sarà dimenticata* di me!
>She never wrote to me. She has probably forgotten me.

D. The perfect conditional is required:
1. When expressing what is reported by rumor, hearsay, supposition, or speculation.

   >Secondo loro, tu *saresti* sempre *stato* malato.
   >According to them, you have always been sick.

2. In indirect discourse, normally after verbs of saying or knowing in the past where English uses the conditional present.

   >Sapevo che lui *sarebbe partito* per gli Stati Uniti.
   >I knew he would leave for the United States.

   >Ha telefonato per dire che *avrebbe fatto* tardi.
   >She called to say that she would be late.

### E. Perfect Conditional of **dovere, potere, volere** + infinitive

| English | Italian |
|---|---|
| *would have* + past participle | perfect conditional of the verb |
| I would have bought it | **l'avrei comprato** |
| *would have liked* + infinitive | perfect conditional of **volere** + infinitive |
| I would have liked to buy it | **l'avrei voluto comprare / avrei voluto comprarlo** |
| *could have* + past participle | perfect conditional of **potere** + infinitive |
| I could have bought it | **l'avrei potuto comprare / avrei potuto comprarlo** |
| *should have* + past participle | perfect conditional of **dovere** + infinitive |
| I should have bought it | **l'avrei dovuto comprare / avrei dovuto comprarlo** |

# EXERCISES

**A.** Give the compound form of the verbs in the following sentences.

*Examples:* verrò     sarò venuto
            verrei     sarei venuto

1. Faremo un esame difficilissimo.
2. Chi chiuderà quella porta?
3. Tu ti divertiresti molto a Venezia.
4. Non potrei dirvi niente.
5. Il bambino nascerà oggi.
6. Olga preferirebbe un bicchiere di latte.
7. Dovrebbero stare qui con noi.
8. Potremmo volare invece di prendere il treno.
9. Non vorranno invitarti a pranzo.
10. Io ci ritornerei volentieri.
11. Dovreste avere pazienza.
12. Saremo più felici in montagna.

**B.** Complete the sentences, giving the Italian equivalent of the words in parentheses.
1. Ugo, invece di scrivere, (*you should have called*) _____.
2. Oggi Lucia non ha salutato il professore. (*She probably didn't see him*) _____.
3. (*I would have rented*) _____ una macchina, ma costava troppo.
4. Non pensavo che Giovanni (*would cash*) _____ subito il mio bonifico.

5. Adesso è troppo tardi! (*Boys, you should have gotten up*) _____ tre ore fa.
6. Secondo il direttore della scuola, quegli studenti (*learned*) _____ molte cose.
7. Potrai comprarti quella bella moto giapponese quando (*you have earned*) _____ un po' di denaro.
8. Per dire la verità, non sapevo che (*she would like me*) _____.
9. Farò i compiti dopo che (*I have studied*) _____ la lezione.
10. Il capoufficio (*could have taken*) _____ il treno delle ventidue, ma non ha voluto.

# GRAMMAR III   The *Trapassato Prossimo*

A. The *trapassato prossimo*, or past perfect tense, is formed with the **imperfetto** of avere or essere plus the past participle of the verb.

1. Transitive Verbs

   avevo, avevi, aveva, avevamo, avevate, avevano + past participle

2. Intransitive Verbs

   ero, eri, era, eravamo, eravate, erano + past participle

Remember that some intransitive verbs, such as **dormire** and **viaggiare**, require **avere** as their auxiliary. Reflexive verbs, as usual, are conjugated with **essere**.

**Loro** *avevano imparato* l'italiano all'Università per Stranieri di Perugia.
They had learned Italian at the University for Foreigners in Perugia.

**Gina** *era rimasta* in classe dopo la lezione per studiare i verbi.
Gina had stayed in class after the lesson to study the verbs.

**Noi** *avevamo dormito* benissimo per tutta la notte.
We had slept very well all night long.

*Si erano coricate* presto e *si erano addormentate* subito.
They had gone to bed early and they had fallen asleep right away.

3. *Trapassato Prossimo* of avere and essere

| io | avevo avuto (I had had) | ero stato, a (I had been) |
| tu | avevi avuto | eri stato, a |
| lui, lei, Lei | aveva avuto | era stato, a |
| noi | avevamo avuto | eravamo stati, e |
| voi | avevate avuto | eravate stati, e |
| loro | avevano avuto | erano stati, e |

B. The *trapassato prossimo* is used in conjunction with other past tenses, such as the *imperfetto*, the *passato prossimo*, the conditional perfect, and the *passato remoto* (past absolute, to be presented later). The *trapassato prossimo* indicates an action that took place before that expressed by another past tense.

**Luca** *faceva* **la spesa, come suo padre gli** *aveva chiesto*.
Luca was grocery shopping, as his father had asked him to.

**Quando il direttore** *è arrivato*, **noi** *eravamo usciti*.
When the director arrived, we had gone out.

**Lucia** *aveva detto* **che mi** *avrebbe accompagnato* **alla stazione.**
Lucia said that he would accompany me to the station.

# EXERCISES

A. Give the forms of the *trapassato prossimo* for the verbs in italics, making all required changes in agreement.
 1. Le *vediamo* spesso al caffè.
 2. Chi *ci sveglierà*?
 3. Gli *spediremo* tre pacchi.
 4. Con chi *escono* Marisa e Silvia?
 5. Che cosa *farà* la signora Boschi?
 6. Lei *rimarrà* al mare fino ad agosto.
 7. Noi lo *sapevamo* già.
 8. Marianna *farà* un bel giro dell'isola.
 9. Mi *piaceva* molto tuo fratello.
 10. Dove *siete andati* a Natale?
 11. Le ragazze *si sono lavate* le mani.
 12. Non *guadagniamo* mai abbastanza denaro.

B. Translate the following sentences.
 1. When I was seven years old, I had already been to Greece.
 2. Michele had already had breakfast when I got up.
 3. I did not want to go to the movies with Pietro, because I had already seen that film.
 4. It was cold because it had snowed for several hours.
 5. He was not happy because I had not called him.
 6. They wanted to go to Rome because they had never seen the Colosseum.
 7. She did not want to tell me why she had not answered my messages.
 8. Maria wasn't eating, because she had already had dinner.
 9. I had booked a double room on the online travel website, but then I did not feel well and I didn't go to Spain.
 10. I had already seen those islands but did not remember how beautiful they were.

# GRAMMAR IV  The *Gerundio*

### A. Gerundio Present

In Italian the **gerundio** is one of the verb forms that corresponds to the *-ing*, or gerund, form of the English verb. The Italian **gerundio** has two tenses: present and past.

| -are verbs: | add the ending -ando to the stem of the infinitive (mang*iando*, dimentic*ando*, pag*ando*, am*ando*) |
| -ere/-ire verbs: | add the ending -endo to the stem of the infinitive (tem*endo*, ricev*endo*, fin*endo*, dorm*endo*) |

Note that:

1. **Avendo** and **essendo** are gerundio forms of **avere** and **essere**.
2. **Bere, dire,** and **fare** have irregular **gerundio** forms: **bevendo, dicendo, facendo**. All other irregular verbs studied so far form the **gerundio** according to the above rule (**andando, dando, potendo, uscendo, volendo,** etc.).
3. Reflexive verbs form the **gerundio** like any other -are, -ere, and -ire verbs. The reflexive pronoun si follows the verb and is attached to it (svegli*andosi*, ripos*andosi*, ved*endosi*, vest*endosi*).

### B. Gerundio Past

1. Transitive verbs: **avendo** + past participle of the verb

   **avendo viaggiato   avendo detto   avendo dormito   avendo finito**

2. Intransitive verbs: **essendo** + past participle of the verb

   essendo andato, a   essendo venuto, a   essendo nato, a

3. Avere and essere:

   avendo avuto   essendo stato, a

### C. Meaning and Use of the Gerundio

The **gerundio present** expresses a secondary action that takes place at the same time as that of the verb in the main clause. The subjects of the **gerundio**, though not expressed, and of the main verb must be the same.

*Andando* a casa, ho incontrato mio padre. *Going home, I met my father.*

The **gerundio past** expresses a secondary action that occurred prior to that indicated by the main verb. Also, here, the subjects are the same.

*Avendo mangiato* troppo ieri, oggi lui non si sente bene.
*Having eaten too much yesterday, today he doesn't feel well.*

Note that both gerund forms are used to express time, cause, condition, and, at times, the manner in which an action takes place. English equivalents of the Italian **gerundio** are often introduced by *while* and *after* (time), *because* and *since* (cause), and *if* (condition).

*Essendo* malata, Silvia oggi non lavora.
Because she is sick, Silvia will not work today.

*Aprendo* la porta, lui mi ha visto.
While opening the door, he saw me.

*Avendo guadagnato* molto, siamo potuti andare all'estero.
Having earned a lot, we were able to go abroad.

*Essendo stati buoni*, hanno giocato tutto il pomeriggio.
Because they were good, they played the whole afternoon.

*Sbagliando* s'impara.
One learns by making mistakes.

Massimo è tornato a casa *piangendo*.
Massimo went back home crying.

D. Note that the English *-ing* forms do not always correspond to a **gerundio** in Italian. For example, when it is an adjective, Italian uses a relative clause:

**Vedo gli studenti che sorridono.**
I see the students smiling.

**Ci sono sempre persone che camminano.**
There are always people walking by.

When it is a noun, Italian uses an infinitive:

**Nuotare fa bene.**
Swimming is good for you.

E. Position of Direct, Indirect, and Reflexive Pronouns (mainly the pronoun **ne**) with the **Gerundio**: they follow the **gerundio** and are attached to the verb.

*Avendone l'opportunità, lo farei!*   If I had the opportunity, I'd do it!

# EXERCISES

**ANSWERS p. 271**

A. Provide the *gerundio* present for the following verbs.

1. sapere
2. capire
3. vedere
4. accompagnare
5. fare
6. credere
7. pensare
8. salpare
9. uscire
10. festeggiare
11. dare
12. venire
13. smettere
14. seguire
15. aiutare
16. potere
17. vincere
18. piangere
19. volere
20. sentire

**B. Provide the *gerundio* past for the following conjugated verbs.**

*Examples:*  abbiamo detto   avendo detto
             arriverò        essendo arrivato

1. lasciamo
2. ho spiegato
3. saluteremo
4. si sono pettinate
5. studio
6. pagherei
7. avremo guardato
8. sarebbe stata
9. hanno letto
10. si è messo
11. desideravano
12. viaggiano
13. ritorneranno
14. esco

**C. Make one sentence, substituting the *gerundio* present for the verb in italics.**

*Example:* *Devo* studiare. Ora non posso giocare.
**Dovendo studiare, ora non posso giocare.**

1. *Andiamo* spesso al cinema. Vediamo parecchi film.
2. *Prendo* l'aereo. Arrivo prima a Londra.
3. *Dormite* fino alle nove. Farete tardi.
4. *Ascoltate* la radio. Saprete se farà bel tempo.
5. Non *vi riposate* abbastanza. Sarete stanchi.

**D. Make one sentence, substituting the *gerundio* past for the verbs in italics.**

*Example:* *Ho fatto* le prenotazioni. Avremo certamente una camera in quell'albergo.
**Avendo fatto le prenotazioni, avremo certamente una camera in quell'albergo.**

1. *Siamo uscite* all'alba. Abbiamo fatto colazione al bar.
2. *Ho telefonato* a Lucia. Ho saputo che lei è in Francia.
3. *Siete arrivati* tardi alla stazione. Avete perso il treno.
4. *Hai speso* poco. Hai ancora molto denaro.
5. *Si sono parlati*. Si sono detti molte cose.

**E. Give the appropriate form of the *gerundio* present or past.**

1. (*Having spoken to her*) _____, ho capito che aveva ragione.
2. Questo libro è molto interessante; (*if you read it*) _____, imparerai molte cose.
3. (*While shaving*) _____ Marco ascoltava la radio.
4. (*When they saw them*) _____, si sono fermati a parlargli.
5. (*Since she rested*) _____ tutto il pomeriggio, ieri sera lei si è coricata molto tardi.

## GRAMMAR V  Special Construction of *stare* with the *Gerundio*

The verb stare followed by the gerundio present of another verb is used to express an action in progress. This construction is much less common in Italian than it is in English.

| | |
|---|---|
| Francesco, che cosa *stai facendo* adesso? | Francesco, what are you doing now? |
| Quando gli ho telefonato, lui *stava cucinando*. | When I called him, he was cooking. |
| Mi *stai dicendo* la verità, Maria? | Mary, are you telling me the truth? |
| Ora loro *staranno arrivando*. | They must be arriving now. |

## EXERCISE

**ANSWERS p. 272**

Change the verb in italics to express an action in progress.

*Example:* Io *andavo* al cinema quando ho visto Antonio. **Stavo andando al cinema quando ho visto Antonio.**

1. Cosa fate al supermercato? *Facciamo* la spesa.
2. Quando Stefano ha telefonato, io *dormivo*.
3. Mentre la moglie leggeva un libro, suo marito *preparava* da mangiare.
4. Rosa mi ha fermato mentre io *entravo* in casa.
5. Quando loro si riposeranno, noi *lavoreremo* ancora.
6. Lei è tornata proprio quando io *facevo* il bagno.

## GRAMMAR VI  The Infinitive

A. In Italian, the infinitive is sometimes used as the subject of a sentence without the article. Its English equivalent is the *-ing*, or gerund, form of the verb.

| | |
|---|---|
| *Lavorare* è necessario quasi per tutti. | Working is necessary for almost everyone. |
| *Guardare* non costa nulla. | Looking doesn't cost anything. |

B. When a direct or an indirect object pronoun follows the infinitive, it is attached to it.

| | |
|---|---|
| *Vederlo* adesso è la cosa migliore. | Seeing it now is the best thing. |
| *Andarci* in macchina era più facile. | Going there by car was easier. |

C. An infinitive, as seen in the preceding lessons, may also be the complement (or object) of a verb, either alone or after a preposition.

| | |
|---|---|
| Dovete *avere* pazienza. | You must be patient. |
| Loro desiderano *tornare* a casa. | They wish to return home. |
| Lei comincia *a scrivere*. | She is beginning to write. |
| Noi pensiamo *di partire* domani. | We are thinking of leaving tomorrow. |

D. The infinitive may also be used after the prepositions **invece di** (instead of), **prima di** (before), and **senza** (without).

| | |
|---|---|
| È partito *senza salutare* nessuno! | He left without saying goodbye! |
| Gioca sempre *invece di studiare*. | He is always playing instead of studying. |
| Telefonami *prima di uscire*. | Call me before going out. |

E. The following verbs require the preposition **di** before an accompanying infinitive:

| | | | |
|---|---|---|---|
| avere paura | to fear | offrire | to offer |
| cercare | to try, attempt, to look for | pensare | to think |
| | | preoccuparsi | to worry |
| chiedere | to ask | ricordare | to remember |
| credere | to believe | scrivere | to write |
| dimenticare | to forget | smettere | to stop |
| dire | to say, tell | temere | to fear |
| finire | to finish | | |

F. The following verbs require the preposition **a** before an accompanying infinitive:

| | | | |
|---|---|---|---|
| aiutare | to help | insegnare | to teach |
| andare | to go | invitare | to invite |
| cominciare | to begin | mettersi | to start, set out |
| continuare | to continue | prepararsi | to get ready |
| divertirsi | to amuse oneself | riuscire | to succeed |
| imparare | to learn | tornare | to come back, return |
| iniziare | to start | venire | to come |

# EXERCISES

A. Complete the following sentences, giving the Italian equivalent for the words in parentheses.

1. (*Grocery shopping*) _____ è molto costoso negli Stati Uniti.
2. (*Going to the movies*) _____ con lei sarà molto divertente.
3. (*Speaking to him*) _____ non sarà facile; non è mai a casa!
4. (*Having a lot of money*) _____ non vuol dire essere felici.
5. (*Buying it* [f.]) _____ adesso costerà meno.
6. (*Writing*) _____ in una lingua straniera è sempre stato facilissimo per lui.

B. Complete the sentences with the appropriate preposition (a or di)

1. Quei ragazzi non riescono _____ fare i compiti.
2. Carlo, non dimenticare _____ comprare il pane!
3. Luca si è messo _____ cucinare alle undici e ha finito _____ preparare il pranzo all'una.
4. Loro si preoccupavano _____ fare tardi.
5. Lei mi ha detto _____ non parlarti.
6. Michela ha finalmente imparato _____ leggere.
7. Anche voi cominciate _____ capire qualcosa.
8. Franco torna _____ parlare sempre delle stesse cose.
9. Perché voi cercate _____ lavorare così poco?
10. Loro continuerebbero _____ scriverle anche all'estero.
11. Ho pensato _____ aprire l'app per fare un bonifico.
12. Li abbiamo invitati _____ pranzare con noi.
13. Signora Mattia, non abbia paura _____ dire quello che pensa.
14. Ragazzi miei, cosa credete _____ fare adesso?
15. Gli abbiamo offerto _____ tornare a casa in macchina con noi.
16. Tu hai smesso _____ lavorare sabato scorso.
17. Ogni giorno quei ragazzi imparano _____ leggere e _____ scrivere meglio.
18. A che ora si comincia _____ lavorare in questo negozio?
19. Lei teme sempre _____ sbagliare.
20. Marco, ricorda _____ spedire quel pacco!

# CHAPTER REVIEW

Fill in the blanks by choosing the correct verb tense (future perfect, present and perfect conditional, *trapassato prossimo, gerundio*). Then answer the questions.

Ludovico e Giulio _____ (*would like*) andare in vacanza a Roma. Giulio _____ (*had gone*) a Roma con la sua famiglia quando era bambino. _____ (*Working*) per ITA Airways, Ludovico ha i biglietti dell'aereo gratis per sé e per Giulio. Ludovico è arrabbiato perché Giulio gli _____ (*had promised*) che _____ (*would have looked for*) gli hotel a Roma o Frascati su Booking.com. Giulio gli spiega che quel pomeriggio non _____ (*had not been able*) cercare niente perchè _____ (*had had*) molti pazienti in ospedale. Gli promette però che guarderà diversi siti online dopo che _____ (*will have prepared*) la cena.

Prima di andare a dormire, _____ (*having found*) una grande offerta, Giulio corre in camera di Ludovico. Su AirBnB, _____ (*he found*) un incantevole appartamento in centro storico, dove _____ (*would have to*) condividere una stanza doppia. Anche contando le spese di pulizia e la tassa, è un prezzo conveniente e la host sembra simpatica. Le scrivono subito. La host conferma e gli risponde che _____ (*they will find*) _____ le chiavi nel bar vicino che è aperto fino a tardi. Ludovico è entusiasta e non vede l'ora di raggiungere la città eterna!

1. Dove vorrebbero andare Ludovico e Giulio in vacanza?
2. Perché i ragazzi avrebbero i biglietti dell'aereo gratis?
3. Perché Giulio quel pomeriggio non aveva potuto cercare gli hotel?
4. Che soluzione trova Giulio?
5. Cosa devono pagare oltre all'affitto?
6. Dove prenderanno le chiavi?
7. Cosa pensa Ludovico dell'appartamento?

# 13 All'ufficio postale
## (At the Post Office)

## PAROLE DA RICORDARE

| | | | |
|---|---|---|---|
| adagio | slowly | lento, a | slow |
| un attimo | a moment, an instant | male | badly |
| la buca delle lettere | mail box, slot | malissimo | very badly |
| la busta | envelope | il mittente | sender |
| la casella postale | post office box | il pacco | the package |
| la cassetta delle lettere | mailbox | la Posta Centrale postale | main post office postal |
| centrale | central | principale | principal |
| comodo, a | comfortable, convenient | rapido, a | fast, quick |
| | | la ricevuta | receipt |
| il corriere | the carrier | la ricevuta di ritorno | return receipt |
| la corrispondenza | correspondence | il rimborso | the refund |
| la data | date | solo, a | alone |
| dentro | inside | lo sportello | office window |
| il destinatario | addressee | tranquillo, a | peaceful |
| il documento | document | l'ufficio postale | post office |
| dolce | sweet | (per) via aerea | (by) airmail |
| finale | final | (per) via mare | (by) sea |
| l'imballaggio | packaging | assicurare | to insure |
| l'impiegato, l'impiegata dell'ufficio postale | postal clerk | bisognare | to be necessary |
| | | camminare | to walk |
| l'indirizzo | address | inviare | to send |
| consigliare | to suggest, advise | sorridere (*past participle:* sorriso) | to smile |
| imbucare | to mail | | |
| impostare | to post, mail | | |

Note that **bisognare** is normally used in the third-person singular.

The second-person singular of the present indicative of **inviare** is **invii;** the formal **Lei** form of the imperative is **invii** (because the **i** is stressed).

# DIALOGO   All'ufficio postale

In Italia, per spedire un pacco bisogna andare all'ufficio postale oppure in un ufficio di spedizioni. Sebbene ci siano diversi uffici postali in centro, la signora Melli preferisce recarsi alla Posta Centrale, dove ci sono più sportelli e più impiegati.

| | |
|---|---|
| SIGNORA MELLI | Vorrei spedire questo pacco in America. |
| IMPIEGATA | Si, ma dove in America? |
| SIGNORA MELLI | Negli Stati Uniti, in Florida. Mia figlia vive lì ora. Quant'è? |
| IMPIEGATA | Un attimo, signora. Bisogna che pesi il pacco. Cosa contiene? Solo documenti? |
| SIGNORA MELLI | Si, ma ci sono dei documenti molto importanti. |
| IMPIEGATA | Allora è meglio che Lei l'assicuri, con ricevuta di ritorno. |
| SIGNORA MELLI | Andrà via mare o via aerea? |
| IMPIEGATA | Ormai quasi tutto va via aerea, se non è troppo pesante. |
| SIGNORA MELLI | Quanto ci mette? |
| IMPIEGATA | Circa una settimana. Se ha fretta è meglio spedirlo con un corriere. |
| SIGNORA MELLI | Non ho troppa fretta. Preferisco pagare meno. |
| IMPIEGATA | Allora, la spedizione con ricevuta di ritorno e assicurazione costa 12 euro. |
| SIGNORA MELLI | Avrei anche bisogno di chiederLe un'altra cosa. |
| IMPIEGATA | Prego, signora, dica pure. |
| SIGNORA MELLI | Devo restituire dei vestiti che ho comprato on line. Sa come posso fare? |
| IMPIEGATA | Deve stampare il codice che le hanno mandato in email e riportare il pacco al Centro Resi. Poi riceverà il rimborso quasi subito. |
| SIGNORA MELLI | Va bene, farò così. Grazie, signora, Lei è stata molto gentile. |

# DIALOGUE   At the Post Office

In Italy, to send a package, one needs to go to the post office or a shipping office. Even though there are several post offices downtown, Mrs. Melli prefers to go to the Central Post Office, where there are more windows and more clerks.

| | |
|---|---|
| MRS. MELLI | I would like to send this package to America. |
| POST OFFICE CLERK | Yes, but where in America? |
| MRS. MELLI | In the United States, in Florida. My daughter lives there now. How much is it? |
| POST OFFICE CLERK | One second, ma'am. I need to weigh the package. What does it contain? Only documents? |

# All'ufficio postale

| | |
|---|---|
| Mrs. Melli | Yes, but there are some very important documents. |
| Post Office Clerk | Then it's better to insure it, with a return receipt. |
| Mrs. Melli | Will it go by airmail or by sea? |
| Post Office Clerk | Nowadays almost everything goes by air, if it's not too heavy. |
| Mrs. Melli | How long does it take? |
| Post Office Clerk | About one week. If you are in a hurry, it's better to send it via courier. |
| Mrs. Melli | I am not too in a hurry. I prefer to pay less. |
| Post Office Clerk | So, shipping with return receipt and insurance costs 12 euros. |
| Mrs. Melli | I also need to ask you something. |
| Post Office Clerk | Please go ahead, ma'am. |
| Mrs. Melli | I have to return some clothes that I bought online. Do you know how I can do it? |
| Post Office Clerk | You must print the code they sent you via email and return the package to the Returns Center. Then you will receive the refund almost immediately. |
| Mrs. Melli | Okay, I'll do it like this. Thank you, ma'am, you have been very kind. |

# EXERCISES

**ANSWERS p. 273**

A. Read the sentences and/or questions that follow; then complete or answer them on the basis of the information provided in this or the preceding lessons.

1. In Italia per spedire un pacco è necessario andare _____.
2. Dove si trovano generalmente gli uffici postali nelle città italiane? _____
3. Perché la signora Melli va alla Posta Centrale? _____
4. Con chi parla appena lei entra alla Posta Centrale? _____
5. Cosa viene spedito via mare di solito? _____
6. Quanto paga la signora Melli per spedire il pacco? _____
7. Dove abita la figlia a cui lei desidera inviare un pacco? _____
8. Dove si riportano i pacchi che si vogliono restituire al mittente?
9. Quando arriva il rimborso? _____
10. È vero che inviare un pacco per corriere costa quanto spedirne uno con la posta? _____

**ANSWERS p. 273**

B. Match Italian on the left with the corresponding English translation on the right.

1. Quanto viene al mese?
2. Ora vorrei fare il bagno.
3. Fuori diluvia e tira vento.
4. Posso incassare questo assegno?

a. Please write the sender's address.
b. They would like to, but can't.
c. This car provides a fast and comfortable ride.
d. Here is your receipt.

5. Proprio davanti al mio sportello.
6. Il pacco leggero arriverà prima.
7. Ti consiglio di non dire nulla.
8. Ecco la mia casella postale.
9. Scriva l'indirizzo del mittente.
10. EccoLe la ricevuta.
11. Sia gentile; mi imposti queste cartoline.
12. Vorrebbero, ma non possono.
13. In questa macchina si viaggia velocemente e comodamente.
14. Bisogna che tu parta subito.

e. I suggest you say nothing.
f. You must leave at once.
g. How much is it per month?
h. I would like to take a bath now.
i. Outside it is pouring and the wind is blowing.
l. Just in front of my window
m. May I cash this check?
n. This is my post office box.
o. Be kind; mail these postcards for me.
p. The light package will arrive sooner.

# GRAMMAR I  Adverbs

Adverbs are words that are normally used to modify the meaning of other adverbs, verbs, and adjectives.

| | |
|---|---|
| Parlava *veramente* bene l'inglese. | He spoke English really well. |
| Marisa camminava *lentamente*. | Marisa was walking slowly. |
| Questo è un luogo *molto* tranquillo. | This is a very peaceful place. |

Italian adverbs are formed by adding **-mente** to:

1. The feminine singular form of adjectives ending in **o**

| | | |
|---|---|---|
| certo | f. certa + mente = **certamente** | certainly |
| pronto | f. pronta + mente = **prontamente** | readily |
| vero | f. vera + mente = **veramente** | really, truly |

2. The singular form of adjectives ending in **e**

| | |
|---|---|
| breve + mente = **brevemente** | briefly |
| dolce + mente = **dolcemente** | sweetly, softly |
| intelligente + mente = **intelligentemente** | intelligently |

Note that adjectives ending in **le** or **re** drop the final **e** before adding **-mente**.

| | |
|---|---|
| facile + mente = **facilmente** | easily |
| finale + mente = **finalmente** | finally |
| regolare + mente = **regolarmente** | regularly |

Not all Italian adverbs, however, end in **-mente**. Some common ones that do not:

| | | | |
|---|---|---|---|
| **adagio** | slowly, gently | **poco** | little, not very |
| **bene** | well | **presto** | early, soon |
| **male** | badly | **spesso** | often |
| **molto** | much, very | **tardi** | late |
| **piano** | slowly, softly | **volentieri** | willingly, gladly |

# EXERCISE

**ANSWERS p. 273**

Complete the following sentences by using the adverbial form of the adjectives in parentheses.

1. Quest'uomo vive (**povero**) _____.
2. Il capoufficio ha parlato (**breve**) _____ a tutti gli impiegati.
3. Lo studente ha risposto (**pronto**) _____ alla domanda dell'insegnante.
4. Giuseppe scrive sempre (**veloce**) _____.
5. Mia zia si veste (**elegante**) _____.
6. Il telefono ha squillato (**forte**) _____.
7. Renata sorrideva (**deliziosa**) _____.
8. Ogni giorno lui andava (**regolare**) _____ al bar.
9. Mio padre mi dava (**facile**) _____ del denaro.
10. Il professore di matematica pensava (**scientifico**) _____ a tutto.
11. Il nonno andava (**difficile**) _____ al cinema da solo.
12. Non tutti conoscono (**necessario**) _____ il dottor Bellini.

# GRAMMAR II  The Comparative and Superlative of Adverbs

A. The comparative of adverbs is formed with the words **più/meno ... di** or **che/così ... come**, or **tanto ... quanto**, as illustrated below. The same rules given in Lesson 11 apply here with regard to the use of **di** and **che** (than) after **più** or **meno**.

I telegrammi viaggiano *più velocemente delle* lettere.
Telegrams travel more quickly than letters.

Si viaggia *meno comodamente* in autobus *che* in treno.
One travels less comfortably by bus than by train.

Lei non risponde alle mie lettere *così prontamente come* suo zio.
She doesn't answer my letters as promptly as her uncle.

B. The **superlativo assoluto** of all adverbs is formed with **molto** plus the adverb.

| | |
|---|---|
| Stefano mi scrive *molto brevemente*. | very briefly |
| Lo vediamo *molto spesso* allo stadio. | very often |
| Quella vecchia signora cammina *molto lentamente*. | very slowly |

C. The adverbs **bene, male, molto,** and **poco** have the following comparative and superlative forms:

| | | | | |
|---|---|---|---|---|
| bene | meglio | better | molto bene, benissimo | very well |
| male | peggio | worse | molto male, malissimo | very badly |
| molto | più, di più | more | moltissimo | very much |
| poco | meno, di meno | less | pochissimo | very little |

# EXERCISES

**ANSWERS pp. 273–274**

**A. Complete the sentences with the appropriate adverbs.**

1. Giovanni lavora (*quickly*) _____, ma io lavoro (*more quickly*) _____ di lui.
2. Laura parla francese (*worse than*) _____ Carlo.
3. A casa sua si mangia (*well*) _____, ma da noi si mangia (*better*) _____.
4. A Roberto piace (*a lot*) _____ andare al mare; a me invece piace (*more*) _____ andare in montagna.
5. Se quelle camicette costano (*little*) _____, queste costano ancora (*less*) _____.
6. Lei non si veste (*as elegantly as*) _____ sua sorella.
7. Noi andiamo all'università (*more often than*) _____ loro.

**ANSWERS p. 274**

**B. Substitute adverbs of opposite meaning for those in italics.**

1. I miei parenti hanno sempre vissuto *molto poveramente*.
2. Hai fatto *malissimo* a non dirci niente!
3. Quell'insegnante va a scuola sempre *molto presto*.
4. Sergio mi ha parlato *brevemente* anche di voi.
5. Quando lei è partita, ci siamo salutati *molto caldamente*.

# GRAMMAR III   Present Subjunctive

Whereas the indicative states a fact, the subjunctive expresses an opinion, a doubt, a possibility, or a feeling of uncertainty. It is also used after certain conjunctions and after an impersonal clause (for example, **è giusto che** … **è necessario che** …). In Italian, the subjunctive has four tenses: present, imperfect, perfect, and pluperfect.

Here's how the present subjunctive is formed:

1. First-, Second-, and Third-Conjugation Verbs

|  | -are | -ere | -ire |
|---|---|---|---|
| first-, second-, third-person singular | -i | -a | -a |
| first-person plural | -iamo | -iamo | -iamo |
| second-person plural | -iate | -iate | -iate |
| third-person plural | -ino | -ano | -ano |

parlare: **parli, parli, parli, parliamo, parliate, parlino**

ricevere: **riceva, riceva, riceva, riceviamo, riceviate, ricevano**

dormire: **dorma, dorma, dorma, dormiamo, dormiate, dormano**

Note that:

    a. Verbs ending in **-iare** drop the **i** of the stem before all present subjunctive endings beginning with **i**.

       consigliare: **consigli, consigliamo, consigliate, consiglino**

    b. Verbs ending in **-care** and **-gare** add an **h** before all present subjunctive endings.

       sbarcare: **sbarchi, sbarchiamo, sbarchiate, sbarchino**

       pagare: paghi, **paghiamo, paghiate, paghino**

    c. Verbs such as **capire, finire,** and **preferire** (and a few others encountered in preceding lessons) form the present subjunctive by adding **isc** before the endings of the first-, second-, and third-person singular and the third-person plural.

       capire: **capisca, capiamo, capiate, capiscano**

    d. The present subjunctive of **inviare** is **invii, inviamo, inviate, inviino.**

    e. Because all singular persons of the present subjunctive have the same endings, the subject pronouns **io, tu, lui, lei,** and **Lei** are normally expressed to avoid confusion.

2. Present Subjunctive of **avere** and **essere**

      avere: **abbia, abbiamo, abbiate, abbiano**

      essere: **sia, siamo, siate, siano**

3. Present Subjunctive of Stem-Changing Verbs

Most stem-changing verbs form the present subjunctive with the same irregular stem used to form the present indicative.

| | | |
|---|---|---|
| bere | **bevo** (pres. ind.) | **beva** (pres. subj.) |
| dire | **dico** | **dica** |
| fare | **faccio** | **faccia** |
| andare | **vada, andiamo, andiate, vadano** | |
| bere | **beva, beviamo, beviate, bevano** | |
| dare | **dia, diamo, diate, diano** | |
| dire | **dica, diciamo, diciate, dicano** | |
| dovere | **deva (or debba), dobbiamo, dobbiate, devano (or debbano)** | |
| fare | **faccia, facciamo, facciate, facciano** | |
| morire | **muoia, moriamo, moriate, muoiano** | |
| piacere | **piaccia, piacciamo, piacciate, piacciano** | |
| potere | **possa, possiamo, possiate, possano** | |
| rimanere | **rimanga, rimaniamo, rimaniate, rimangano** | |
| sapere | **sappia, sappiamo, sappiate, sappiano** | |
| stare | **stia, stiamo, stiate, stiano** | |

| | |
|---|---|
| tenere | tenga, teniamo, teniate, tengano |
| uscire | esca, usciamo, usciate, escano |
| venire | venga, veniamo, veniate, vengano |
| volere | voglia, vogliamo, vogliate, vogliano |

# EXERCISES

**ANSWERS p. 274**

**A.** Give the present subjunctive of the following verbs for the subjects in parentheses.

1. rispondere (noi)
2. vedere (tu)
3. guadagnare (Bruno)
4. vestirsi (voi)
5. amare (io)
6. sorridere (voi)
7. venire (tu)
8. camminare (noi)
9. sbarcare (lui)
10. spedire (loro)
11. assicurare (voi)
12. finire (Lei)
13. sapere (tu)
14. vendere (io)
15. ritornare (noi)
16. nascere (loro)
17. mettere (voi)
18. chiudere (tu)
19. firmare (voi)
20. riposarsi (le ragazze)

**ANSWERS p. 274**

**B.** Change the following conjugated verbs to the present subjunctive following the impersonal sentence (*È bene che*).

*Example:* lui è partito: *È bene che* lui parta. (It's good that he leaves.)

1. tu potevi
2. noi chiamiamo
3. Maria vuole
4. i ragazzi studieranno
5. io ho viaggiato
6. i signori facevano
7. io piaccio
8. voi siete
9. loro rimarranno
10. noi abbiamo dato
11. lei ha vinto
12. voi andrete
13. lui veniva
14. il professore sapeva
15. la mamma è uscita
16. noi beviamo
17. lei è uscita
18. Ugo ha finito
19. l'amica dirà
20. voi siete andati

# GRAMMAR IV    Perfect Subjunctive

**A.** Transitive verbs, and such intransitive verbs as **viaggiare** and **dormire**, form the perfect subjunctive by combining:

present subjunctive of **avere** + past participle of the verb

|  | *parlare* | *ricevere* | *dormire* |
|---|---|---|---|
| first-, second-, third-person singular | abbia parlato | abbia ricevuto | abbia dormito |
| first-person plural | abbiamo parlato | abbiamo ricevuto | abbiamo dormito |
| second-person plural | abbiate parlato | abbiate ricevuto | abbiate dormito |
| third-person plural | abbiano parlato | abbiano ricevuto | abbiano dormito |

**B.** Intransitive verbs form the perfect subjunctive by combining: present subjunctive of **essere** + past participle of the verb

|  | *arrivare* | *rimanere* | *partire* |
|---|---|---|---|
| first-, second-, third-person singular | sia arrivato, a | sia rimasto, a | sia partito, a |
| first-person plural | siamo arrivati, e | siamo rimasti, e | siamo partiti, e |
| second-person plural | siate arrivati, e | siate rimasti, e | siate partiti, e |
| third-person plural | siano arrivati, e | siano rimasti, e | siano partiti, e |

**C.** **Avere** and **essere** form the perfect subjunctive as follows:

|  | *avere* | *essere* |
|---|---|---|
| first,- second-, and third-person singular | abbia avuto | sia stato, a |
| first-person plural | abbiamo avuto | siamo stati, e |
| second-person plural | abbiate avuto | siate stati, e |
| third-person plural | abbiano avuto | siano stati, e |

# EXERCISE

**ANSWERS pp. 274–275**

Change the following verbs to the perfect subjunctive.

*Examples*:  capirai    *È bene che* **tu abbia capito**
andate    *È bene che* **voi siate andati, e**

1. Martino andava
2. dormite
3. hai veduto
4. finiamo
5. tengono
6. mi alzerò
7. Marisa si è vestita
8. il commesso è partito
9. io berrò
10. noi mettiamo
11. spedisci
12. chiamavate
13. i bambini escono
14. ho viaggiato
15. risponderanno
16. Luisa andrà
17. impariamo
18. hai voluto
19. lui ha preso
20. diciamo
21. ti sei lavata
22. il babbo sta bene
23. leggeremo
24. gli studenti scrivono
25. mia figlia è nata

# GRAMMAR V  The Subjunctive: Use (Part I)

In Italian—much more than in English—the subjunctive is frequently used not only in writing, but also in speaking. Even if always less common, using it is a sign of education and elegance.

The subjunctive is normally used in a dependent clause and it may be introduced by:

1. Verbs expressing opinion, impression, hope, and doubt, such as:

   | | | | |
   |---|---|---|---|
   | credere | to believe | sembrare | to seem |
   | pensare | to think | sperare | to hope |

2. Verbs expressing command, demand, desire, or will, such as:

   | | | | |
   |---|---|---|---|
   | chiedere | to ask | ordinare | to command, to order |
   | desiderare | to wish | volere | to want |

3. Verbs or phrases expressing preference, fear, and feelings of pleasure or displeasure, such as:

   | | | | |
   |---|---|---|---|
   | avere paura, temere | to be afraid of, to fear | essere scontento | to be displeased |
   | essere contento/felice/lieto | to be happy | preferire | to prefer |
   | essere dispiaciuto | to be sorry | | |
   | essere infelice | to be unhappy | | |

In these cases, the verb of the main clause introducing the subjunctive is followed immediately by the conjunction *che*. The subject of the verb of the main clause and that of the verb of the dependent clause are different.

| | |
|---|---|
| *Io* voglio che *tu* rimanga qui. | I want you to remain here. |
| *Loro* temono che *voi* non veniate. | They fear you are not coming. |

If the subject of the verb in the main clause and the subject of the verb in the dependent clause are the same, the infinitive is used instead of the subjunctive.

| | |
|---|---|
| Lui crede di partire domani. | He believes he is leaving tomorrow. |
| Teresa ha paura di volare. | Teresa is afraid of flying. |

The past infinitive (formed by avere or essere and the past participle of the verb), must be used when it refers to an action that has already taken place.

| | |
|---|---|
| Lei crede di *avere visto* Mario. | She believes she saw Mario. |
| Sono felice di *essere arrivato* ora. | I'm happy I arrived now. |

4. Several common conjunctions, such as:

   | | | | |
   |---|---|---|---|
   | affinché, perché | so that | a patto che, purché | provided that |
   | benché, | although | prima che | before |
   | malgrado, sebbene | | qualora/in caso | in case |
   | a meno che non | unless | senza che | without |

Note that **prima che** and **senza che** require the subjunctive only when the main and the dependent clauses have different subjects.

> *Io* gli telefono prima che *lui* parta.
> I call him before he leaves.

> *Lui* parte senza che *lei* lo saluti.
> He leaves without her saying goodbye to him.

With all the other conjunctions listed above, the subjunctive is required whether the main and the dependent clauses have the same subjects or not.

> **Loro vogliono uscire sebbene siano stanchissimi.**
> They want to go out although they are very tired.

> **Glielo dirò qualora lui mi telefoni.**
> I'll tell him in case he calls me.

5. Numerous impersonal verbs and impersonal expressions (used positively and negatively), indicating emotion, necessity, impression, possibility, or doubt, such as:

| | | | |
|---|---|---|---|
| basta che | it's enough that | è importante che | it's important that |
| non importa che | it doesn't matter that | è meglio che | it's better/best that |
| bisogna che, occorre che | it's necessary that | è possibile/impossibile che | it's possible/impossible that |
| può darsi che | it may be that | è probabile/improbabile che | it's probable/improbable that |
| sembra che | it seems that | | |
| è facile/difficile che | it's easy/difficult that | è bene/giusto che | it's good/right that |

The subjunctive is required after these impersonal verbs and expressions only when the subject of the dependent clause is clearly expressed.

> Occorre che *lei* parta ora.           It's necessary for her to leave now.
> Sembra che *loro* non lo sappiano.     It seems that they don't know it.
> È possibile che *lui* sia partito?     Is it possible that he has left?

When the subject is not expressed, then the infinitive is used.

> **Non è più facile vivere in questo paese!**
> It's no longer easy to live in this town!

> **Bisogna studiare di più e giocare di meno.**
> It's necessary to study more and play less.

# EXERCISES

**A.** Rephrase each sentence, replacing the subject of the verb in the dependent clause with the subjects given in parentheses and changing the verb accordingly.

*Example:* Lei crede che tu studi molto. (voi) Lei crede che voi studiate molto.

1. Marta spera che suo marito possa lavorare a Roma. (**io, voi, i suoi cugini**)
2. Non credo che voi abbiate fame. (**tu, Giorgio, i bambini**)
3. Desiderano che io rimanga qui per tre mesi. (**voi, noi, tu**)
4. Hanno paura che noi non paghiamo il conto. (**tu, il cliente, quei signori**)
5. Non è affatto importante che lui sappia tutto. (**io, voi, Elisabetta**)
6. Sono contento che loro stiano bene. (**tu, voi, la signorina Betti**)
7. Voglio che tu faccia subito i compiti. (**gli studenti, Rosa, voi**)
8. Sergio preferisce che io vada a mangiare a casa sua. (**noi, loro, tu**)
9. Lei è dispiaciuta che noi dobbiamo partire. (**io, loro, voi**)
10. Occorre che io le parli subito di quel problema. (**voi, tu, noi**)

B. Rephrase each sentence, replacing the subject of the verb in the dependent clause with the subjects given in parentheses and changing the verbs accordingly.

*Example:* Non sono contenta che tu ti sia alzata tanto tardi. (Rita)
**Non sono contenta che Rita si sia alzata tanto tardi.**

1. Non è possibile che tu abbia guadagnato così poco! (**io, voi, loro**)
2. Mi sembra che Massimo abbia bevuto troppo. (**i vostri amici, tu, loro**)
3. Temiamo che loro non siano ancora ritornati. (**tu, Manuela, i nostri figli**)
4. Io credo che lei non abbia risposto alle domande dell'insegnante. (**Giovanni, voi, gli studenti**)
5. È facile che io non l'abbia visto alla stazione. (**noi, sua moglie, voi**)
6. Basta che Roberto le abbia scritto almeno una cartolina! (**tu, loro, voi**)
7. Non è possibile che Giovanni abbia già spedito quel pacco in America. (**noi, tu, voi**)
8. Speriamo che loro abbiano imbucato la lettera. (**tu, Luisa, voi**)
9. Non è giusto che noi abbiamo dovuto pagare il conto. (**io, voi, i miei suoceri**)
10. Può darsi che io mi sia preoccupato troppo. (**Lei, signora Bonetti; voi; tu, Alfredo**)

C. Replace the subject of the dependent clause with the word(s) given in parentheses, making all necessary changes.

*Example:* Non capisco nulla, benché lui parli abbastanza bene l'italiano. (voi)
**Non capisco nulla, benché voi parliate abbastanza bene l'italiano.**

1. La mamma esce di casa prima che io mi sia alzato. (**Roberto e Anna**)
2. Oggi andiamo a fare la spesa purché tu ci accompagni con la macchina. (**voi**)
3. Teresa non è felice sebbene tu non abbia dimenticato il suo compleanno. (**i suoi amici**)
4. Benché io sia abbastanza vecchio, sembro ancora giovane. (**Susanna**)
5. Voglio mandare un telegramma senza che nessuno lo sappia. (**loro**)
6. Malgrado loro mangino spesso, hanno sempre fame. (**tu**)
7. In caso voi dobbiate partire, telefonate a Salvatore! (**Lei**)

8. Verrò anch'io a patto che tu inviti i signori Rossetti. (**voi**)
9. Silvio compra tante cose benché suo padre non gli abbia dato molto denaro. (**noi**)
10. Il professore spiega due o tre volte la stessa lezione affinché noi capiamo bene tutto. (**gli studenti**)

# GRAMMAR VI  Tense Sequence: Indicative/Subjunctive (Part I)

A. When the subjunctive is required in a dependent clause, the tense to be used—present or perfect—is determined by the verb in the main clause, which can be a present indicative, a future, or an imperative.

B. The present subjunctive is required when the action expressed by the verb in the main clause takes place at the same time as the action expressed by the verb in the dependent clause.

*Spero* che Carlo *sia* qui.      I hope that Carlo is here.
[present indicative] [present subjunctive]

*Bisogna* che tu lo *veda* subito.      It's necessary that you see him right away.
[present indicative] [present subjunctive]

Le *parlerò* benché io non la *conosca*.      I'll talk to her although I don't know her.
[future indicative] [present subjunctive]

*Dammi* il denaro affinché io lo *compri*.      Give me the money so that I may
[imperative] [present subjunctive]                       buy it.

C. The perfect subjunctive is required when the action expressed by the verb of the dependent clause occurred before the action expressed by the verb of the main clause.

Credo che Gina sia uscita.                I believe Gina went out.
[present indicative] [perfect subjunctive]

È bene che voi siate stati a casa.        It's good that you were at home.
[present indicative] [perfect subjunctive]

Lei penserà che non mi sia piaciuta.      She will think that I did not like her.
[future indicative] [perfect subjunctive]

Sii contento che ti abbiano telefonato.   Be happy that they called you.
[imperative] [perfect subjunctive]

# EXERCISES

**ANSWERS p. 276**

A. Complete the following sentences, conjugating the verb in parentheses.
1. Non è necessario che Alberto e Stefano (**fare**) _____ i compiti.
2. Non penso che tuo cognato (**andare**) _____ in ufficio oggi.
3. Benché lei (**essere**) _____ povera, è molto generosa.

4. È meglio che voi (**dire**) _____ a me quello che sapete.
5. Bisogna che io (**guardare**) _____ i vostri documenti.
6. Loro hanno paura che voi stasera (**annoiarvi**) _____.
7. Non è giusto che noi (**dovere**) _____ pagare per tutti!
8. È impossibile che loro (**conoscere**) _____ il mio indirizzo.
9. Qualora loro (**scrivere**) _____ al capoufficio, lui gli risponderà subito.
10. Datemi il libro affinché io (**potere**) _____ preparare la lezione.

**ANSWERS p. 276**

B. Complete the following sentences, translating the word(s) in parentheses.
1. È probabile che Maria (**saw**) _____ Alfonso a Milano.
2. Sebbene lui (**learned**) _____ l'inglese a Londra, non lo parla molto bene.
3. È bene che Lei, signora, (**mailed**) _____ il pacco ieri mattina.
4. Mi sembra che loro (**spent**) _____ troppo denaro.
5. Non importa che tu (**took**) _____ il treno invece dell'autobus.
6. Dove credete che Vittoria (**bought**) _____ quel vestito?
7. Può darsi che anche loro (**left**) _____ alla stessa ora.
8. Non penso affatto che tu (**were wrong**) _____.
9. Oggi loro riceveranno notizie di Francesco purché lui (**posted**) _____ la lettera due giorni fa.
10. Non ci sembra che il professore (**explained**) _____ molto chiaramente questo problema difficile.

**ANSWERS p. 276**

C. Translate these sentences into Italian.
1. We are happy that we went abroad last month.
2. She doesn't believe her husband is sick.
3. It's better not to smoke.
4. In case my friends call, tell (*fam. pl.*) them that I am at the office.
5. I'll give it (*f.*) to you (*fam. sing.*) unless you don't want it.
6. We can understand you (*form.*) provided that you speak slowly.
7. It's possible that they saw each other last February.
8. They fear that I am not feeling well.

# CHAPTER REVIEW

Complete the sentences, changing the statements to their opposite.

Il "Bastian contrario" ("Mary quite contrary")

Giovanni e Luigi sono amici da molti anni, ma non si trovano mai d'accordo. Anzi, se uno dice bianco, l'altro dice nero come un vero Bastian contrario. Quando Luigi racconta una storia, Giovanni lo contraddice ad ogni passo.

| | |
|---|---|
| Luigi | Sono uscite le ultime edizioni del fumetto (comics) che leggi tu. |
| Giovanni | Non credo che. ... |
| Luigi | È necessario andare dal corriere per spedire un pacco. |
| Giovanni | Non mi sembra che. ... |
| Luigi | Le poste italiane sono velocissime. |
| Giovanni | No, penso che le poste. ... |
| Luigi | I nostri amici ci aspettano pazientemente. |
| Giovanni | Impossibile che ... |
| Luigi | La lezione è stata difficile ma l'ho capita tutta. |
| Giovanni | Non mi pare che. ... |
| Luigi | I professori hanno parlato lentamente. |
| Giovanni | Non credo che. ... |
| Luigi | L'italiano è una lingua semplice. |
| Giovanni | No davvero! Io penso che. ... |

# 14 Dal meccanico
## (At the Mechanic's)

## PAROLE DA RICORDARE

| | | | |
|---|---|---|---|
| l'autoradio | car radio | il paraurti | bumper |
| la benzina | gasoline | (*pl.* i paraurti) | |
| il benzinaio | gas station attendant | il pedale | pedal |
| la candela | spark plug, candle | il pedale | gas pedal |
| il carburatore | carburetor | dell'acceleratore | |
| il carro attrezzi | tow truck | la portiera | car door |
| il cofano | hood | la ruota | wheel, tire |
| il cruscotto | dashboard | seccante (*adj.*) | annoying |
| il faro | car headlight | il semaforo | traffic light |
| la finestra | window | il serbatoio | tank |
| il finestrino | car window | il tergicristallo | windshield wiper |
| il freno | brake | (*pl.* i tergicristalli) | |
| la frizione | clutch | il traffico | traffic |
| il guasto | breakdown | (*pl.* traffici, traffichi) | |
| intenso, a | heavy, intense | il volante | steering wheel |
| lento, a | loose, slow | a causa di | because of |
| il meccanico | mechanic | al massimo | at the most |
| (*pl.* meccanici) | | a posto | in order |
| il motore | motor, engine | lungo (*prep.*) | along |
| l'olio | oil | sotto (*prep.*) | under |
| il parabrezza | windshield | verso (*prep.*) | around, about |
| (*pl.* i parabrezza) | | accendere | to turn on, light |
| il parafango | fender | aggiornare | to update |
| (*pl.* i parafanghi) | | aggiustare | to fix, repair |

| | | | |
|---|---|---|---|
| controllare | to check, control | riparare | to repair |
| distendersi | to lay down | spegnere[1] | to turn off, put out |
| essere sicuro, a | to be sure | spegnersi | to die out, go out |
| essere a posto | to be in order, in place | stare tranquillo, a | not to worry |
| | | verificare | to check out, verify |
| fare il pieno | to fill up (the tank) | notare | to note, notice |
| funzionare | to work, run | pulire | to clean |

# DIALOGO   Dal meccanico

Prima di partire per un lungo viaggio, il signor Longhi porta sempre l'auto dal meccanico per far controllare il motore. Questo perché lui vuole essere sicuro che tutto sia a posto sotto il cofano. È infatti molto seccante avere un guasto lungo l'autostrada, specialmente d'estate, quando a causa del traffico intenso bisogna aspettare ore prima che arrivi un carro attrezzi.

MECCANICO   C'è qualcosa che non funziona bene, signor Longhi?
SIGNOR LONGHI   Sì, credo che il pedale della frizione sia un po' instabile.
MECCANICO   Nessun problema, l'aggiusto subito.
SIGNOR LONGHI   Ho anche notato che in questi ultimi giorni il motore si spegne quando mi fermo a un semaforo.
MECCANICO   Controllerò il carburatore e pulirò le candele.
SIGNOR LONGHI   Per favore, controlli anche i freni e se necessario cambi l'olio.
MECCANICO   Vuole che faccia lavare la macchina?
SIGNOR LONGHI   Sì, grazie. E non dimentichi di verificare la pressione delle ruote.
MECCANICO   Stia tranquillo, signor Longhi. Penserò a tutto io.
SIGNOR LONGHI   Quanto tempo ci vorrà?
MECCANICO   Un paio d'ore, tre al massimo. Oggi non ho molto lavoro.
SIGNOR LONGHI   Benissimo. Tornerò a prendere la macchina verso le cinque. Prima di andare via, mi ricordi che devo aggiornare l'autoradio. Un'ultima cosa...
MECCANICO   Dica...
SIGNOR LONGHI   Faccia anche il pieno, per favore.
MECCANICO   Certo. A più tardi allora.

# DIALOGUE   At the Mechanic's

Before leaving on a long trip, Mr. Longhi always takes his car to the mechanic to have the engine checked. This is because he wants to make sure that everything is in order under the hood. It's in fact most annoying to have a breakdown along the highway,

---

[1] *The verb* **spegnere** *has the following irregular forms: present indicative*—**spengo, spegni, spegne, spegniamo, spegnete, spengono**; *past participle*—**spento**; *imperative*—**spegni, spenga, spegniamo, spegnete, spengano**; *present subjective*—**spenga, spegniamo, spegniate, spengano**.

especially during the summer when, because of the heavy traffic, one must wait for hours before a tow truck arrives.

| | |
|---|---|
| MECHANIC | Is anything wrong with your car, Mr. Longhi? (Is there something that doesn't work right, Mr. Longhi?) |
| MR. LONGHI | Yes, I believe that the clutch pedal is a bit unstable. |
| MECHANIC | No problem. I'll fix it right away. |
| MR. LONGHI | I have also noticed that in the last few days the engine dies out when I stop at a traffic light. |
| MECHANIC | I'll check the carburator and clean the spark plugs. |
| MR. LONGHI | Please also check the brakes and change the oil if necessary. |
| MECHANIC | Do you want to have your car washed? |
| MR. LONGHI | Yes, thank you. And don't forget to check the tire pressure. |
| MECHANIC | Don't worry, Mr. Longhi. I'll take care of everything. |
| MR. LONGHI | How long will it take? |
| MECHANIC | A couple of hours, three at the most. I'm not very busy today. |
| MR. LONGHI | Very well, I'll come back to pick the car up around five. Before I leave, remind me I need to update the car radio. One last thing ... |
| MECHANIC | Go ahead ... |
| MR. LONGHI | Fill up the tank too, please. |
| MECHANIC | Sure. See you later, then. |

# EXERCISES

**ANSWERS p. 277**

A. Read the following sentences and select the answers that seem correct to you.

1. Che cosa si trova sotto il cofano di un'automobile? (le ruote—**il motore**—il paraurti)
2. Da chi bisogna portare la macchina per farla riparare? (da un benzinaio—**da un meccanico**—da un autista)
3. Se il motore si spegne, che cosa è bene controllare subito? (i freni—l'olio—**il carburatore e le candele**)
4. Per fermare l'auto, cosa bisogna usare? (**il pedale dei freni**—il pedale dell'acceleratore—il pedale della frizione)
5. Quand'è che bisogna far lavare la macchina? (**quando è sporca**—quando è nuova— quando si fa un lungo viaggio)
6. Avere un guasto lungo l'autostrada è molto seccante perché (costa molto—c'è molto traffico—**bisogna aspettare il carro attrezzi**).
7. Per far funzionare l'automobile è necessario mettere nel serbatoio (l'olio—**la benzina**—l'acqua).
8. Per pulire il parabrezza, bisogna usare (la frizione—il volante—**i tergicristalli**).

B. Complete the following sentences by translating the phrases in parentheses.
1. Quell'automobile sportiva ha (a beautiful dashboard) _____.
2. (I must rent a car) _____ perché la mia è dal meccanico.
3. Bisogna fermare la macchina quando (the traffic light is red) _____.
4. La sua macchina ha (four doors) _____.
5. Lui non ha mai paura (to make a mistake) _____.
6. Quando fuori diluvia, è necessario uscire (with an umbrella) _____.
7. (They decided) _____ di fare un lungo viaggio.
8. Quando viaggio mi piace molto (to listen to an audiobook) _____.
9. Loro verranno da noi (the following week) _____.
10. (We purchased the tickets) _____ un mese fa.
11. Questo paese è (very picturesque) _____.
12. Lei spedisce sempre tutto (by airmail) _____.

# GRAMMAR I  The *Passato Remoto*

A. The *passato remoto* (remote past or absolute past) is a past tense that uses neither of the auxiliary verbs **avere** or **essere**.

B. To form the past absolute of -are, -ere, and -ire verbs, add the following endings to the stem of the infinitive:

|              | *-are* | *-ere* | *-ire* |
|--------------|--------|--------|--------|
| io           | -ai    | -ei    | -ii    |
| tu           | -asti  | -esti  | -isti  |
| lui, lei, Lei| -ò     | -é     | -ì     |
| noi          | -ammo  | -emmo  | -immo  |
| voi          | -aste  | -este  | -iste  |
| loro         | -arono | -erono | -irono |

parlare: **parlai, parlasti, parlò, parlammo, parlaste, parlarono**

temere: **temei, temesti, temé, tememmo, temeste, temerono**

finire: **finii, finisti, finì, finimmo, finiste, finirono**

C. While the *passato prossimo* is a narrative tense used to express an action that took place in the not-too-distant past, the *passato remoto* is used to express actions that took place and were completed in the past and no longer have reference to the present. Though in modern Italian the **passato remoto** is seldom used in conversation (except for some areas of southern Italy and Sicily, where it often replaces the *passato prossimo*), it is extensively used in writing or in reference to historical or past events.

Note that the *imperfetto*, or descriptive past, is used as much with the *passato remoto* as with the *passato prossimo*.

**Quando Napoleone *partì* per l'Egitto, *era* ancora molto giovane.**
When Napoleon left for Egypt, he was still very young.

**Quando *comprai* la mia prima casa, *abitavo* vicino a Roma.**
When I bought my first house, I was living near Rome.

Direct and indirect object pronouns precede the **passato remoto**, just as they precede other tenses of the indicative.

***Si incontrarono a* Londra nel 1926, e lui *se la portó* subito in Italia.**
They met in London in 1926, and he took her immediately with him to Italy.

# EXERCISES

**ANSWERS p. 278**

A. Give the *passato prossimo* of the following verbs in the *passato remoto*.

1. si vestirono
2. vedemmo
3. provai
4. lavoraste
5. incassasti
6. sentì
7. aprii
8. aiutammo
9. entrarono
10. visitarono
11. pesò
12. verificò
13. pulisti
14. pagaste
15. ci svegliammo
16. uscì
17. ti riposasti
18. aggiustammo
19. riparai
20. cantarono

**ANSWERS p. 278**

B. Conjugate the verbs in parentheses in *passato prossimo* or *passato remoto* as required by the context.

1. Noi (**visitare**) _____ L'Egitto quando eravamo ancora bambini.
2. La settimana scorsa lei (**partire**) _____ per la Francia; tornerà fra quindici giorni.
3. Suo nonno (**imparare**) _____ l'italiano quasi trent'anni fa.
4. Ora sono solo perché mia moglie (**andare**) _____ dai suoi genitori per passare con loro il Natale.
5. Il primo romanzo di quel famoso scrittore (**uscire**) _____ almeno cinquant'anni fa.
6. Ieri in banca voi (**incassare**) _____ un assegno.
7. I vecchi dicono che quando Garibaldi (**passare**) _____ per questo paese, lui era stanco e malato.

8. Prima di partire per Milano, Giorgio (**fare**) _____ il pieno.
9. Durante la lezione di storia il professore domanda a uno studente: "Chi (**essere**) _____ il primo re d'Italia?"
10. Renata non (**capire**) _____ una sola parola di quello che voi dicevate.

# GRAMMAR II   The *Passato Remoto* of Stem-Changing Verbs

Listed here are all the verbs presented in this text that are irregular in the formation of the *passato remoto*. Most of these are irregular in the first and third-person singular and in the third-person plural. In the formation of the other persons, the endings of the *passato remoto* are added to the regular stem of the infinitive. Only **dare** and **stare** are completely irregular.

| | |
|---|---|
| avere | ebbi, avesti, ebbe, avemmo, aveste, ebbero |
| accendere | accesi, accendesti, accese, accendemmo, accendeste, accesero |
| bere | bevvi, bevesti, bevve, bevemmo, beveste, bevvero |
| chiedere | chiesi, chiedesti, chiese, chiedemmo, chiedeste, chiesero |
| chiudere | chiusi, chiudesti, chiuse, chiudemmo, chiudeste, chiusero |
| conoscere | conobbi, conoscesti, conobbe, conoscemmo, conosceste, conobbero |
| correre | corsi, corresti, corse, corremmo, correste, corsero |
| dare | diedi, desti, diede, demmo, deste, diedero |
| decidere | decisi, decidesti, decise, decidemmo, decideste, decisero |
| dire | dissi, dicesti, disse, dicemmo, diceste, dissero |
| essere | fu, fosti, fu, fummo, foste, furono |
| fare | feci, facesti, fece, facemmo, faceste, fecero |
| leggere | lessi, leggesti, lesse, leggemmo, leggeste, lessero |
| mettere | misi, mettesti, mise, mettemmo, metteste, misero |
| morire | morii, moristi, morí, morimmo, moriste, morirono |
| nascere | nacqui, nascesti, nacque, nascemmo, nasceste, nacquero |
| perdere | persi, perdesti, perse, perdemmo, perdeste, persero |
| piacere | piacqui, piacesti, piacque, piacemmo, piaceste, piacquero |
| piangere | piansi, piangesti, pianse, piangemmo, piangeste, piansero |
| piovere | piovve, piovvero (the most commonly used forms) |
| prendere | presi, prendesti, prese, prendemmo, prendeste, presero |
| rimanere | rimasi, rimanesti, rimase, rimanemmo, rimaneste, rimasero |
| rispondere | risposi, rispondesti, rispose, rispondemmo, rispondeste, risposero |
| sapere | seppi, sapesti, seppe, sapemmo, sapeste, seppero |
| scrivere | scrissi, scrivesti, scrisse, scrivemmo, scriveste, scrissero |
| sorridere | sorrisi, sorridesti, sorrise, sorridemmo, sorrideste, sorrisero |
| spegnere | spensi, spegnesti, spense, spegnemmo, spegneste, spensero |

| | |
|---|---|
| stare | **stetti, stesti, stette, stemmo, steste, stettero** |
| tenere | **tenni, tenesti, tenne, tenemmo, teneste, tennero** |
| vedere | **vidi, vedesti, vide, vedemmo, vedeste, videro** |
| venire | **venni, venisti, venne, venimmo, veniste, vennero** |
| vincere | **vinsi, vincesti, vinse, vincemmo, vinceste, vinsero** |
| vivere | **vissi, vivesti, visse, vivemmo, viveste, vissero** |
| volere | **volli, volesti, volle, volemmo, voleste, vollero** |

# EXERCISES

**A.** Substitute the *passato remoto* with *passato prossimo*.
1. Giuseppe Garibaldi (**morì**) _____ nel 1882.
2. Francesco Petrarca, uno dei più grandi poeti italiani, (**scrisse**) _____ molti libri in italiano e in latino.
3. Per il suo compleanno noi gli (**spedimmo**) _____ un lungo telegramma.
4. Io (**risposi**) _____ al capoufficio di non sapere nulla.
5. Perché loro non (**rimasero**) _____ in America e invece (**ritornarono**) _____ in Italia?
6. Mio padre (**conobbe**) _____ i suoi suoceri quando loro abitavano a Genova.
7. Il treno (**si fermò**) _____ sul binario.
8. Quando lei (**andò**) _____ in Inghilterra, le (**piacque**) _____ molto Londra.
9. Durante i mesi estivi del 1999 (**piovve**) _____ un giorno sì e uno no.
10. Noi (**leggemmo**) _____ la brutta notizia sul giornale.

**B.** Change the verbs in italics to the *passato remoto*.
1. *Hanno messo* nuove app nel cellulare.
2. Loro *sono nati* a Parigi.
3. Quando *hanno saputo* che tu eri innocente, era troppo tardi.
4. Chi *ha vinto*, l'Inghilterra o la Francia?
5. Loro *ridevano* perché erano felicissimi.
6. Dante *è nato* a Firenze nel 1265.
7. I miei cugini *sono andati* nel Canadà e ci *sono rimasti* vent'anni.
8. Noi *abbiamo visto* quel film molti anni fa.
9. Quella famosa scrittrice *è vissuta* e *è morta* in Africa.
10. Mio nonno *ha fatto* molte cose interessanti durante la sua lunga vita.
11. I nostri parenti australiani *sono venuti* a trovarci dieci anni fa.
12. Voi *avete deciso* di non tornare più qui.
13. Quando Leo *è partito*, *ha preso* la nave. Non *abbiamo saputo* più nulla di lui.
14. Anch'io *ho pianto* quando *ho letto* quel dramma di Shakespeare.
15. Quando lui mi *ha chiesto* del denaro, gli *ho risposto* che non potevo dargli nemmeno un euro.

# GRAMMAR III  The *Trapassato Remoto*

A. The *trapassato remoto*, or past perfect absolute, is a past tense used to express an action that occurred before that indicated by the *passato remoto*. This tense is therefore used mostly in conjunction with the *passato remoto*.

B. Formation
1. Transitive verbs form the *trapassato remoto* by combining:

   *passato remoto* of **avere** + past participle of the verb

|  | *impostare* | *sorridere* | *dormire* |
|---|---|---|---|
| io | ebbi impostato (I had mailed) | ebbi sorriso (I had smiled) | ebbi dormito (I had slept) |
| tu | avesti impostato | avesti sorriso | avesti dormito |
| lui, lei, Lei | ebbe impostato | ebbe sorriso | ebbe dormito |
| noi | avemmo impostato | avemmo sorriso | avemmo dormito |
| voi | aveste impostato | aveste sorriso | aveste dormito |
| loro | ębbero impostato | ębbero sorriso | ębbero dormito |

2. Intrasitive verbs form the *trapassato remoto* by combining:

   *passato remoto* of **essere** + past participle of the verb

|  | *andare* | *partire* |
|---|---|---|
| io | fui andato, a (I had gone) | fui partito, a (I had left) |
| tu | fosti andato, a | fosti partito, a |
| lui, lei, Lei | fu andato, a | fu partito, a |
| noi | fummo andati, e | fummo partiti, e |
| voi | foste andati, e | foste partiti, e |
| loro | furono andati, e | furono partiti, e |

C. Use

The *trapassato remoto* is used only in a dependent clause after the words **quando**, **appena**, and **dopo che**; the tense of the verb in the main clause is *passato remoto*.

*Quando* loro *furono arrivati,* noi li salutammo.
When they had arrived, we greeted them.

*Appena ebbe finito* il compito, *andò* a giocare.
As soon as he had finished the (his) homework, he went to play.

*Dopo* che noi *avemmo scritto* la lettera, la *impostammo*.
After we had written the letter, we mailed it.

# EXERCISES

**A. Change the verbs to the *trapassato remoto*.**

1. viaggiai
2. dissero
3. facemmo
4. deste
5. perdemmo
6. usciste
7. mangiate!
8. portava
9. verrete
10. siamo rimasti
11. parlavano
12. mangerò
13. chiederanno
14. risero
15. hanno controllato
16. dovremo
17. eravate tornati
18. avevi detto
19. siamo usciti
20. pulirete
21. avevamo aggiustato
22. vivevano

**B. Complete the following sentences with the correct form of the *trapassato remoto*.**

1. (parlare) Dopo che io gli _____, mi disse che avevo ragione.
2. (spiegare) Dopo che l'insegnante _____ la lezione, gli studenti fecero gli esercizi.
3. (fare) Quando Cesare _____ il bagno, si rivestì.
4. (vedere) Dopo che loro _____ quel nuovo film americano, decisero di imparare l'inglese.
5. (prendere) Quando gli impiegati _____ il caffè, ricominciarono a lavorare.
6. (entrare) Appena i soldati _____ in città, ritirarono il ponte levatoio.
7. (conoscere) Appena Giorgio _____ Anna, volle subito uscire con lei.
8. (riparare) Dopo che il meccanico _____ il guasto, lavò la macchina.

# GRAMMAR IV  Imperfect Subjunctive

A. The imperfect subjunctive of -are, -ere, and -ire verbs is formed by adding the following endings to the stem of the infinitive.

|  | -are | -ere | -ire |
| --- | --- | --- | --- |
| io | -assi | -essi | -issi |
| tu | -assi | -essi | -issi |
| lui, lei, Lei | -asse | -esse | -isse |
| noi | -assimo | -essimo | -issimo |
| voi | -aste | -este | -iste |
| loro | -assero | -essero | -issero |

parlare: parlassi, parlassi, parlasse, parlassimo, parlaste, parlassero
ricevere: ricevessi, ricevessi, ricevesse, ricevessimo, riceveste, ricevessero
dormire: dormissi, dormissi, dormisse, dormissimo, dormiste, dormissero

B. The imperfect subjunctive of **avere** and **essere** is as follows:
avere: avessi, avessi, avesse, avessimo, aveste, avessero
essere: fossi, fossi, fosse, fossimo, foste, fossero

C. The imperfect subjunctive of stem-changing verbs is as follows:
bere: bevessi, bevessi, bevesse, bevessimo, beveste, bevessero
dare: dessi, dessi, desse, dessimo, deste, dessero
dire: dicessi, dicessi, dicesse, dicessimo, diceste, dicessero
fare: facessi, facessi, facesse, facessimo, faceste, facessero
stare: stessi, stessi, stesse, stessimo, steste, stessero

# EXERCISES

**ANSWERS p. 279**

A. Give the imperfect subjunctive of the following verbs for the subjects in parentheses.
1. recarsi (noi)
2. volere (lei)
3. aggiornare (tu)
4. riparare (loro)
5. potere (io)
6. fare (loro)
7. inviare (io)
8. verificare (voi)
9. tornare (noi)
10. distendersi (lui)
11. vincere (io)
12. finire (tu)
13. pulire (lei)
14. alzarsi (Marisa)
15. mettere (Aldo)
16. stare (voi)
17. pettinarsi (io)
18. uscire (loro)
19. sapere (noi)
20. rimanere (lei)

**ANSWERS p. 279**

B. Change the following verbs from the present to the imperfect subjunctive.
1. io muoia
2. tu dica
3. Lei faccia
4. noi rispondiamo
5. voi siate
6. tu venga
7. io vada
8. lui capisca
9. voi beviate
10. loro giochino
11. lei si vesta
12. tu ti metta
13. il meccanico verifichi
14. voi diciate

15. noi vendiamo
16. Leo nasca
17. voi chiudiate
18. io prenda
19. noi cambiamo
20. tu pesi
21. loro aggiustino
22. voi vi divertite

# GRAMMAR V   Pluperfect Subjunctive

A. *Transitive verbs* (and intransitive verbs such as **viaggiare** and **dormire**) form the pluperfect subjunctive by combining:

imperfect subjunctive of **avere** + past participle of the verb

|  | *parlare* | *ricevere* | *dormire* |
| --- | --- | --- | --- |
| io | avessi parlato | avessi ricevuto | avessi dormito |
| tu | avessi parlato | avessi ricevuto | avessi dormito |
| lui, lei, Lei | avesse parlato | avesse ricevuto | avesse dormito |
| noi | avessimo parlato | avessimo ricevuto | avessimo dormito |
| voi | aveste parlato | aveste ricevuto | aveste dormito |
| loro | avessero parlato | avessero ricevuto | avessero dormito |

B. *Intransitive verbs* form the pluperfect subjunctive by combining:

imperfect subjunctive of **essere** + past participle of the verb

|  | *arrivare* | *rimanere* | *partire* |
| --- | --- | --- | --- |
| io | fossi arrivato, a | fossi rimasto, a | fossi partito, a |
| tu | fossi arrivato, a | fossi rimasto, a | fossi partito, a |
| lui, lei, Lei | fosse arrivato, a | fosse rimasto, a | fosse partito, a |
| noi | fossimo arrivati, e | fossimo rimasti, e | fossimo partiti, e |
| voi | foste arrivati, e | foste rimasti, e | foste partiti, e |
| loro | fossero arrivati, e | fossero rimasti, e | fossero partiti, e |

C. **Avere** and **essere** form the pluperfect subjunctive as follows:

|  | *avere* | *essere* |
| --- | --- | --- |
| io | avessi avuto | fossi stato, a |
| tu | avessi avuto | fossi stato, a |
| lui, lei, Lei | avesse avuto | fosse stato, a |
| noi | avessimo avuto | fossimo stati, e |
| voi | aveste avuto | foste stati, e |
| loro | avessero avuto | fossero stati, e |

# EXERCISES

**A.** Give the pluperfect subjunctive of the following verbs for the subjects in parentheses.

1. chiedere (**noi**)
2. spedire (**tu**)
3. correre (**lui**)
4. funzionare (**loro**)
5. dire (**tu**)
6. sentire (**io**)
7. vestirsi (**Luisa**)
8. nascere (**Edoardo**)
9. bere (**noi**)
10. riparare (**tu**)
11. leggere (**voi**)
12. mandare (**io**)
13. morire (**loro**)
14. dare (**io**)
15. fare (**Lei**)
16. essere (**Sergio**)
17. guadagnare (**tu**)
18. capire (**voi**)
19. arrivare (**loro**)
20. avere (**noi**)

**B.** Change the following verbs to the pluperfect subjunctive.

1. andavamo
2. preferirò
3. dicevate
4. moriva
5. scrivono
6. leggeranno
7. fate!
8. io rimanessi
9. ci siamo lavati
10. partirai
11. abbiamo pulito
12. avevi scritto
13. bevessero
14. siamo nate
15. penserete
16. verificano
17. tu abbia viaggiato
18. dessero
19. hai offerto
20. si saluteranno

# GRAMMAR VI  Tense Sequence: Indicative/Subjunctive (Part II)

A. The imperfect and pluperfect subjunctive is used in the same sentences as the present and past subjunctive: with verbs of hope, opinion, desire, volition; with impersonal sentences; and with some conjunctions.

B. The imperfect subjunctive is required when the past action expressed by the verb in the main clause took place at the same time as the action expressed by the verb in the dependent clause.

*Speravo* che tu *rimanessi* con noi.      I hoped you would remain with us.
[imperfect indicative] [imperfect subjunctive]

*Hai pensato* che lei *fosse* ancora in ufficio?
[*passato prossimo*] [imperfect subjunctive]

Did you think she was still at the office?

Mi *diedero* il giornale perché lo *leggessi*.
[*passato remoto*] [imperfect subjunctive]

They gave me the paper so that I would read it.

Sebbene fosse sorda, capiva guardando la bocca.
[imperfect subjunctive] [imperfect indicative]

*Although she was deaf, she understood by looking at the mouth.*

C. The pluperfect subjunctive is used when the past action expressed by the verb in the dependent clause occurred before the action expressed by the verb in the main clause.

Antonio non *credeva* che voi *foste* già *usciti*.
[imperfect indicative] [pluperfect subjunctive]
Antonio did not believe you had already gone out.

*È stato bene che tu avessi telefonato a tuo padre.*
[*passato prossimo*] [pluperfect subjunctive]
It was good that you had called your father.

*Mi domandarono che cosa io le avessi detto.*
[*passato remoto*] [pluperfect subjunctive]
They asked me what I had told her.

*Avevano pensato che voi vi foste sentiti male.*
[*trapassato prossimo*] [pluperfect subjunctive]
They had thought you had not felt well.

*Sebbene non avesse parlato con nessuno, indovinò la situazione.*
[pluperfect subjunctive] [*passato remoto*]
Although she had not spoken to anyone, she guessed the situation.

# EXERCISES

**ANSWERS p. 280**

A. Complete the following sentences with the appropriate form of the imperfect or pluperfect subjunctive. Think of the time relationship between events.

Examples: Ieri sera io pensavo che lei (**andare**) _____ a Napoli la settimana scorsa.

Ieri sera io pensavo che lei *fosse andata* a Napoli la settimana scorsa.

Sebbene lui (**guadagnare**) _____ molto, non aveva mai abbastanza denaro.

Sebbene lui *guadagnasse* molto, non aveva mai abbastanza denaro.

1. Ieri noi temevamo che i nostri parenti americani (**arrivare**) _____ in Italia tre giorni prima.
2. Tu pensavi che io (**essere**) _____ ancora all'università, non è vero?
3. Non era necessario che voi (**telefonare**) _____ a Renata proprio alle cinque.
4. Sebbene io (**portare**) _____ l'automobile dal meccanico quindici giorni fa, ieri la macchina non era ancora pronta.
5. Era impossibile che noi (**potere**) _____ spendere tanto denaro in un'ora!
6. Dicemmo tutto a Eleonora affinché lei (**sapere**) _____ subito quello che tu pensavi di lei.
7. Martedì faceva caldo malgrado lunedì notte (**piovere**) _____ per molte ore.
8. Vennero a casa nostra senza che noi li (**invitare**) _____.
9. Non era giusto che voi (**dovere**) _____ lavorare anche per lui!
10. Bisognava che lui (**spedire**) _____ il telegramma lo scorso giovedi.

**B.** Change the verb of the main clause in the following sentences from the present to the past; then make all other necessary changes in the dependent clause.

*Examples:*  Penso che lei sia malata.  *Pensavo* che lei *fosse* malata.
Mi sembra che tu sia stata buona.  Mi *sembrava* che tu *fossi* stata buona.

1. Guadagna poco sebbene lavori moltissimo.
2. Sono stanchissimi malgrado abbiano dormito per diverse ore.
3. È facile che io non l'abbia mai incontrato prima.
4. Ha paura che voi non la capiate.
5. Glielo preparo in caso me lo chieda.
6. Il postino arriva davanti alla casa senza che nessuno si accorga di lui.
7. Sembra che fuori ci sia molta gente.
8. Laura pensa che noi abbiamo già cenato.
9. La signorina Melli può comprarsi un nuovo paio di scarpe purché suo padre le abbia spedito il vaglia.
10. Il signor Longhi crede che il suo meccanico sia molto bravo.

**C.** Translate the following sentences.
1. I don't think he prefers to live in that small house along the highway.
2. He did not want to go home so early.
3. Although she likes me, she never calls me.
4. We will download the app provided that you buy a new cellphone.
5. It was important that he had spoken to the AirBnB landlord.

6. His friends were afraid he had already received the bad news.
7. I want my wife to go to the train station to meet my stepdaughter.
8. If they don't take the bus, they will be late; it's already eight-fifteen A.M.

# CHAPTER REVIEW

Complete the following sentences, conjugating the verb in parentheses in the subjunctive form. Then answer the comprehension question.

Opinioni e Tecnologia

Ho comprato una Smart. Che cosa è? È una macchina piccolissima. Gli americani pensano che (*fare*) _____ ridere, ma in Italia crediamo che (*essere*) _____ maneggevolissima. Sembra che dal 1998 nella città di Roma (*essere*) _____ registrate ben 200 mila nuove piccole Smart. Il motivo è semplice: è lunga non più di 2,7 metri, quindi è chiaro che la gente la (*trovare*) _____ perfetta per girare in mezzo al traffico della Capitale. Non è difficile che (*infilarsi*) _____ in un parcheggio anche stretto. E' anche possibile che (*passare*) _____ senza problemi nelle strade medievali di alcuni quartieri. Da quanto è diventata elettrica, è sicuramente il mezzo ideale per le città moderne e per una mobilità sostenibile.

Sebbene non (*esserci*) _____ molto spazio dentro, a me basta che (*avere*) _____ l'autoradio di ultima generazione. Ho aggiornato il mio telefono con una nuova app di audiolibri: me li scarico e li ascolto mentre guido. "C'era una volta un re che disse ai suoi cavalieri ...": bastano queste parole ed io mi trovo in un'altra dimensione in cui la misura della macchina non importa più!

**Question:** Cosa è importante per l'autista di questa Smart?

**Answer:** È importante che ...

# 15 In cerca di lavoro
## (Looking for a Job)

## PAROLE DA RICORDARE

| Italian | English |
|---|---|
| allegato, a | enclosed |
| la borsa di studio | scholarship |
| l'annuncio | announcement, ad |
| celibe (*m.*) nubile (*f.*) | single |
| la cittadina (*f.*) | citizen |
| il cittadino (*m.*) | citizen |
| il cognome | last name |
| il colloquio | interview |
| la conoscenza | knowledge |
| la conoscenza dei programmi | computer program literacy |
| la contabilità | accounting |
| il corso | course |
| la data | date |
| Dio | God |
| la ditta | firm |
| divorziato, a | divorced |
| l'esperienza | experience |
| esperto, a | experienced |
| il tirocinio/lo stage | internship |
| la laurea | college, university degree |
| il lavoro | job |
| il liceo | high school |
| materno, a | motherly, maternal |
| il modulo | form |
| la nascita | birth |
| la nazionalità | nationality |
| il nome | first name |
| numeroso, a | numerous |
| l'opportunità | opportunity |
| il peso | weight |
| privato, a | private |
| richiesto, a | requested, demanded |
| l'esportazione (*f.*) | export |
| l'impiego | job, employment |
| l'importazione (*f.*) | import |
| l'informatica | computer science |
| l'inserzione (*f.*) | ad |
| lo stage (French word) | internship |
| l'interprete (*pl.* gli, le interpreti) | interpreter |
| il titolo di studio | university degree |
| il traduttore (*m.*) | translator |
| la traduttrice (*f.*) | translator |
| l'ufficio personale | personnel department |
| la vedova | widow |

| | | | |
|---|---|---|---|
| il vedovo | widower | avere pratica di | to have experience with |
| in cerca di | looking for, in search of | compilare | to fill out |
| presso | at, with | fare domanda | to apply |
| avere luogo | to take place | frequentare | to attend |
| separato, a | separated | laurearsi | to graduate from a college or university |
| sposato, a | married | | |
| lo stato di famiglia | family status | presentarsi | to present, introduce oneself |
| la statura | height | | |
| il tipo | type, kind | trasferirsi | to move, relocate |

## NARRATIVA   In cerca di lavoro

Susan Helen White vive da tre anni in Italia, dove si è trasferita dopo essersi laureata negli Stati Uniti. Ha ottenuto una borsa di studio post-laurea all'università La Sapienza. Ha studiato lingue straniere e, oltre all'inglese, sua lingua materna, parla benissimo l'italiano e abbastanza bene il francese. All'università ha anche frequentato numerosi corsi di contabilità, marketing, e informatica.

Qualche giorno fa ha trovato l'inserzione di una ditta di importazioni/esportazioni su un'agenzia di lavoro online di Roma. Stavano cercando un'impiegata che sapesse due o più lingue straniere, fra cui l'inglese, che avesse pratica di contabilità e anche una buona conoscenza dei programmi informatici. Proprio il profilo di Susan!

Dopo aver letto l'annuncio, lei ha scritto, come richiesto nell'inserzione, all'email data nel giornale, per chiedere un colloquio. Ieri pomeriggio lei ha ricevuto una risposta in cui era scritto che il colloquio avrebbe avuto luogo alle undici di mattina il venti luglio e che prima di presentarsi al capo dell'ufficio personale della ditta avrebbe dovuto compilare il modulo allegato.

Contenta che le sia stata offerta l'opportunità di trovare un buon impiego in Italia, Susan si affretta a compilare il modulo.

1. Nome e cognome <u>Susan Helen White</u>
2. Data e luogo di nascita <u>1 ottobre 1998, Indianapolis, Indiana, USA</u>
3. Indirizzo/No. di telefono <u>Via Alessandro Manzoni, 39, Roma; 333 90 23 687</u>
4. Stato di famiglia    celibe ____ nubile <u>X</u> sposato/sposata ____ divorziato/divorziata    separato/separata ____ vedovo/vedova ____
5. Colore degli occhi <u>azzurri</u>          7. Statura <u>1,75 m.</u>
6. Colore dei capelli <u>biondi</u>            8. Peso <u>52 kg.</u>
9. Scuole frequentate <u>liceo (2012–2016); Indiana University (2016–2022), Università La Sapienza, Roma (2022–2023)</u>
10. Titoli di studio <u>Diploma (2016); Laurea in lingue straniere e in contabilità, Indiana University, Bloomington, Indiana, maggio 2022. Specializzazione post-laurea in Marketing Internazionale, La Sapienza, Roma, ottobre 2023.</u>

11. **Nazionalità** <u>Cittadina degli Stati Uniti d'America</u>
12. **Esperienza di lavoro** <u>(a) insegnante d'inglese presso una scuola privata di Roma, settembre 2022–giugno 2023; (b) interprete e traduttrice indipendente, giugno 2020 ad oggi; (c) stagista alla Camera di Commercio, maggio 2024 ad oggi</u>
13. **Conoscenza lingue straniere** <u>inglese (lingua materna); ottima conoscenza dell'italiano scritto e parlato; buona conoscenza del francese</u>

# NARRATIVE   Looking for a Job

For three years, Susan Helen White has been living in Italy, where she moved after graduating from a university in the United States, with a scholarship for a graduate program at the University La Sapienza. She studied foreign languages and, besides English, her mother tongue, she speaks Italian very well and French fairly well. She also took numerous courses in accounting, marketing, and computer science.

A few days ago, she found the ad of an import/export firm in an online work agency in Rome. They were looking for an employee who knew two or more foreign languages, including English, had experience with accounting procedures, and was also literate in computer programs. Exactly Susan's profile!

After having read the announcement, she wrote, as requested in the ad, to the email given in the paper, to ask for an interview. Yesterday afternoon she received an answer in which it was written that her interview would take place at eleven A.M. on July 20, and that before presenting herself to the manager of the personnel department, she should fill out the enclosed form.

Happy that she had been offered the opportunity of finding a good job in Italy, Susan hurries to fill out the form.

1. **First and last name** <u>Susan Helen White</u>
2. **Date and place of birth** <u>October 1, 1998, Indianapolis, Indiana, USA</u>
3. **Address and telephone no.** <u>Via Alessandro Manzoni, 39, Rome; 90 23 687</u>
4. **Education (schools attended)** <u>high school (2012–2016); Indiana University (2016–2022), La Sapienza University, Rome (2022–2023)</u>
5. **Degrees earned** <u>High school diploma (2016); B.A. in foreign languages and accounting, Indiana University, Bloomington, Indiana, May 2022; Graduate Specialization in International Marketing, La Sapienza, Roma, October 2023</u>
6. **Nationality** <u>Citizen of the United States of America</u>
7. **Work experience** <u>(a) English teacher in a private school, Rome, September 2022–June 2023; (b) interpreter and translator, June 2020 to present (c) intern at the Chamber of Commerce May 2024 to present</u>
8. **Knowledge of foreign languages** <u>English (mother language); excellent knowledge of written and spoken Italian; good knowledge of French</u>

# EXERCISES

**ANSWERS pp. 281–282**

**A. Answer the following questions based on the content of the narrative.**

1. Come si chiama la persona che cerca lavoro?
2. Dove abita adesso questa ragazza?
3. È vero che parla bene anche il tedesco e lo spagnolo?
4. Che cosa ha studiato negli Stati Uniti?
5. Quale università ha frequentato e quando si è laureata?
6. Cosa ha ottenuto dopo la laurea americana?
7. Da quanto tempo abita in Italia?
8. È vero che lei non sa usare il computer e che non le piace la contabilità?
9. Che cosa ha letto su un'agenzia di lavoro online pochi giorni fa?
10. L'agenzia di lavoro era di Milano, di Bologna o di Roma?
11. Qual è la sua ultima esperienza lavorativa?
12. Perché scrive subito all'email data nel giornale?
13. In quale giorno dovrà presentarsi al capo dell'ufficio personale?
14. Che cosa si affretta a compilare?

**ANSWERS p. 282**

**B. Complete the sentences, giving the Italian equivalent of the words in parentheses.**

1. Mio cugino Albert (*is graduating*) _____ quest'anno; lui studia (*computer science*) _____ all'Università di Boston.
2. Mi piace viaggiare su questo treno perché è (*very comfortable and fast*) _____.
3. Bisogna aprire (*the car windows*) _____ perché fa caldo.
4. Lei mi domanda: ("*What color are your eyes?*") _____
5. Il dottor Bianchi è direttore (*of an important Italian firm*) _____.
6. Giorgio ha studiato per molti anni e ha (*many university degrees*) _____.
7. Vorrei spedire questa lettera (*with a return receipt*) _____.
8. La (*mother tongue*) _____ della mia socia è il francese.
9. Roberto conosce molte lingue straniere e è (*an experienced translator*) _____.
10. Quello era (*an excellent job*) _____.

# GRAMMAR I  The Subjunctive: Use (Part II)

The subjunctive may also be introduced by:

1. A relative superlative, as in:

   Elena è *la più intelligente* ragazza che io *conosca*.
   Helen is the most intelligent girl I know.

   Era *il più difficile* problema che Giulio *avesse* mai *avuto*.
   It was the most difficult problem Giulio had ever had.

2. The adjectives **ụnico, a** (pl. **ụnici, ụniche**); **solo, a; primo, a;** and **ụltimo, a** when the dependent clause is preceded by the pronoun **che** or another relative pronoun:

> Questa è *la sola* impiegata *che abbia* pratica di contabilità.
> This is the only employee who has experience with accounting.

> Quelli sono stati *gli ụnici* cittadini *che avẹssero compilato* quei moduli.
> Those have been the only citizens who had filled out those forms.

3. The pronoun **che** preceded by **niente, nulla,** and **nessuno** in the main clause:

> Mi dispiace, ma non c'è *nulla che* io *possa* fare per te.
> I'm sorry, but there is nothing I can do for you.

> Non conoscevamo *nessuno che potesse* aiutarci.
> We didn't know anyone who could help us.

4. The words **qualunque/qualunque cosa** (whatever), **chiunque** (whoever, whomever), and **dovunque** (wherever) in the dependent clause:

> Non crederemo a Mario *qualunque cosa* lui ci *dica*.
> We shall not believe Mario, whatever he tells us.

> Sarò felice di conoscerlo *chiunque* lui *sia*.
> I shall be happy to meet him, whoever he is.

> Il cane la seguiva sempre *dovunque* lei *andasse*.
> The dog always followed her, wherever she went.

5. The verbs **chiẹdere, domandare, non capire,** and **non sapere** followed in the dependent clause by **chi, che cosa, dove, come, quando,** and **perché**:

> Non sappiamo *che cosa* loro *vọgliano*.
> We don't know what they want.

> Mi domando *perché* voi *siate partiti* così in fretta.
> I ask myself why you left in such a hurry.

6. The relative pronoun **che** having a specific meaning or expressing purpose:

> Cercate un'assistente *che sappia* tre lingue?
> Are you looking for an assistant who knows three languages?

> Volevamo comprare una moto *che* non *costasse* troppo.
> We wanted to buy a motorcycle that did not cost too much.

# EXERCISES

**ANSWERS p. 282**

A. Complete the sentences, translating the words in parentheses.
 1. La mamma desidera comprare della carne (*which is not*) _____ troppo grassa.
 2. Non capivo perché (*he wanted*) _____ rimanere a casa a cucinare.

3. Qualunque treno (*you* [fam. sing.] *take*) _____, non arriverai in tempo in Venezia.
4. Non sapevamo quando gli impiegati dell'ufficio postale (*opened*) _____ gli sportelli.
5. Le chiederò (*who came*) _____ ieri sera.
6. Giovanna era la migliore interprete (*who had worked*) _____ in quell'ufficio.
7. Voi non imparerete mai nulla (*whatever book you read*) _____.
8. Questo è il primo vestito che quel commesso (*has ever sold*) _____.
9. È vero che il capoufficio non conosceva nessuno (*who could translate*) _____ così velocemente come me?
10. In quel negozio di abbigliamento non c'era niente (*that she liked*) _____.

**ANSWERS p. 282**

B. Give the Italian equivalent of the following sentences.
1. She is not going to answer whoever calls her.
2. That surely was the best scholarship she could receive.
3. Not even his parents knew where he went last night.
4. Although they attended that good high school, they did not learn much.
5. She often asks herself what they had learned during that internship.

# GRAMMAR II  *If* Clauses with the Subjunctive

The construction *if* clause + subjunctive is used to express hypothetical, likely, or unlikely situations in the present or the past.

1. **Likely Hypothesis.** If the hypothesis is considered real or highly probable, the verbs in the main and the dependent clauses are normally in the indicative (or in the imperative).

   Se *andrò* alla festa, ti *chiamerò*.
   If I go to the party, I will call you.

   Se ora *mangi*, non *hai* più fame.
   If you eat now, you are no longer hungry.

   Se *puoi, aiutami!*
   If you can, help me!

2. **Possible Hypothesis.** If the hypothesis is considered merely possible, the construction is:

   **se + imperfect subjunctive AND present conditional**

Se *andassi* alla festa, ti *chiamerei*.
If I went to the party, I would call you.

Se *avessi* più soldi, *comprerei* una nuova macchina.
If I had more money, I would buy a new car.

Se ora non *piovesse, andremmo* a fare una passeggiata.
If it weren't raining now, we would go for a walk.

3. **Impossible Hypothesis.** If the hypothesis is considered impossible because it is unreal or because it did not happen (a contrary-of-fact event), the construction is:

se + pluperfect subjunctive AND perfect conditional
Se *fossi andato*, ti *avrei chiamato*.
If I had gone to the party, I would have called you.

Gliel'*avrei detto se l'avessi saputo*.
I would have told it to him, had I known it.

Mi *sarei risposato, se avessi incontrato* la persona giusta.
I would have remarried if I had met the right person.

If the consequence is still valid in the present, it is possible to use the present conditional:

Se non *avesse piovuto* per tutta la notte, stamattina *farebbe* caldo.
If it had not rained all night long, it would be warm this morning.

Ora *starei* meglio *se avessi fatto* più esercizio fisico da giovane.
I would feel better now if I had done more physical exercise when I was young.

# EXERCISES

**ANSWERS p. 283**

A. Rewrite the following sentences, changing the verb in the main clause to the conditional and the verb in the dependent clause to the subjunctive as shown in the examples.

*Examples:* Se desidero dormire, vado a letto.
Se *desiderassi* dormire *andrei* a letto.

Se lui è arrivato, ora posso parlargli
Se lui *fosse arrivato*, ora *potrei* parlargli.

1. Se oggi fa freddo, noi rimaniamo a casa.
2. Se ieri sera hai parlato a Margherita, lei ora sa tutto.
3. Se Stefano beve troppo, si sente male.

4. Se hanno preso l'aereo, stamattina sono qui.
5. Se i bambini sono buoni, la mamma gli compra un bel gelato.
6. Se il compito non è difficile, lo facciamo subito.
7. Se la mia macchina ha un guasto, la porto da quel bravo meccanico.
8. Se Marisa ha finito di scrivere a macchina, alle cinque può uscire dall'ufficio.
9. Se vi consiglio di andare in vacanza in Francia, ci andate?
10. Se ti dicono quella cosa, sbagliano.

**ANSWERS p. 283**

B. Rewrite the following sentences, changing the verbs in the main and dependent clauses to express contrary-to-fact situations in the past.

*Example:* Se tu l'hai vista, l'hai salutata. **Se tu l'*avessi vista*, l'*avresti salutata*.**

1. Se tu hai viaggiato con il Frecciarossa, hai pagato di più.
2. Se il direttore ha ricevuto il tuo email, ha capito tutto.
3. Se loro hanno aperto il pacco, ci hanno trovato quegli importanti documenti.
4. Se Roberto e Francesca sono andati al mare, hanno fatto il bagno.
5. Se io ti ho scritto, ti ho anche parlato di lei.
6. Se loro gli hanno creduto, non sono state molto intelligenti.
7. Se noi abbiamo chiuso la porta di casa, voi non siete potuti entrare.
8. Se non avete fatto la prenotazione, non avete trovato una camera libera.
9. Dottor Pucci, se Lei ha preso l'autostrada, ha notato che c'era molto traffico.
10. Se loro hanno fatto una gita in campagna, hanno mangiato in quel piccolo ristorante vicino a Siena.

# GRAMMAR III  Additional Uses of the Subjunctive

A. The imperfect subjunctive may at times be introduced by a present conditional followed by the conjunction **che** or with **magari** (I wish).

Lisa *vorrebbe che* io mi *alzassi* subito.
Lisa would like me to get up immediately.

*Bisognerebbe* ch'io *studiassi* di più.
It would be necessary for me to study more.

Magari fossi ricco!
I wish I were rich!

B. The present subjunctive, often preceded by **che**, may also be used to express a blessing, a curse, or an exhortation.

    **Che Dio ti *benedica!***
    May God bless you!

    **Che *vinca* il migliore!**
    May the best win!

The present conditional in English becomes a perfect conditional in Italian when the verb in the main clause is conjugated in a past tense.

    **Mi ha detto che *sarebbe stato* qui alle otto.**    He told me he would be here at eight.
    **Ho scritto che *l'avrei fatto*.**    I wrote that I would do it.

If this is followed by an *if* clause, Italian uses *se* and the pluperfect subjunctive.

    **Ho detto che *l'avrei fatto* se *avessi potuto*.**    I said I would do it if I could.

# EXERCISE

**ANSWERS p. 283**

Translate the following sentences.

1. It would be better for his secretary to fill out all those forms.
2. May your father return home soon!
3. They wrote they would prefer to rent a smaller car.
4. It would be necessary for us to learn how to take notes.
5. I would like my grandmother to come to visit us for Christmas.
6. I realized she would buy it if I liked it.
7. They would not want their children to play all afternoon.
8. May God listen to us!
9. The mechanic said he would clean the spark plugs if he did not have too many things to do.
10. It would be enough for Stefano to move from Naples to Milan, where there are more jobs.

# GRAMMAR IV   The Passive Construction

A. When the sentence *Mary is writing a letter* becomes *A letter is being written by Mary,* the sentence has been changed from active to passive.

Italian forms the passive exactly as English. The passive voice of any transitive verb is obtained with the conjugated forms of the auxiliary essere (or venire) + the past participle of the verb (with the proper gender and number endings), followed by the preposition da if the agent is expressed.

B. Formation (first person singular)

|  |  | *comprare* | *ricevere* | *finire* |
|---|---|---|---|---|
| **INDICATIVE** | | | | |
| Present | sono | | | |
| Imperfect | ero | | | |
| Future | sarò | | | |
| *Passato remoto* | fui | + comprato, a | ricevuto, a | finito, a |
| *Passato prossimo* | sono stato, a | | | |
| *Trapassato prossimo* | ero stato, a | | | |
| *Trapassato remoto* | fui stato, a | | | |
| Future perfect | sarò stato, a | | | |
| **CONDITIONAL** | | | | |
| Present | sarei | + comprato, a | ricevuto, a | finito, a |
| Perfect | sarei stato, a | | | |
| **SUBJUNCTIVE** | | | | |
| Present | sia | | | |
| Imperfect | fossi | + comprato, a | ricevuto, a | finito, a |
| Perfect | sia stato, a | | | |
| Pluperfect | fossi stato, a | | | |
| **GERUND** | | | | |
| Simple | essendo | + comprato, a | ricevuto, a | finito, a |
| Compound | essendo stato, a | | | |
| **INFINITIVE** | | | | |
| Present | essere | + comprato, a | ricevuto, a | finito, a |
| Past | essere stato, a | | | |

C. The passive is not used often, just like in English.
Active Versus Passive Sentences

| Active | Passive |
|---|---|
| Noi compriamo il pane.<br>We are buying the bread. | Il pane *è comprato* da noi.<br>The bread has been bought by us. |
| Chi ha spedito la lettera?<br>Who mailed the letter? | Da chi *è stata spedita* la lettera?<br>By whom has the letter been mailed? |
| Romolo e Remo fondarono Roma.<br>Romulus and Remus founded Rome. | Roma *fu fondata* da Romolo e Remo.<br>Rome was founded by Romulus and Remus. |
| Credeva che io avessi mangiato il pollo.<br>He believed I had eaten the chicken. | Credeva che il pollo *fosse stato mangiato* da me.<br>He believed the chicken *had been eaten* by me. |
| Il ladro avrebbe rubato i gioielli.<br>The thief would have stolen the jewels. | I gioielli sarebbero stati rubati dal ladro.<br>The jewels would have been stolen by the thief. |

D. Note that when the doer of an action is not clearly expressed, in Italian it is possible to use the impersonal pronoun si + the third person singular of the verb (if the subject is singular) or the third person plural (if the subject is plural). Even though the phrase may seem impersonal, its meaning is really passive.

In questo ristorante *si mangia* un eccellente arrosto di vitello.
In this restaurant an excellent roast veal is eaten.

Qui *si parlavano* tre lingue straniere.
Three foreign languages used to be spoken here.

# EXERCISES

**ANSWERS p. 284**

A. Change the following sentences from active to passive.
1. La mamma credeva che voi aveste mangiato tutta la frutta.
2. I miei amici finiscono il caffè.
3. Marianna ha svegliato il marito alle sette.
4. Perché voi non controllate la pressione del sangue?
5. Loro direbbero molte cose.
6. Noi pagheremo le tasse più tardi.
7. Mia zia aveva cucinato un ottimo arrosto.
8. L'autista ha messo la macchina in garage.
9. Gli studenti scrivono la ricerca.
10. Ieri sera tutti hanno ascoltato la radio.

**ANSWERS p. 284**

B. Complete the following sentences, translating the words in parentheses.

1. Marisa (*has been seen*) _____ in centro venerdì alle due di notte.
2. Hanno capito solo la lezione che (*has been explained*) _____ dal Professor Tonti.
3. (*It has been told to me*) _____ che tu eri partito tre giorni fa.
4. (*It would have been impossible*) _____ verificare la pressione delle ruote.
5. In quel negozio di abbigliamento (*one can buy*) _____ delle bellissime giacche italiane.
6. Stia tranquilla, signora. Il suo pacco (*will be mailed*) _____ domattina.
7. Ecco i documenti che (*have been signed*) _____ dal direttore della banca!
8. La notizia del nostro arrivo (*was received*) _____ con grande piacere da tutti.
9. Quella bellissima macchina sportiva (*has been rented*) _____ da quel ricchissimo signore australiano.
10. In quel ristorante francese (*one can order*) _____ degli ottimi piatti.

# GRAMMAR V  Nouns and Adjectives Combined with a Suffix

Many Italian nouns and some adjectives acquire different shades of meaning when combined with certain suffixes. The most commonly used suffixes are:

1. **-ino/-ina, -etto/-etta.** These indicate smallness, affection, or endearment.

    Noi abbiamo comprato una bella *casetta* al mare.
    We bought a nice little house by the sea.

    Mario è *piccolino* anche se ha già dodici anni.
    Mario is a bit small even though he is already twelve years old.

2. **-one** (*m.*) and **-ona** (*f.*). These denote largeness of size or quantity.

    A casa del professor Berti ci sono tanti *libroni*.
    In Professor Berti's home there are many big books.

    Giovanna guida una *macchinona*!
    Giovanna drives a big car!

3. **-accio/-accia.** These denote strong disapproval or convey a bad or ugly quality.

    Quel bambino dice sempre molte *parolacce*.
    That child always says many bad words.

    Fuori piove. Che *tempaccio*!
    It's raining outside. What ugly weather!

As a general rule, the final vowel of the noun or adjective is dropped before the suffix is added.

ragazza → ragazzetta   Luigi → Luigino   cattivo → cattivaccio

Nouns and adjectives ending in **ca, co, ga, go** add an **h** before a suffix beginning with **i** or **e**.

barca barc + h + etta gioco gioc + h + ino

The word **uomo** loses the **u** in these adapted forms: **omino** and **ometto** (little man); **omone** (big man); **omaccio** (bad, ugly man).

Because not all Italian nouns and adjectives may combine with the suffixes listed above (and not always according to those rules), use only those forms you have learned and of whose meaning you are sure. Or use your imagination and feel free to create new words!

# EXERCISES

**A.** Add the suffixes *-ino/-ina, -accio/-accia,* and *-one/-ona* to the following words.

1. lettera
2. penna
3. cravatta
4. cappello
5. ombrello
6. parola
7. professore
8. problema
9. vestito
10. gelato
11. quaderno
12. fratello
13. sorella
14. macchina

**B.** Add the suffixes *-etto/-etta* to the following words.

1. borsa
2. uomo
3. scarpa
4. albergo
5. amica
6. lungo
7. camera
8. romanzo
9. amico
10. isola
11. lavoro
12. donna
13. casa
14. piazza

**C.** Give the Italian equivalent of the following phrases, using words with the appropriate suffixes.

1. a small hand
2. an ugly man
3. a nice little island
4. a big child
5. a little restaurant
6. a big envelope

7. an ugly hat
8. a nice little jacket
9. a little strawberry
10. a big doctor
11. an ugly house
12. a small train

# GRAMMAR VI  Special Constructions with *fare, lasciare, metterci,* and *volerci*

### A. Fare

The construction **fare** + infinitive, commonly used in Italian, corresponds to the English expressions *to have something done* and *to make/have someone do something*.

Direct and indirect object pronouns precede **fare** except when it is in the infinitive or is conjugated in the familiar forms of the imperative.

| | |
|---|---|
| Il professore *fa parlare* gli studenti. | The professor is having the students talk. |
| Il professore li *fa parlare*. | The professor makes them talk. |
| Desidero *fare lavare* la macchina. | I wish to have the car washed. |
| Desidero *farla* lavare. | I wish to have it washed. |
| Fate *alzare* i bambini! | Have the children get up! |
| *Fateli alzare!* | Make them get up! |
| Ho *fatto partire* il treno. | I had the train leave. |
| L'ho *fatto partire*. | I had it leave. |

1. When the person made to perform and the act performed are both expressed in a sentence, the result of the action is the direct object, and the performer is the indirect object.

| | |
|---|---|
| *Faccio scrivere* la lettera a Luigi. | I'm having Luigi write the letter. |
| Gliela *faccio scrivere*. | I'm having him write it. |
| Mi *hai fatto mangiare* troppa carne. | You made me eat too much meat. |
| Me ne *hai fatta mangiare* troppa. | You made me eat too much of it. |

2. A sentence such as **Faccio scrivere a Maria una lettera a Antonio.** may present some ambiguity; to clarify what person is doing the writing, the preposition **a** preceding Maria is replaced by **da**. The sentence will then read:

Faccio scrivere *da* Maria una lettera a Antonio.
I'm having a letter written by Maria to Antonio.

The infinitive of fare may follow a conjugated form of the same verb.

| | |
|---|---|
| Lei *fa fare* il compito a sua figlia. | She is having her daughter do homework. |
| (Lei glielo *fa fare*.) | She is having her do it. |
| Chi te lo *fa fare*? | Who's forcing you to do this? |

3. Equally common is the expression formed with **farsi + fare** or the infinitive of another verb. The noun for the doer of the action is preceded by the preposition **da**. The auxiliary used in compound tenses is **essere**.

| | |
|---|---|
| *Mi sono fatto fare* un vestito da Sergio. | I had Sergio make me a suit. |
| Il babbo *si farà svegliare* dalla mamma. | Father will have mother wake him up. |

### B. Lasciare

When the verb **lasciare** is followed by an infinitive, it means *to let, allow, permit*. Its construction here is similar to that of **fare + infinitive**. Direct and indirect object pronouns precede or follow **lasciare** just as they precede or follow **fare**.

| | |
|---|---|
| *Lasciate parlare* quel signore! | Let that gentleman talk! |
| *Lasciatelo* parlare! | Let him talk! |
| Non mi *hanno lasciato* giocare. | They didn't let me play. |
| Si *era lasciato* consigliare male. | He allowed himself to be ill advised. |

### C. Metterci and volerci

The expressions formed with **ci + mettere (metterci)** and **ci + volere (volerci)** are used mostly with reference to time needed to do something or go somewhere. **Metterci** is required when the subject of the sentence, be it a person or an object, is clearly indicated; otherwise **volerci** is used. The following sentences illustrate the difference in use and meaning between these two verbs.

Quanto tempo *ci vuole* per andare in centro?
How long does it take to go downtown?

Francesco, quanto tempo *ci metti* per andare in centro in macchina?
How long does it take you, Francesco, to go downtown by car?

Con quell'autobus *ci vogliono* trenta minuti, ma il ventidue *ci mette* soltanto quindici minuti.
With that bus it takes thirty minutes, but it takes the bus 22 only fifteen.

Per scrivere quel romanzo *ci sono voluti* sei anni.
It took six years to write that novel. *or* Six years were needed to write that novel.

Questo *scrittore ci ha messo* sei anni per scrivere quel romanzo.
This writer took six years to write that novel.

# EXERCISES

**A.** Rephrase the following sentences, using *fare*.
   *Example:* Compro una penna. **Faccio comprare una penna.**

1. Scriviamo molte lettere.
2. Perché leggi quel romanzo?
3. Quando avete aperto quel negozio?

4. Gli studenti hanno fatto domanda per la borsa di studio.
5. La mamma ha lavato tutte le mie camicie.
6. Io darò quei documenti al direttore.
7. Loro hanno messo le lettere nella casella postale.
8. È vero che tu assicureresti quel pacco?

**B. Rewrite the following sentences, replacing the words in italics with the appropriate direct/indirect object pronouns.**

1. Faremo bere *un po' di latte* a Pino.
2. Ho fatto mandare *quella lettera*.
3. *Mi* sono fatto fare *il conto*.
4. Perché non vuoi incassare *quest'assegno*?
5. Farei lavare *la macchina a mio nipote*, ma oggi lui non può.
6. *Le* facevano spesso preparare *parecchie torte*.
7. Marisa si è fatta lavare *i capelli*.

**C. Translate the following sentences.**

1. She had her father stay home all day.
2. They make her work too many hours.
3. I had my mother accompany me to the doctor's.
4. His grandmother used to make him drink a glass of milk every night.
5. She will have us listen to the program for two hours.
6. I had the mailman bring you (*fam. sing.*) the package.

**D. Give the English equivalent of the following sentences.**

1. Perché li hai lasciati partire così tardi?
2. Ci lasciarono dormire.
3. Giorgio aveva lasciato uscire i figli mentre fuori diluviava.
4. Non lasciare leggere quella lettera a nessuno!
5. Scusi, signora, mi lascerebbe usare il suo telefono?
6. Lasciatela piangere!
7. Non mi lasciavo consigliare da nessuno.
8. Non ci lascia conoscere i nomi dei suoi amici.

**E. Translate the following sentences.**

1. She will not let them use his cellphone.
2. My father does not allow me to navigate the web without parental control.
3. I let them do everything they want.
4. Mr. Macchi, please let us go home early today!
5. Is it true that you (*fam. pl.*) will never allow me to pay that bill?

**In cerca di lavoro**  221

**ANSWERS p. 286**

F. Translate the phrases in English to complete the following sentences.

1. (*It will take several years*) _____ per imparare a parlare bene questa lingua!
2. (*How many hours does it take*) _____ per finire tutti i compiti?
3. (*It had taken us five years*) _____ per pagare quella macchina!
4. (*It took my uncle only one week*) _____ per perdere due chili.
5. (*It takes only a few minutes*) _____ per cucinare un piatto di spaghetti.

# CHAPTER REVIEW

Fill in the blanks translating the words in parentheses. Then answer the questions.

I ragazzi italiani di oggi sono sempre più internazionali. Imparano a parlare più lingue già dall'infanzia grazie ai corsi nelle scuole ma anche a corsi privati. _____ (*The high schools*) offrono gite all'estero e programmi di scambio con altre scuole dello stesso livello. Non è raro incontrare ragazzi che trascorrono il quarto anno all'estero. Tutte le estati è comune per i giovani fare un'esperienza di studio, di lavoro, di sport o di volontariato fuori dai _____ (*national borders*). A livello universitario, i _____ (*exchange programs*) chiamati Progetto Erasmus e Progetto Leonardo portano gli studenti a studiare e fare esperienze di lavoro in altri paesi dell'Unione Europea.

Quando le dogane _____ (*were abolished*) con il trattato di Schengen, si pensava di creare un'Europa dove _____ (*one felt*) a casa propria in qualsiasi città e le guerre del passato _____ (*were substituted*) da un senso di cittadinanza comune. D'altra parte, in Italia non è facile trovare lavoro e molti giovani preferiscono continuare a studiare all'università o vanno a lavorare in compagnie estere. Quando _____ (*one applies*) di una borsa di studio all'estero, si finisce per non tornare più a lavorare in Italia: è la cosiddetta "fuga dei cervelli".

Il sistema scolastico italiano si sta conformando con quello americano: dai vecchi corsi di laurea di cinque anni, si è passati alla laurea triennale seguita dalla laurea specialistica di due anni. Chi si laurea diventa "Dottore" anche prima di ottenere il _____ (*PhD*) che è un programma molto selettivo.

1. Quali tipi di scambio esistono nei licei e all'università?
2. Cosa è possibile fare in estate?
3. Qual è il sogno di un'Europa unita?
4. Come si dice "apply for a scholarship" in italiano?
5. Che cosa si intende con la fuga dei cervelli?
6. A cosa corrisponde il Bachelor?
7. A cosa corrisponde il Master of Arts americano in Italia?

# Review C (Lessons 11–15)

**A. Translate the words in parentheses.**

1. L'avvocato Rossi guadagna (*as much money as*) _____ il dottor Bianchi.
2. Massimo è (*taller than*) _____ suo zio.
3. Quando lei parla inglese, io la capisco (*more easily than*) _____ tutti i miei amici.
4. Molti anni fa quella signora era (*the richest woman in*) _____ quel paese.
5. Teresa non è soltanto (*the best employee*) _____ che noi abbiamo; lei è anche (*an excellent translator*) _____.
6. Tu hai messo (*less wine than water*) _____ nel mio bicchiere!

**B. Fill in the blanks, giving the Italian equivalent of the words in parentheses.**

1. Ciao, Elisabetta, dove (*have you been*) _____ in queste ultime settimane? (*I have not seen you*) _____ da più di due mesi!
2. (*I traveled*) _____ in Europa, dove (*I visited*) _____ Londra, Madrid e Parigi.
3. Quale di queste tre grandi città (*did you like*) _____ di più?
4. Parigi! Quando (*I was in Paris I used to get up*) _____ presto tutte le mattine, così avevo più tempo per vedere chiese e musei.
5. Hai conosciuto (*some interesting people*) _____?
6. Certo. (*I met*) _____ due ragazze molto gentili, (*to whom*) _____ scrivo spesso.

C. Complete these sentences, giving the correct forms of the *passato remoto* and the *trapassato remoto*, as appropriate, for the infinitives in parentheses.

1. Dopo che noi (*cenare*) _____, (*prendere*) _____ il caffè al bar.
2. Quando Elena (*studiare*) _____, (*ascoltare*) _____ la radio.
3. Quando loro (*ritornare*) _____ a casa da quel lungo viaggio, io (*andare*) _____ subito a trovarli.
4. Dopo che voi (*fare*) _____ un bel giro in macchina, (*riposarsi*) _____ per varie ore.
5. Appena noi (*sentirsi meglio*) _____, (*decidere*) _____ di andare per una settimana in montagna.
6. Dopo che (*piovere*) _____ per molte ore, (*fare*) _____ nuovamente bel tempo.

D. Complete these sentences, giving the correct form of the simple or compound gerund.

1. (*Having phoned*) _____ a mio fratello, ho saputo che il babbo non stava bene.
2. (*If you take*) _____ la macchina, arriverai prima.
3. (*While he was talking to me*) _____, lui scriveva a macchina una lettera.
4. (*While they were eating*) _____, loro fumavano.
5. (*Having gone out*) _____ presto, arrivarono in centro prima delle nove.
6. (*If we buy her*) _____ quel vestito, la faremmo molto contenta.

E. Conjugate the infinitives in parentheses in the correct forms of the subjunctive.

1. Bisogna che loro le (*inviare*) _____ un biglietto d'auguri.
2. Era necessario che tu me lo (*chiedere*) _____ subito. Ora è troppo tardi!
3. Giuliana crede che Sandra (*lavorare*) _____ anche ieri sera.
4. Benché Enrico (*bere*) _____ sempre molta acqua, lui ha sempre sete.
5. Mi dispiace molto che Lei, dottore, non (*venire*) _____ da noi lo scorso sabato.
6. Noi pensavamo che Anna e Roberto (*conoscersi*) _____ l'anno scorso a Madrid.

F. Translate the following sentences.

1. Not all the popes are Italian.
2. Sebastiano, do you know that man? He thinks he is a great artist.
3. Not many people like to remain home on Sunday.
4. Is it possible you (*fam. pl.*) never learn anything?
5. Mr. Battisti, phone her! It's possible that she hasn't left yet.
6. My physician believes that this new medicine is really fantastic!

7. She didn't know he drank so much.
8. It would have been necessary for us to have read some other books.
9. When they met me in Naples last month, I had been working six months in Italy for an American import/export firm.
10. I'll give her a new computer as a gift so that she may download new programs.
11. They went out without her being able to talk to them.
12. She will buy me another suit, although I already have many.
13. He always makes me wash his car!
14. Carlo, let her do what she wants!
15. Silvia used to like that nice little house near the public park a lot.
16. It took at least one hour to go to the airport by bus.
17. He is certainly a big man. He must weigh at least two hundred kilograms.
18. After having seen the movie, we went to eat a pizza.
19. It will take me only a few minutes.
20. As soon as she received my message, she went to the website to purchase the tickets.

**G. Read the following story and answer the questions based on its content.**

Per andare in America non basta avere il denaro necessario per pagare tutte le spese di viaggio, ma bisogna anche avere il passaporto.

Avendo deciso di passare un mese di vacanza negli Stati Uniti, dove non è mai stato, Umberto Velli si è recato all'ufficio passaporti di Genova lunedì scorso.

Abitando in un paesino non lontano da Genova, quella mattina si è dovuto alzare presto per prender il treno regionale delle sette e trenta.

Arrivato a Genova alle nove meno un quarto, Umberto ha preso subito un autobus che dalla stazione ferroviaria lo ha portato in centro.

Quando Umberto è entrato nell'ufficio passaporti ha parlato con un impiegato, il quale gli ha dato alcuni moduli da compilare. Gli ha detto che il passaporto sarebbe stato spedito a casa sua fra due settimane in una busta raccomandata.

Uscito dall'ufficio passaporti, Umberto è andato in un bar per mangiare qualche cosa. Prima di partire da casa sua non aveva avuto il tempo di bere nemmeno un caffè.

Mentre Umberto beveva un cappuccino e mangiava una pasta, è entrata nel bar una signora bionda che, dopo averlo guardato un attimo, gli ha detto:

—Ma tu, non sei Umberto Velli? Io sono Renata Poggi. . . Abbiamo studiato insieme all'università, ricordi?

—"Sì, certo che ti ricordo"—le ha risposto Umberto—"eravamo nella stessa classe di inglese con il professor Zeppi. Ma che bella sorpresa incontrarti qui a Genova dopo tanti anni! Dimmi, posso offrirti qualcosa?"

—"Un espresso, e il piacere di parlare un po' con te"—ha detto sorridendo Renata.

1. Per andare dall'Italia in America che cos'è necessario avere?
2. È vero che Umberto Velli ha vissuto per sei mesi a Chicago quand'era bambino?
3. In quale giorno della settimana è andato a Genova?
4. Umberto abita a Milano, a Venezia, oppure a Firenze?
5. Quanto tempo ci ha messo il treno per arrivare a Genova?
6. A che ora si è dovuto alzare Umberto per fare in tempo a prendere il treno delle sette e mezzo?
7. Che cosa ha fatto Umberto appena è arrivato alla stazione di Genova?
8. Che cosa ha dovuto compilare all'ufficio passaporti?
9. È vero che ci vorrà più d'un mese prima che Umberto possa avere il passaporto?
10. Umberto dovrà tornare a Genova quando il passaporto sarà pronto?
11. Per mangiare qualcosa Umberto è andato in un ristorante?
12. Chi riconosce Umberto mentre sta bevendo un cappuccino e mangiando una pasta?
13. È vero che Umberto e Renata hanno studiato insieme quando erano al liceo?
14. Che cosa ordina Renata?

# APPENDIX A
## Answers for Exercises and Reviews

This section of the book provides answers for all exercises in Lessons 1–15. You should check each answer after you have done the exercise.

## LESSON 1

(p. 2)
1. Buon giorno, signore.
2. Come stai?
3. Buona sera.
4. Ciao, come stai?
5. Sto bene, grazie. E Lei?
6. Mi chiamo Robert Smith.
7. Di dove sei?
8. Arrivederci.
9. Non c'è male, grazie.
10. Maria, dove abiti?

(p. 4)
1. anno: *m., pl.* anni (year, years)
2. matita: *f., pl.* matite (pencil, pencils)
3. nome: *m., pl.* nomi (noun, name; nouns, names)
4. città: *f., pl.* città (city, cities)
5. vacanza: *f. pl.* vacanze (vacation, vacations; holiday, holidays)

6. zucchero: *m., pl.* zuccheri (sugar, sugars)
7. via: *f., pl.* vie (street, road; streets, roads)
8. ragazza: *f., pl.* ragazze (girl, girls)
9. ristorante: *m., pl.* ristoranti (restaurant, restaurants)
10. signora: *f., pl.* signore (lady, married woman; ladies, married women)
11. informazione: *f., pl.* informazioni (information)
12. sera: *f., pl.* sere (evening, evenings)
13. ragazzo: *m., pl.* ragazzi (boy, boys)
14. caffè: *m., pl.* caffè (coffee, café; coffees, cafés)
15. stazione: *f., pl.* stazioni (station, stations)
16. università: *f., pl.* università (university, universities)
17. bar: *m., pl.* bar (bar, bars)
18. libro: *m., pl.* libri (book, books)
19. lezione: *f., pl.* lezioni (lesson, lessons)
20. piazza: *f., pl.* piazze (square, squares)
21. notte: *f., pl.* notti (night, nights)
22. film: *m., pl.* film (film, movie; films, movies)
23. aereo: *m., pl.* aerei (airplane, airplanes)
24. classe: *f., pl.* classi (class, classes)
25. professoressa: *f., pl.* professoresse (female professor, female professors)
26. autobus: *m., pl.* autobus (bus, buses)
27. vino: *m., pl.* vini (wine, wines)
28. bambina: *f., pl.* bambine (girl, girls)
29. sport: *m., pl.* sport (sport, sports)
30. hotel: *m., pl.* hotel (hotel, hotels)

(p. 5)

1. un'informazione
2. una stazione
3. una signorina
4. una borsa
5. una casa
6. un caffè
7. una stanza
8. un autobus
9. una settimana
10. un treno
11. un giorno
12. un quaderno
13. uno zaino
14. un piatto
15. un signore
16. un bar
17. una sera
18. uno zucchero
19. uno studente
20. una madre
21. un nome
22. una studentessa
23. un ristorante
24. un hotel
25. una classe
26. una città
27. un film
28. una notte

## A. (p. 6)

1. la
2. il
3. l'
4. la
5. il
6. la
7. la
8. l'
9. il
10. la
11. il
12. la
13. la
14. lo

## B. (p. 6)

1. i quaderni
2. le piazze
3. i ristoranti
4. gli anni
5. le settimane
6. gli zaini
7. le lezioni
8. le università
9. i film
10. i professori
11. i nomi
12. gli hotel
13. i treni
14. le classi

## A. (p. 7)

1. tu
2. lei = she; Lei = you (form.)
3. no
4. Lei
5. Voi

## B. (p. 7)

1. noi
2. tu
3. lei
4. loro
5. Lei
6. noi
7. voi
8. io
9. lui

## (p. 9)

1. abbiamo
2. sei
3. sono
4. avete
5. ha
6. sono
7. ha
8. sono
9. sono
10. hai
11. abbiamo
12. è
13. hanno
14. sono
15. ha

# Appendix A: Answers for Exercises and Reviews

### A. (pp. 10–11)
1. cento
2. ventun
3. trecento quarantaquattro
4. quindici
5. trecento sessantacinque
6. cento ottantanove
7. sei
8. quarantadue
9. mille
10. tre

### B. (pp. 10–11)
1. Il dottor Belli ha settecento quindici libri.
2. Il libro ha quarantun lezioni.
3. Noi abbiamo una casa e un aereo.
4. Il professor Zatti ha undici studenti e diciannove studentesse.

## Chapter Review
1. mi chiamo
2. Sono di
3. Sono
4. Ti presento
5. ha
6. È
7. È di
8. Abbiamo
9. ha
10. è
11. dieci
12. è
13. quattro
14. è
15. bambina

# LESSON 2

### A. (p. 14)
1. spaghetti al pomodoro
2. una minestra di verdura
3. un'insalata verde
4. mezzo litro di vino bianco
5. due gelati

### B. (pp. 14–15)
1. l', un antipasto
2. la, una fame
3. il, un pomodoro
4. il, un vitello
5. il, un centro
6. il, un formaggio
7. la, una frutta
8. la, una pasta
9. lo, uno spritz
10. il, un dolce

## C. (p. 15)

1. le bottiglie
2. i camerieri
3. i gelati
4. le verdure
5. gli espressi
6. i contorni
7. i verbi
8. i vini
9. i cappuccini
10. le acque
11. i bicchieri
12. gli arrosti
13. le parole
14. i ginseng

## (p. 17)

1. chiamate
2. incontro
3. domanda
4. offre
5. partono
6. desiderano
7. ordiniamo
8. ricevi
9. abita
10. vediamo
11. leggi
12. salutano
13. dormono
14. guardano
15. scriviamo
16. è
17. ricorda
18. ho
19. comprate
20. arriva

## (pp. 18–19)

1. dimentica
2. studiano
3. mangiamo
4. spiega
5. cerchiamo
6. cominciate
7. dimenticate
8. paga
9. mangiate
10. cerca

## A. (p. 20)

1. le lezioni difficili
2. i ragazzi magri
3. gli autobus gialli
4. le signorine francesi
5. i film divertenti
6. le ragazze intelligenti
7. i piatti caldi
8. i ristoranti italiani
9. le patate fritte
10. le città grandi
11. i ragazzi ricchi
12. le signore giovani

## B. (p. 20)

1. Il padre e la madre sono bassi.
2. Mario e Antonio sono simpatici.

3. La minestra di verdura è fredda.
4. L'autobus e l'automobile sono rossi.
5. Il ragazzo è bruno e la ragazza è bionda.
6. Le lezioni sono interessanti.
7. La cena è costosa.
8. I bambini sono piccoli.
9. La ragazza è povera.
10. L'uomo non è giovane.

## A. (p. 21)

1. Voi non siete spagnoli.
2. Giovanni non è forte.
3. Luciano non incontra due ragazze americane.
4. Noi non desideriamo vedere Milano.
5. Lo studente non chiama la madre.

## B. (p. 21)

1. No, non mi chiamo Giuseppe.
2. No, l'arrosto di vitello non è freddo.
3. No, non guardiamo un film francese stasera.
4. No, Maria non ordina una bottiglia di acqua minerale.
5. No, non desidero uno spritz.

## (p. 22)

1. Domani è mercoledì.
2. La domenica loro mangiano in un ristorante del centro.
3. Venerdì lui compra della frutta e del formaggio.
4. L'acqua è fredda, ma il vino è caldo.
5. Il lunedì e il giovedì Giorgio incontra Anna.
6. Per contorno Rossana prende un'insalata verde.
7. Desidero comprare una borsa.
8. Ordiniamo una bottiglia di spumante.
9. La cameriera è molto simpatica.
10. Il sabato facciamo un'apericena in piazza.

## Chapter Review

1. è
2. è
3. è
4. è
5. hanno
6. Hai
7. risponde
8. domanda

9. prendete
10. risponde
11. Prendo
12. Prendo
13. mangiano
14. parlano
15. guarda
16. parte
17. riceve
18. paga

# LESSON 3

(p. 26)
1. F
2. T
3. F
4. F
5. T
6. F

(p. 26)
1. Mi scusi.
2. Buona notte
3. Buon appetito.
4. Ecco il resto.
5. Dove abita Lei?
6. Prego.
7. Benino
8. Come si chiama Lei?
9. Io ho sete.
10. A domani.
11. Sto bene.
12. Così così
13. Mi chiamo Roberto.
14. Io ho fame.
15. Oggi
16. sono di Chicago.

A. (p. 30)
1. una brava studentessa
2. le signore spagnole
3. la bambina piccola
4. un ragazzo canadese
5. i ricchi signori
6. i giovani studenti

B. (p. 30)
1. i nuovi dottori
2. le madri inglesi
3. le brevi lezioni
4. quegli sport difficili
5. quei begli zaini
6. quei grandi amici
7. gli altri signori giapponesi
8. le lunghe vacanze italiane
9. le buone acque minerali
10. questi formaggi cattivi

C. (p. 30)
1. Luisa compra tanta pasta e tanto zucchero.
2. Noi abbiamo poche penne.
3. In quella grande città ci sono molte automobili e molti treni.

4. All'università ci sono centoquindici studenti francesi e centoqundici studentesse americane.
5. Luigi, tu mangi troppa frutta.
6. Quanta acqua desideri bere?

**D. (p. 30)**

1. Marco prende quell'autobus.
2. Desidero mangiare quest'arrosto di vitello.
3. Marisa compra questa borsa gialla.
4. Quelle ragazze inglesi partono con quel treno.
5. Quei giovani dottori abitano a Bologna.
6. Questi film italiani sono molto divertenti.
7. Quegli spaghetti sono freddi.
8. Questa stazione è nuova e molto grande.

**E. (p. 31)**

1. bella/buona/grande vacanza
2. bel/buon/gran vino
3. bel/buon/gran piacere
4. bei/buoni/grandi bicchieri
5. bella/buona/grande bottiglia
6. bell'/buon/grand'espresso
7. bel/buon/gran bar, bei/buoni/grandi bar
8. bello/buono/grande spumante
9. bel/buon/gran formaggio
10. bell'/buon/grand'arrosto

**F. (p. 31)**

1. una brava studentessa
2. molti ragazzi canadesi
3. Sant'Antonio
4. molto bassa
5. l'ultimo giorno
6. un buon espresso
7. molti piatti
8. quelle signorine spagnole
9. quelle belle penne
10. le stesse signore

**(p. 32)**

1. finiamo
2. capiscono
3. preferite
4. finiscono
5. capisce
6. preferisci

**(p. 33)**

1. sa
2. conosce
3. sai
4. sanno
5. conosciamo
6. sapete

(p. 35)

1. ci sono
2. c'è
3. ci sono
4. c'è ... c'è
5. c'è
6. ci sono

A. (p. 35)

1. Sono le sette di mattina.
2. È mezzogiorno.
3. Sono le otto e sedici di sera.
4. Sono le cinque e cinquanta del mattino. *or* Sono le sei meno dieci del mattino.
5. È l'una e trenta del pomeriggio.

B. (p. 35)

1. Alle otto e cinquanta *or* Alle nove meno dieci di mattina
2. A mezzogiorno e otto (minuti) *or* Alle dodici e otto
3. Alle undici e quindici *or* Alle undici e un quarto di sera
4. Alle sei del pomeriggio
5. Alle due e quarantacinque *or* Alle tre meno un quarto *or* Alle due e tre quarti di notte
6. Alle quattro e dieci del pomeriggio

(p. 36)

1. quattrocento ottantamila
2. cinquemila seicento
3. tredicimila novecento
4. mille
5. undici milioni

## Chapter Review

1. andare
2. macchina
3. prendono
4. vanno
5. vecchi amici
6. arrivano
7. biglietteria automatica
8. Scelgono
9. biglietti
10. binario
11. carrozza
12. salgono
13. un'
14. fermata
15. Scendono
16. lasciano

# LESSON 4

A. (pp. 38–39)

1. fra due giorni
2. quarant'anni
3. la sorella del babbo di Luca
4. i cugini di Luca
5. all'estero per affari
6. fuori

B. (p. 39)

1. to eat out
2. How much does it cost?
3. celebrate the birthday
4. second class
5. on business
6. is named / is called Antonio
7. abroad
8. Excuse me
9. What a nice surprise!
10. Really?
11. And you, where are you from?
12. Here is the change!

A. (p. 40)

1. gli stadi pubblici
2. i lunghi viaggi
3. gli esercizi necessari
4. i nemici politici
5. le fantastiche sorprese
6. le amiche simpatiche
7. le piogge fredde
8. le lezioni scientifiche
9. le piccole ciliegie
10. le camicie bianche
11. gli amici stanchi
12. le valigie sporche

B. (p. 40)

1. Questi pomeriggi sono molto belli.
2. Quei cuochi francesi sono alti e magri.
3. Questi orologi hanno gli stessi orari.
4. Noi desideriamo quelle arance rosse.
5. I nuovi sindaci sono molto ricchi.
6. Quegli esercizi sono troppo lunghi.
7. Non conosciamo quelle giovani signore tedesche.
8. Le olive greche sono molto buone.
9. Gli alberghi dove loro abitano sono sporchi.
10. Ecco i nuovi pacchi di Amazon.

A. (p. 42)

1. suo suocero
2. la tua macchina
3. la loro camicia
4. nostro figlio
5. Suo marito
6. i suoi cugini
7. i suoi parenti
8. il mio compleanno
9. la loro cognata
10. la vostra casa

### B. (p. 42)

1. sua moglie
2. le loro cugine americane Luisa e Anna
3. La loro valigia; la nostra
4. Suo marito
5. la moglie di tuo padre
6. il genero di Alberto; il mio

### C. (p. 43)

1. Ecco suo figlio.
2. La loro figlia è molto ricca.
3. Quel ragazzo è nostro amico.
4. Io saluto vostra nipote.
5. Maria vede la loro casa.
6. Tua zia abita a Roma.

### (pp. 43–44)

1. preferiscono
2. va
3. fa
4. sa
5. stanno
6. dà
7. uscite
8. facciamo
9. venite
10. vado
11. danno
12. sta
13. esce
14. festeggiano
15. paghi

### (p. 44)

1. tutti i libri
2. tutte le mie amiche
3. tutta l'acqua minerale
4. tutti i giorni
5. tutte le ragazze
6. tutti i dolci
7. tutti i film spagnoli
8. tutti i conti

### (p. 45)

1. Quanti anni ha, dottor Bruni? *or* Dottor Bruni, quanti anni ha Lei? Io ho cinquantadue anni.
2. Oggi Antonietta compie trentatrè anni.
3. Paolo e Luisa hanno due anni e otto mesi.
4. Questa signora è molto vecchia; lei ha novantasette anni.
5. Quella casa ha ventisette anni.
6. Sua zia ha sessantatrè anni e suo zio ha sessantasei anni.
7. La signorina Bellini ha diciannove anni.
8. Domani è il mio compleanno; io compio sei anni.

# Appendix A: Answers for Exercises and Reviews

(p. 46)
1. il sette (di) maggio
2. il trentuno (di) dicembre *or* il trentun dicembre
3. il primo (di) agosto
4. il quattordici (di) novembre
5. il due (di) marzo
6. il diciassette (di) febbraio
7. il ventidue (di) giugno
8. il ventitrè (di) settembre
9. il venticinque (di) aprile
10. il quattro (di) luglio
11. il dieci (di) maggio
12. il primo (di) gennaio

## Chapter Review

Look at these scrambled sentences and regroup them in two paragraphs, one on a family birthday (1) and one on the modern Italian family (2).

1. Family Birthday: B. C. E. F. H. J. L. N
2. Modern Italian Family: A. D. G. I. K. M.

# LESSON 5

A. (p. 50)

| | |
|---|---|
| 1. F | 6. T |
| 2. F | 7. F |
| 3. F | 8. T |
| 4. T | 9. F |
| 5. F | 10. T |

B. (p. 51)
1. Che ora è? / Che ore sono?
2. Buon viaggio!
3. Preferisce un albergo o un ostello?
4. Il rifugio è sulla cima della montagna.
5. Ecco una bella camera doppia.
6. Noi viaggiamo sempre in prima classe.
7. Quanto costa questa macchina?
8. La colazione è inclusa?

9. Lui viene a casa il lunedì.
10. Loro vanno all'estero per affari.
11. A mezzogiorno abbiamo sempre fame.
12. C'è un bar vicino allo stadio?
13. Sono le undici e quaranta di mattina. *or* È mezzogiorno meno venti.
14. Oggi è il primo (di) maggio.

**A. (pp. 53–54)**

| | |
|---|---|
| 1. su | 10. a/in |
| 2. per | 11. in ... per/a |
| 3. a | 12. di |
| 4. da | 13. con |
| 5. con | 14. a |
| 6. in | 15. di |
| 7. in | 16. di |
| 8. fra | 17. da |
| 9. a | 18. per |

**B. (p. 54)**

1. Loro partono per gli Stati Uniti fra cinque settimane.
2. Lei va in Francia dall'Italia in autobus.
3. Oggi mangio in quel ristorante con il sindaco di Ferrara.
4. Io compro sempre molte bottiglie di acqua minerale per la mia famiglia.
5. Il diretto per Genova parte fra cinque minuti.
6. Io non conosco bene il marito di Lisetta.
7. Sua cognata viaggia su quel treno.
8. Fra/Tra Marisa e Roberta, io preferisco Marisa.
9. Sono le nove e io desidero andare da Mario.
10. Il mio babbo abita in Via Emerson.

**A. (p. 55)**

| | |
|---|---|
| 1. dai loro nonni | 9. del cameriere |
| 2. la cognata della signora Bettini | 10. nel mio caffè |
| 3. della camera | 11. a Lucia |
| 4. dall'hotel / dall'albergo | 12. alle otto di sera |
| 5. alla classe | 13. della mia vacanza |
| 6. dal binario ventitrè | 14. fra le nove e le dieci di mattina |
| 7. Alla stazione | 15. al primo piano |
| 8. sulla porta | 16. allo stadio |

**A. (p. 56)**

1. degli
2. dello
3. dei
4. dei
5. della
6. dell'
7. del

**B. (p. 57)**

1. alcune valigie, qualche valigia
2. alcune studentesse greche, qualche studentessa greca
3. ci sono alcuni autobus rossi, c'è qualche autobus rosso
4. alcune belle case, qualche bella casa
5. alcune nostre nipoti, qualche nostra nipote
6. alcuni pacchi, qualche pacco
7. alcuni portieri parlano, qualche portiere parla

**C. (p. 57)**

1. un po' di vino
2. un po' di caffe
3. un po' di verdura
4. un po' di formaggio
5. un po' d'insalata
6. un po' di spumante
7. un po' di dolce

**(p. 58)**

1. dobbiamo
2. posso
3. vogliono
4. puoi
5. vuoi
6. devi
7. possiamo
8. devono
9. vuole
10. vogliono

**(p. 59)**

1. Che/Quale
2. che/quale
3. chi
4. che/quale
5. che/quale
6. Chi
7. Quante
8. che/quale
9. Chi
10. Quante
11. A chi
12. Quanti

**A. (pp. 60–61)**

1. domanderò
2. saranno
3. offrirà
4. scriverai

5. uscirà
6. saluteranno
7. Capirà
8. finiranno
9. partirà
10. dimenticherò
11. riceveremo
12. spenderai
13. incontrerà
14. desidereranno
15. preferirà
16. dormirete
17. leggerai
18. guarderete
19. finiremo
20. visiteranno

**B. (p. 61)**

1. Quando lui sarà all'estero, visiterà molte città francesi.
2. Carlo, se sarai buono, riceverai un bel libro da tuo zio.
3. Appena loro entreranno nell'albergo, parleranno al portiere.
4. Uscirò quando lui partirà di qui.
5. Appena incontreranno i loro amici in centro, prenderanno l'autobus per andare a Pisa.

## Chapter Review

1. Dal fruttivendolo mia sorella compra delle pesche. (B)
2. La stanza non ha l'aria condizionata. (I)
3. Il rifugio è sulla montagna. (C)
4. Voi uscite tutte le sere. (H)
5. Domani mangeremo insieme. (A)
6. Oggi mangiamo al ristorante. (D)
7. I miei amici arrivano in macchina. (F)
8. Sulla tavola ci sono i quaderni e i libri. (E)
9. Conosco i proprietari del Bed & Breakfast. (J)
10. Negli ostelli dividiamo la stanza. (G)

# REVIEW LESSON 1

**A. (p. 63)**

1. gli sport
2. le patate
3. gli spumanti
4. i caffè d'orzo
5. le insalate
6. gli orologi
7. i bagni
8. le facce
9. le università
10. i cuochi
11. i viaggi
12. i bagni
13. le barche
14. le stagioni

# Appendix A: Answers for Exercises and Reviews

15. le arance
16. le piogge
17. gli zii
18. i bigliettai
19. i tabaccai
20. gli alberghi

B. (p. 4)

1. il caffè lungo
2. lo studente greco
3. il monaco cattolico
4. il bar italiano
5. il bambino simpatico
6. la verdura fresca
7. la stazione ferroviaria
8. l'anno difficile
9. il formaggio francese
10. quello stadio
11. il buon dolce
12. quel numero
13. quella banca
14. la bella città
15. l'ultimo piano
16. quella bottiglia
17. il libro scientifico
18. la ciliegia piccola
19. il dialogo interessante
20. il parco pubblico

C. (p. 64)

1. offri, offre, offrono—offrirai, offrirà, offriranno
2. capisco, capisce, capite—capirò, capirà, capirete
3. spende, spendiamo, spendete—spenderà, spenderemo, spenderete
4. apri, apre, aprono—aprirai, aprirà, apriranno
5. sono, siamo, sono—sarò, saremo, saranno
6. chiami, chiamate, chiamano—chiamerai, chiamerete, chiameranno
7. ho, hai, ha—avrò, avrai, avrà
8. conosci, conosciamo, conoscono—conoscerai, conosceremo, conosceranno
9. finisco, finisce, finite—finirò, finirà, finirete
10. dormo, dormiamo, dormono—dormirò, dormiremo, dormiranno
11. ricevi, ricevete, riceviamo—riceverai, riceverete, riceveremo
12. sente, sentono, sento—sentirà, sentiranno, sentirò

D. (p. 65)

1. Queste camicie sono sporche e grandi.
2. Non parliamo con voi, parliamo con loro!
3. Quegli studenti scrivono gli esercizi sui quaderni.
4. Voi non potete comprare quelle borse; costano troppo!
5. Noi usciamo a mezzogiorno e andiamo in centro con le nostre cugine.
6. Voi date i biglietti a Carlo e le valigie a Luigi.
7. Ecco delle belle arance rosse! *or* Ecco alcune belle arance rosse!

8. Qui ci sono i vostri amici tedeschi.
9. Ai ristoranti noi ordiniamo i pranzi e paghiamo i camerieri.
10. Loro aprono le porte delle camere con le chiavi.

**E. (p. 65)**

1. da...a
2. alla/in
3. in...in
4. negli
5. al
6. in
7. dal
8. a...alle
9. di
10. in

**F. (p. 65)**

1. vuole
2. partiremo ... visiteremo
3. aspetta
4. mangerò
5. saremo ... conosceremo

**G. (pp. 65–66)**

1. Che *or* Che cosa fai, Carla? Aspetto mio suocero.
2. Lei arriva qui alle sette e trenta (*or* sette e mezzo) di mattina e va a casa alle quattro e quarantacinque (*or* alle quattro e tre quarti *or* alle cinque meno un quarto) del pomeriggio.
3. Per andare a Brindisi con il treno voi dovete comprare un biglietto di prima classe.
4. Chiamo quell'albergo / quell'hotel per vedere se ci sono camere libere. Il nome dell'albergo è Bellosguardo (*or* L'albergo si chiama Bellosguardo).
5. Appena arriveranno a casa, apriranno tutte le (loro) valigie.
6. Questo pomeriggio lei non può andare alla/in spiaggia (*or* al mare).
7. Chi viene al cinema con noi?
8. Un buon pranzo in quel ristorante costa quaranta euro.

**H. (p. 66)**

1. I signori Albertini hanno tre figli: un ragazzo e due bambine.
2. Rosa è una figlia dei signori Albertini; lei ha dieci anni.
3. La famiglia Albertini abita a Roma in una vecchia casa del centro.
4. Il bar del signor Albertini è vicino all'università.
5. Gli studenti e i professori prendono un espresso o un cappuccino o mangiano una pasta dopo le lezioni. I giovani fanno le apericene.
6. No, il signor Albertini non parla spagnolo; parla l'inglese e il francese.
7. Maria, sua moglie, aiuta Sergio nel bar.
8. La domenica la famiglia Albertini va a fare un giro in bicicletta fuori Roma.
9. Stanno fuori tutto il giorno / fino alla sera.

# LESSON 6

A. (pp. 69–70)

1. dal macellaio
2. due volte al mese
3. del burro e delle uova
4. trecento grammi
5. delle zucchine
6. delle mele e delle pere

B. (p. 70)

1. How old is Adriana Arnoldi?
   Adriana Arnoldi ha ventitrè anni
2. Does Ms. Arnoldi live in Milano in Via Mazzini?
   No, non abita a Milano; lei abita a Firenze, in Via Vincenzo Bellini.
3. In what day of the week does she go shopping?
   Lei va a fare la spesa tutti i martedì.
4. Where is the supermarket, downtown?
   No, il supermercato non è in centro; è vicino a casa sua.
5. How many eggs does Adriana Arnoldi buy?
   Adriana Arnoldi compra dodici uova.
6. At what time does she finish shopping?
   Lei finisce di fare la spesa a mezzogiorno.
7. What kind of wine does she buy?
   Lei compra una bottiglia di vino rosso.

A. (p. 71)

1. i drammi politici
2. i poeti cattolici
3. le ciliegie rosse
4. i vecchi papi
5. i begli alberghi
6. i problemi difficili
7. le auto italiane
8. i piloti biondi
9. i cinema francesi
10. gli uomini gentili
11. i piccoli laghi
12. i bambini magri
13. gli altri re
14. le uova fresche

B. (pp. 71–72)

1. Vediamo un bel panorama.
2. I miei cugini ricevono tre assegni.
3. Questo è un clima eccellente! *or* Questo clima è eccellente!
4. Voglio comprare una nuova moto giapponese.
5. Marta scrive un altro tema.
6. Non capiamo il suo telegramma.
7. Lui arriva *(or* arriverà*)* qui fra due mesi *(or* fra un paio di mesi*)*.

8. Giorgio compra troppe uova.
9. Quelle radio sono molto piccole.
10. Le mani di mio nonno sono molto forti.

**(p. 72)**

1. per voi ... noi
2. lui ... lei
3. loro
4. te

**(p. 73)**

1. li
2. lo
3. le
4. ci
5. la
6. mi
7. lo
8. li
9. vi
10. La
11. le
12. le
13. vi
14. lo
15. ti
16. li
17. la
18. le
19. ci
20. la

**A. (pp. 74–75)**

1. La preferisco.
2. Alberto lo saluta.
3. Non lo posso mangiare. *or* Non posso mangiarlo.
4. Le mangio tutti i sabati.
5. Chi li vuole spiegare? *or* Chi vuole spiegarli?
6. Eccola!
7. Non la vogliamo sentire. *or* Non vogliamo sentirla.
8. L'incontriamo dal fornaio.
9. Vanno a comprarle in centro.
10. Vi conosco bene.
11. Dove li aspettate?
12. Quando La posso vedere, signor Righi? *or* Quando posso vederLa, signor Righi?
13. Non desideriamo pagarlo.
14. Finalmente eccolo!
15. Vi accompagno volentieri.

**B. (p. 75)**

1. No, non la faccio ora.
2. Sì, lo capisco.

3. Sì, li conosco.
4. No, non lo potete leggere. *or* No, non potete leggerlo.
5. Sì, lo vogliamo prendere. *or* Sì, vogliamo prenderlo.
6. Si, li metto sempre.
7. Si, la devo pesare / devo pesarla.
8. No, non la prendiamo.

C. (p. 75)
1. Loro mi salutano sempre quando mi vedono.
2. Questo pomeriggio Mirella studia la lezione, ma domani non la ricorderà molto bene.
3. Qualche volta lui ci vede dal fruttivendolo.
4. La posso aiutare, signorina Belli? *or* Posso aiutarLa, signorina Belli?
5. Dove sono i suoi bambini? Eccoli!

(pp. 76–77)
1. dimenticheranno
2. cercherà
3. comincerà
4. peserà
5. festeggeranno
6. spiegheremo
7. passerà
8. pagherà
9. dormirai
10. viaggeranno
11. riceverai
12. mangeranno

A. (p. 78)
1. Noi non viaggiamo mai in autobus.
2. Giovanni non è ancora a casa sua.
3. Voi non avete più molti problemi.
4. Il dottore non spiega affatto tutto.
5. La mamma non fa più la spesa dal macellaio.
6. Lei non viene mai da me la domenica.

B. (p. 78)
1. Nessun problema è troppo difficile per lui!
2. Quel grande poeta non è affatto ricco.
3. In questa città non ci sono grandi alberghi.
4. Non vogliamo comprare nessun libro inglese.
5. Nessuno può uscire stasera.
6. Non ho nulla (niente) e non voglio nulla (niente)!
7. Non andiamo né a Bologna né a Venezia.
8. Lei non è una ragazza molto gentile; non aiuta nemmeno (neppure *or* neanche) i suoi compagni!

9. Loro non ci parlano più. *or* Loro non parlano più con noi.
10. Quel fornaio non fa mai molto pane.

(p. 79)

1. darà
2. andrà
3. dovremo
4. potrà
5. staranno
6. andrete
7. faranno
8. vorrete
9. daremo
10. dovrai
11. vorranno ... potranno
12. farò
13. dovrete
14. starai ... mangerai

**Chapter Review**

1. non più
2. uova
3. fanno la fila
4. fanno le spese
5. i carrelli
6. giorno del mercato
7. nessuno
8. potranno

Comprehension:
1. Si sentono odori diversi.
2. Indiani, bengalesi, senegalesi, medio orientali, africani, cinesi, e giapponesi (tra gli altri) vivono in Italia oggi.
3. Le famiglie straniere ma anche gli italiani, i vegetariani, i vegani e i celiaci vanno nei negozi etnici.

# LESSON 7

A. (p. 83)

1. T
2. T
3. F
4. T
5. F
6. F
7. F

B. (p. 83)

1. in un bar
2. al cinema
3. un buon letto
4. una penna
5. il biglietto
6. la chiave
7. dal cassiere
8. dal fruttivendolo
9. l'orologio
10. alla stazione

## A. (p. 84)

1. Quei giornalisti francesi parlano bene l'italiano.
2. Gli impiegati danno gli assegni ai cassieri.
3. Queste giovani violiniste sono molto brave.
4. Oggi le banche non aprono.
5. Compriamo le medicine dai farmacisti.
6. I portieri degli alberghi sono molto gentili.
7. Gli studenti non rispondono alle domande dei professori.
8. I camerieri chiudono i ristoranti a mezzanotte.
9. Gli autobus di quegli autisti sono nuovi.
10. I baristi mettono i liquori nei drink.
11. I pianisti leggono i giornali.
12. Le farmacie di questi piccoli paesi non sono molto grandi.

## B. (p. 84)

1. Perché non lavori adesso (ora), Giuseppe?
2. Oggi devo firmare tutte quelle lettere.
3. Quante lingue parla lei?
4. Il sabato la posta arriva alle undici.
5. Non ricordo il nome di quella violinista; ma so che lei sarà qui domani.
6. Il dottore (Il medico) dà la medicina a Marisa perché lei non si sente bene.
7. Lui vuole (desidera) incassare due assegni.
8. Quella bella moto giapponese costa molti soldi/molto.
9. Questo paese è molto interessante.
10. Il cambio di oggi è eccellente!

## A. (pp. 85–86)

1. beviamo
2. so
3. spedisce
4. vede
5. lavorano
6. bevo
7. viene
8. metti
9. dice
10. tengono
11. rimangono
12. tiene
13. rispondi
14. ritorna

## B. (p. 86)

1. sapranno
2. farà
3. vedrà
4. potremo andare
5. saprà ... verrai
6. tornerete

7. spediremo
8. vedrete

9. potrete ritirare ... verrà
10. darà

A. (p. 87)
1. viaggiato
2. dovuto
3. pagato
4. dato
5. avuto
6. sentito
7. dormito
8. salutato
9. incontrato
10. uscito
11. partito
12. ritornato
13. potuto
14. lavorato
15. stato
16. preferito
17. detto
18. capito
19. morto
20. corso

B. (p. 88)
1. conosciuta
2. fatte
3. mangiati
4. ricevuto
5. scritto
6. bevuti
7. ordinato
8. spiegata
9. veduto *or* visto
10. offerto
11. spedita
12. incassato

A. (pp. 90–91)
1. ho dovuto, avete dovuto, hanno dovuto
2. hai guardato, ha guardato, abbiamo guardato
3. ha preferito, abbiamo preferito, avete preferito
4. ho messo, hanno messo, avete messo
5. hai sentito, ha sentito, abbiamo sentito
6. è entrato/a, è entrato, sono entrati
7. hanno firmato, ho firmato, avete firmato
8. è stata, è stato, sono state
9. ho avuto, ha avuto, hanno avuto
10. ho festeggiato, hanno festeggiato, ha festeggiato
11. ha chiuso, avete chiuso, hanno chiuso
12. hai viaggiato, ha viaggiato, abbiamo viaggiato
13. ho veduto (visto), ha veduto (visto), hanno veduto (visto)
14. hai dormito, ha dormito, avete dormito
15. ha letto, abbiamo letto, avete letto

## B. (p. 91)

1. siamo andati
2. ha fatto
3. è tornata
4. abbiamo pagato
5. avete preso
6. è stato
7. hai dovuto
8. ha offerto
9. sono usciti
10. avete speso

## C. (p. 91)

1. è rimasta ... ha veduto (visto)
2. è entrato ... ha chiuso
3. abbiamo mangiato ... abbiamo bevuto
4. è arrivato ... ha spiegato
5. è tornato ... ha incontrato
6. ha potuto ... ha lavorato
7. ha venduto ... ha incassato
8. hanno capito ... hanno risposto
9. è passato ... ha preso
10. hanno avuto ... sono rimasti

## A. (p. 92)

1. Gli studenti le hanno finite in classe.
2. Tu l'hai dimenticato.
3. Il farmacista l'ha data al portiere dell'albergo.
4. Li abbiamo incassati in banca.
5. Perché non l'avete ancora spedito?
6. La mamma oggi li ha tenuti in casa.
7. Chi l'ha conosciuta?
8. Giuseppe l'ha già venduta.

## B. (p. 92)

1. mi hanno vista
2. noi ti abbiamo salutato
3. Vi abbiamo conosciuti *or* Vi abbiamo incontrati
4. ci hanno dimenticati

## (p. 93)

1. Mia moglie dorme da dieci ore.
2. Mario, da quanto tempo leggi quel giornale?
3. Aspetto la posta da due ore.

4. Che cosa ha detto Alberto quando l'ha vista (veduta)?
5. Il sindaco parla da molto tempo.
6. Quante città spagnole avete visitato l'anno scorso (lo scorso anno)?
7. Lavoriamo nel ristorante del signor Porta da sei anni.
8. Nostra figlia è nata a Parma il venticinque (di) febbraio.

## Chapter Review

sono andato/a
filiale
contanti
ho chiesto *or* ho domandato
bonifico
Ho firmato
moduli
ho chiesto *or* ho domandato
commissione

ha risposto
ha visto
ha detto
conto online
sono ritornato/a
ho prelevato *or* ho ritirato
bancomat
ho comprato

# LESSON 8

A. (pp. 96–97)
1. della sua salute
2. al medico
3. un forte mal di testa
4. quando torna a casa la sera
5. in ufficio ha sempre molto da fare
6. normale
7. deve riposarsi un poco
8. fare delle analisi
9. per il mal di testa

B. (p. 97)
1. Lei è molto occupata.
2. La pressione del sangue è normale.
3. Io ho un appuntamento.
4. Quante volte al giorno?
5. A giovedì! / Ci vediamo giovedì!
6. Lui abita qui vicino.
7. Prego, non c'è di che.
8. Il medico di famiglia
9. Ogni quattro ore
10. Una lunga passeggiata
11. Nel mio ufficio
12. Al (quarto piano, in Italy).

(p. 98)
1. rimarrete
2. telefonerà
3. diranno
4. porterà
5. terrai
6. avremo
7. mangerò
8. rimarrai

9. andrà
10. saprete
11. berranno
12. terranno

A. (p. 99)
1. in cui, nella quale
2. che, il quale
3. che
4. da cui, dal quale
5. con cui, con il quale
6. che
7. da cui, dal quale
8. che, il quale
9. che
10. che
11. per cui, per la quale
12. a cui, al quale
13. che
14. da cui, dal quale
15. che

B. (pp. 99–100)
1. La compagna di classe con cui (con la quale) tu studi è molto intelligente.
2. Giancarlo, a cui (al quale) daremo il nostro libro, ha dodici anni. / Daremo il nostro libro a Giancarlo che ha dodici anni.
3. L'albergo in cui (nel quale) abbiamo dormito la settimana scorsa è in centro.
4. La moto con cui (con la quale) ieri sono andato a scuola adesso è sporca.
5. Il professore a cui (al quale) lei fa una domanda risponde subito.
6. Il supermercato in cui (nel quale) mio padre compra il latte, il burro e l'olio è moderno.
7. L'aeroplano su cui (sul quale) loro spesso viaggiano è grande e pesante.
8. La zia mangia il pane che fa il fornaio.
9. L'insalata che il fruttivendolo vende è sempre fresca.
10. Il quaderno su cui (sul quale) lei scrive molte cose è piccolo e vecchio.

A. (p. 102)
1. ti alzi, si alza, vi alzate—ti alzerai, si alzerà, vi alzerete—ti sei alzato/a, si è alzata, vi siete alzati/e
2. si pettina, ci pettiniamo, si pettinano—si pettinerà, ci pettineremo, si pettineranno— si è pettinata, ci siamo pettinati/e, si sono pettinati/e
3. ci sentiamo, vi sentite, si sentono—ci sentiremo, vi sentirete, si sentiranno—ci siamo sentiti/e, vi siete sentiti/e, si sono sentiti/e
4. mi vesto, si veste, si vestono—mi vestirò, si vestirà, si vestiranno—mi sono vestito/a, si è vestito, si sono vestite
5. ci accorgiamo, si accorge, vi accorgete—ci accorgeremo, si accorgerà, vi accorgerete—ci siamo accorti/e, si è accorto/a, vi siete accorti/e
6. si addormenta, mi addormento, si addormentano—si addormenterà, mi addormenterò, si addormenteranno—si è addormentata, mi sono addormentato/a, si sono addormentati/e

7. ti rilassi, ci rilassiamo, vi rilassate—ti rilasserai, ci rilasseremo, vi rilasserete—ti sei rilassato/a, ci siamo rilassati/e, vi siete rilassati/e
8. ti chiami, ci chiamiamo, si chiamano—ti chiamerai, ci chiameremo, si chiameranno—ti sei chiamato/a, ci siamo chiamati/e, si sono chiamati/e
9. si lava, si lava, si lavano—si laverà, si laverà, si laveranno—si è lavato, si è lavata, si sono lavati
10. mi guardo, ti guardi, si guarda—mi guarderò, ti guarderai, si guarderà—mi sono guardato/a, ti sei guardato/a, si è guardata

**B. (p. 103)**

1. si riposa
2. mi metterò
3. si è svegliata
4. si fermeranno
5. mi alzo
6. si annoiano
7. ci divertiamo
8. si è messa
9. si chiama
10. si pettina

**C. (p. 103)**

1. Domattina (*or* Domani mattina) voglio svegliarmi (*or* mi voglio svegliare) alle sei e trentacinque.
2. Mario deve prepararsi (*or* si deve preparare) a uscire.
3. Si guarda davanti allo specchio.
4. Mi domando perché non viene al cinema con noi.
5. Ieri sua moglie si è accorta che Paolo non può mai rilassarsi.

**(p. 105)**

1. Lui ne stira.
2. Loro ne hanno.
3. Le mie zie ne spediscono tanti a tutti.
4. Eccone!
5. Roberto ne ha molti da pagare.
6. Ieri ne ho vendute molte.
7. Desidero comprarne mezzo etto.
8. I ragazzi ne hanno fatti pochi.
9. Tu ne hai alcune!
10. Devi metterne (*or* Ne devi mettere) un po' nel caffé.
11. Lunedì Rita ne porterà una a sua cognata.
12. Siamo qui per mangiarne un piatto.
13. Quante ne volete mettere?
14. Ne avete passate tante?

15. A casa non ne abbiamo molto.
16. Teresa non ne parla mai.

**(pp. 105–106)**
1. Qui non conosco nessuno; ogni mio parente abita a Palermo.
2. Vedono ogni serie TV su Netflix.
3. Perché non hai scaricato ogni documento?
4. Ci sono ristoranti e alberghi in ogni paese.
5. Voi andate in vacanza ogni estate.
6. Non vogliamo lavare ogni maglietta che avete.
7. Ci svegliamo presto ogni mattina.
8. Ho corretto ogni esercizio!

**(p. 106)**
1. fa bel tempo
2. Faccio una passeggiata
3. ha fatto il bagno
4. faranno un esame
5. fa brutto tempo
6. fanno tardi
7. fa freddo ... fa caldo
8. ha fatto tardi
9. fate una doccia!
10. fa foto

## Chapter Review

1. Non mi sono dimenticata
2. ogni giorno
3. Ti chiederai
4. faremo un viaggio
5. si chiama
6. faccio una foto
7. mi sono innamorata / me ne sono innamorata
8. ne scriverò
9. farà bello
10. faremo una gita
11. mal di testa
12. di cui / del quale
13. Ti ricordi? / Ricordi?
14. mi sono messa

# LESSON 9

**A. (p. 110)**
1. F
2. T
3. F
4. T
5. F
6. T
7. T
8. F
9. F
10. T

**B. (p. 111)**

1. m
2. q
3. p
4. n
5. o
6. l
7. a
8. c
9. b
10. d
11. e
12. f
13. g
14. h
15. i

**(p. 112)**

1. con il cui proprietario
2. Di chi
3. nelle cui camere
4. per il cui compleanno
5. il cui colore
6. nelle cui strade
7. la cui nipote
8. Di chi

**(p. 113)**

1. (noi) ci vediamo
2. (loro) si aiutano
3. (noi) ci parleremo
4. si è comprato
5. si sono incontrati
6. si telefonano
7. vi capite

**A. (p. 114)**

1. È necessario parlargli subito.
2. Quando tornerete in città, vi offrirò un buon pranzo.
3. Riccardo le ha comprato una camicetta di seta.
4. Gli hai portato un regalo?
5. Loro desiderano portarci sei bottiglie del loro vino.
6. Non gli potete dire nulla? *or* Non potete dirgli nulla
7. Le avete spiegato che io farò tardi domani sera?
8. Lui mi ha dovuto mandare tre pacchi. *or* Lui ha dovuto mandarmi tre pacchi.
9. Guglielmo e Luigi, eccovi della frutta fresca!
10. Dottore, chi Le ha detto che non ho fatto la dieta?

**B. (p. 114)**

1. Sì, il fruttivendolo le ha venduto le mele.
2. No, il postino non ci ha portato la lettera.
3. No, non gli abbiamo scritto.
4. Sì, Alberto mi ha telefonato.

5. Sì, gli ho parlato giovedì scorso.
6. Sì, vi diremo tutto.
7. Sì, vorrò mostrarti quel film.
8. No, non potrò spedirgli il pacco. *or* No, non gli potrò spedire il pacco.

### A. (p. 116)

1. Gli piaceranno *or* A loro piaceranno
2. Non mi è piaciuto
3. A Luisa piace
4. Le piacerà
5. Gli piace
6. Ci piacciono

### B. (p. 116)

1. Le piace una bella bistecca.
2. Gli piacciono i film francesi.
3. Le piacciono le camicie di cotone.
4. Vi piace la gonna celeste.
5. Ti piace andare al centro commerciale.
6. Mi piacciono quei jeans grigi.
7. Scusi, Le piace il vino bianco o quello rosso?
8. Gli piace mangiare in paninoteca.

### C. (p. 116)

1. Elena, ti piaccio?
2. Perché a Marco non è piaciuto il mio regalo?
3. Quando li vedrete, vi piaceranno!
4. Lei non mi piace molto. *or* Non mi piace molto lei.
5. Ai nostri figli piace spendere molto denaro.

### (p. 118)

1. Dimentica. Non dimenticare.
2. Passate. Non passate.
3. Ricorda. Non ricordare.
4. Ricevete. Non ricevete.
5. Paghi. Non paghi.
6. Lavorate. Non lavorate.
7. Cominciate. Non cominciate.
8. Viaggia. Non viaggiare.
9. Finisci. Non finire.
10. Entrate. Non entrate.
11. Canta. Non cantare.

### (p. 119)

1. Fa'/Non fare
2. Abbiate/Non abbiate
3. Sia/Non sia
4. Di'/Non dire
5. Date/Non date
6. Sii/Non essere

7. Stia/Non stia
8. Dica/Non dica
9. Faccia/Non faccia

**Chapter Review**

1. un vestito
2. un negozio
3. scelta
4. stagione
5. taglia / misura
6. scarpe con i tacchi alti
7. strette
8. spedirle
9. borse
10. cellulare
11. rossetto
12. indirizzo
13. in contanti
14. ricevuta
15. cambiare

1. I colori pastello, colori chiari.
2. Taglia di vestito e numero di scarpa.
3. Puoi ordinarlo online.
4. Puoi pagare con i contanti o con la carta di credito.
5. Devi riportarla inutilizzata e con le etichette entro 30 giorni dall'acquisto con la ricevuta.

# LESSON 10

A. (p. 123)

1. la signora Benetti
2. vuole dirgli una cosa molto importante
3. una borsa di studio
4. una telefonata
5. poco meno di un anno
6. visiterà anche altre città
7. a pranzo
8. una bottiglia di spumante

B. (p. 124)

1. Ho bisogno di
2. una camera a due letti/una camera doppia
3. al secondo piano (in Italy)

4. Devo farmi la barba *or* Mi devo fare la barba
5. avere pazienza
6. la sua misura/taglia
7. chiamate
8. faremo colazione
9. Pronto. Chi parla?
10. una brutta notizia
11. in fretta e furia
12. Secondo me
13. Non riesco

**(pp. 124–125)**

1. Gli studenti ci restano fino alle quattordici.
2. Perché non ci venite con noi?
3. Quando potrete andarci? *or* Quando ci potrete andare?
4. Silvia non ci è mai stata.
5. Non ci pensiamo mai.
6. Adriana non ci riesce.
7. Preferisco andarci nel primo pomeriggio.
8. A mia moglie piace molto giocarci.
9. A che ora dovete esserci? *or* A che ora ci dovete essere?
10. Quella violinista ci ha dormito molte volte.

**A. (p. 126)**

1. Alessio, chiamalo!
2. Signor Cecchi, gli telefoni!
3. Cerchiamoli!
4. Susanna, non portargli il caffè!
5. Signorina Russo, ne offra alcune al professore!
6. Mostratelo agli studenti d'inglese!
7. Non parlargli! Deve lavorare.
8. Bambini, salutatelo!
9. Speditene subito tre dalla fabbrica!
10. Dottor Bassi, non lo dia a suo figlio!

**B. (p. 126)**

1. Datela al farmacista!
2. Ditegli di dare il telefonino alla mamma.
3. Fammi un piacere!

4. Signora, le dia il mio assegno!
5. Restateci fino a domenica!
6. Simone, dallo al commesso!
7. Adesso dilla a tutti!
8. Nonno, stalle vicino!
9. Marisa, falli per il corso di francese.
10. Ragazzi, non pensateci per ora.
11. Zia, dille di preparare il pranzo!
12. Giacomino, pensaci!

**(pp. 127–128)**

1. guardati
2. non si preoccupi
3. rilassati
4. non addormentatevi
5. pettinati
6. si prepari
7. non annoiatevi
8. mettiti
9. si fermi

**A. (p. 128)**

1. Martino, bevi tutto il latte.
2. Signorina Luzzi, non esca troppo tardi.
3. Venite al cinema.
4. Signori Marchetti, fumate meno.
5. Non rimanete in centro questa sera.

**B. (p. 129)**

1. Andiamo al mare con loro.
2. Non bevete troppo.
3. Da' la medicina a Silvio.
4. Signora Leoni, tenga l'automobile in piazza.
5. Luigi, va' dal fruttivendolo.
6. Dottor Mattei, non esca dall'ospedale alle undici.
7. Stasera rimaniamo all'università.
8. Professore, inviti una studentessa straniera a cena.
9. Bevete un cappuccino al bar.
10. Signorina, faccia una chiamata breve.

**A. (p. 131)**

1. Loro se la sono comprata.
2. Chi gliel'ha dato?
3. Mamma, non fargliene tante!

4. L'insegnante te li ha spiegati.
5. Gliele compriamo.
6. Noi ve la diciamo sempre.
7. Quella scrittrice ce ne parlerà.
8. Voi gliene dovete (*or* dovete portargliene) portare un po'.
9. Dammela subito!
10. Desidero mandargliene.
11. Quante gliene avete scritte?
12. Cameriere, me ne faccia uno, per favore!

**B. (p. 131)**

1. Antonio, portamela. Voglio vederla (*or* La voglio vedere) subito.
2. Lui le ha dato molti fiori per il suo compleanno.
3. Signora Luciani, non ce lo dia! Noi abbiamo già troppe cose.
4. Non ve lo posso dire (*or* Non posso dirvelo) fino a domani.
5. Gliene parlano da venticinque minuti.

**A. (p. 133)**

1. aprivamo
2. dimenticavi
3. uscivi
4. mangiavano
5. scrivevano
6. perdevo
7. ci rilassavamo
8. volevi
9. giocavamo
10. piacevo
11. venivano
12. potevamo
13. si divertivano
14. avevamo
15. finivano
16. mi vestivo
17. invitavo
18. cenevamo
19. sembravi
20. restavano

**B. (p. 133)**

1. abitava...lavorava
2. avevo
3. cenava
4. studiavano...era
5. preparava...fumava
6. andavamo...imparavamo
7. avevano...erano

**C. (p. 134)**

1. ci siamo incontrati...tornavo
2. è arrivata...partiva
3. si è messa...andava
4. dormivano...è andato a fare la spesa

5. avevo vent'anni...ho fatto
   6. mi ha telefonato...mi riposavo
   7. sembrava...non si sentiva bene (*or* non stava bene)
   8. non siamo riusciti a...non era
   9. cenava...suonava
   10. cenava...ha suonato
   11. giocavano...si lavava i capelli

## Chapter Review

Tiramisù

   1. Rompete le uova
   2. Separatele
   3. Sbattete il tuorlo con lo zucchero
   4. Aggiungete il marsala e il mascarpone
   5. Sbattete gli albumi con un pizzico di sale
   6. Aggiungeteli alla crema
   7. Bagnate i savoiardi nel caffè
   8. Allineateli nella teglia
   9. Metteteci la crema sopra
   10. Fate due strati
   11. Spolverateci il cacao sopra

Pasta aglio e olio:

   1. Fate bollire l'acqua
   2. Aggiungeteci il sale grosso
   3. Buttateci la pasta
   4. Sminuzzate l'aglio
   5. Scaldate l'olio nella padella
   6. Aggiungeteci aglio e peperonicino
   7. Scolate la pasta
   8. Versatela nella padella con l'olio
   9. Mescolate bene

# REVIEW LESSON 2

**A. (p. 136)**

1. quella bella donna
2. la famosa scrittrice
3. il vecchio direttore
4. il genero canadese

5. nostra sorella
6. la nipote bionda
7. la stessa dottoressa
8. il farmacista gentile
9. la giovane moglie
10. la nuova autista

**B. (pp. 136–137)**
1. I temi di quegli studenti sono troppo lunghi.
2. Le radio che loro comprano non costano molto.
3. Quei drammi sono certo interessanti, ma sono anche difficili!
4. I piloti degli aerei sono molto bravi.
5. Noi dobbiamo ritirare i contanti al bancomat adesso.
6. Queste uova sono fresche e vogliamo mangiarle subito.
7. Non conosciamo le mogli di quei pianisti.
8. I treni che arrivano su questi binari vengono da Torino.
9. Incontriamo spesso quegli uomini molto alti.

**C. (p. 137)**
1. berrò...mangerò
2. potremo
3. saprà...andranno
4. diremo...potranno
5. rimarrete...farete...andremo
6. darà...avrà
7. vedremo...verrà
8. dirai...telefonerà
9. dimenticherete...farò
10. pagherà...sarò

**D. (p. 137)**
1. ha mangiato
2. hanno lavorato
3. abbiamo avuto
4. ha dormito
5. abbiamo visto (veduto)
6. ha detto ... sono partiti
7. sono rimasti
8. hai tenuto
9. avete saputo
10. ho voluto
11. abbiamo dovuto
12. è entrato...è uscita
13. hanno viaggiato
14. sei andata...hai speso
15. ha fatto
16. ha pesato...ho dato
17. abbiamo risposto
18. ho incassato
19. è tornato...ha parlato
20. è nato

**E. (p. 138)**
1. chi
2. che
3. cui
4. chi
5. cui
6. chi
7. cui
8. cui
9. chi
10. che

**F. (p. 138)**

1. mi alzo
2. si è addormentata
3. si mette
4. si è accorto
5. si addormentano
6. Si vedono
7. mi annoio
8. si sono messaggiati
9. non si sente bene
10. preparati

**G. (pp. 138–139)**

1. Signorina, gli ha parlato ieri sera?
2. Perché desideri tornarci?
3. Mamma, le hai lavate?
4. Non ho potuto telefonarle. *or* Non le ho potuto telefonare.
5. Voglio mandarne tre negli Stati Uniti. *or* Ne voglio mandare tre negli Stati Uniti.
6. Falli subito!
7. È vero che Olga ne vuole un po'?
8. Gli hai detto di venire da noi?
9. Dove li avete visti?
10. Ditele che io sono partita.

**H. (p. 139)**

1. Ti è piaciuto l'arrosto di vitello?
2. Ai miei cugini piace viaggiare in treno.
3. A lei/Le piace il vino bianco.
4. Ci/A noi piaceva visitare la Spagna.
5. A chi piace rimanere al mare per altri due giorni?
6. È vero che a voi/vi piace comprare delle mele?

**I. (p. 139)**

1. Luigi, dagliele!
2. Non ho potuto comprargliele. *or* Non gliele ho potute comprare.
3. Non portarmene! Io non fumo.
4. La commessa del negozio gliene ha vendute molte.
5. Perché non vuoi dirgliela? *or* Perché non gliela vuoi dire?
6. Chi deve darceli? *or* Chi ce li deve dare?

**J. (p. 139)**

1. Mia cugina Rita abita a Napoli da tre mesi. Le piace molto quella città e spera di rimanerci fino alla prossima estate (*or* fino all'estate prossima).
2. Stamattina Gianfranco si è fatto in fretta la barba, poi ha fatto colazione, ha letto il giornale per dieci minuti e alle otto e mezzo (otto e trenta) è andato a lavorare.

3. Rosetta va a fare la spesa ogni martedì o quando lei ha bisogno di uova, olio d'oliva e frutta fresca e verdura.
4. Io sono stanco e ho fame. Voglio andare a casa per mangiare e riposarmi (*or* a mangiare e a riposarmi).
5. Io so che non le piaccio perché quando la vedo e dico: —Ciao, Lisa, come stai oggi? lei risponde soltanto: —Così così.
6. Ieri mi sono comprato una nuova giacca. Mi piace molto e mi sta a pennello.

**K. (pp. 139–140)**

1. L'ho scaricato
2. Gliel'ho spedito.
3. L'ho allegato.
4. Le ho stampate.
5. L'ho accesa.
6. Te l'ho inoltrata.
7. Lo abbiamo ricevuto.
8. L'abbiamo fatto.
9. L'abbiamo ripresa.
10. Li abbiamo puliti.
11. Te lo spiego: Non ti preoccupare, Ti voglio tanto bene

**English equivalent. Do you remember how to say it?**

1. Did you download the movie?
2. Did you send the file to the professor?
3. Did you attach the document to the email?
4. Did you print the pages of the thesis for the external reader?
5. Did you turn on the printer?
6. Did you forward me his email?
7. Did you receive the message?
8. Did you "copy and paste"?
9. Did you take the USB?
10. Did you clean the mouse and the router?
11. I received this text message. Can you explain it to me?"

# LESSON 11

**A. (p. 143)**

1. F
2. T
3. T
4. F

5. F
6. F
7. F
8. F

9. T
10. F
11. T

B. (p. 144)

1. q
2. l
3. o
4. m
5. n
6. p
7. b
8. c
9. r

10. g
11. t
12. h
13. i
14. a
15. f
16. d
17. e
18. s

(p. 145)

1. Per andare in centro si prende l'autobus.
2. Ieri sera si è parlato per due ore.
3. Quando piove, si apre l'ombrello.
4. Si può fare una telefonata internazionale?
5. La settimana scorsa si è dormito in albergo.
6. Si farà colazione quando ci si alzerà.
7. Quando si vince, si è felici.
8. Ci si preoccupa sempre di ogni cosa.
9. Che cosa si vuole da me?
10. Prima ci si veste e poi si esce.

A. (p. 147)

1. più...della
2. più...che
3. più...che
4. più...che
5. più...della

6. più di
7. più...che
8. più...di quanto (*or* di quel che)
9. più che
10. più...che

B. (p. 148)

1. meno...di
2. meno...di
3. meno...di

4. meno...di
5. meno...dei
6. meno di

7. meno...della
8. meno...che
9. meno di

## C. (p. 148)

1. Loro avevano tanti amici quanti parenti.
2. Alcuni clienti amano tanto parlare quanto comprare.
3. Le strade di Ferrara sono lunghe come (quanto) quelle di Roma.
4. In questa casa ci sono tante porte quante camere.
5. Quel ragazzo è tanto buono quanto intelligente (così buono come intelligente).
6. Nella classe c'erano tante ragazze bionde quante ragazze brune.
7. Spesso i poveri sono felici quanto (come) i ricchi.
8. I treni non sono sempre veloci come (quanto) le automobili.
9. Tu eri grasso come (quanto) me.
10. C'erano turisti al mare come (quanto) sul lago.

## D. (p. 148)

1. migliore
2. più buono
3. più cattivo
4. peggiore

## A. (p. 151)

1. il più veloce
2. la più cara
3. la più piccola
4. la più giovane
5. il peggiore
6. il più elegante
7. il miglior(e)
8. il più interessante
9. il meno generoso
10. il problema più facile

## B. (p. 151)

1. Era il ragazzo più intelligente della famiglia.
2. Quella gonna era la meno bella del negozio.
3. Questo è il peggior temporale dell'anno.
4. Lei è sempre stata la più gentile di tutti.
5. Renata è la più piccola ragazza della classe.
6. Quest'applicazione è la meno cara per il nostro cellulare.

## C. (p. 151)

1. alto, molto alto, altissimo
2. ricca, molto ricca, ricchissima
3. divertente, molto divertente, divertentissimo, divertentissima
4. basso, molto basso, bassissimo

5. leggero, molto leggero, leggerissimo
6. moderno, molto moderno, modernissimo
7. pesante, molto pesante, pesantissimo, pesantissima
8. normale, molto normale, normalissimo, normalissima
9. vecchia, molto vecchia, vecchissima
10. buona, molto buona, buonissima (ottima)
11. regolare, molto regolare, regolarissimo, regolarissima
12. difficile, molto difficile, difficilissimo, difficilissima
13. nuova, molto nuova, nuovissima
14. felice, molto felice, felicissimo, felicissima
15. pronto, molto pronto, prontissimo
16. vera, molto vera, verissima
17. importante, molto importante, importantissimo, importantissima
18. bionda, molto bionda, biondissima
19. magro, molto magro, magrissimo
20. brutta, molto brutta, bruttissima

### D. (pp. 151–152)

1. occupatissimo
2. interessantissimo
3. bellissima
4. gentilissimo
5. velocissima
6. buonissimo (ottimo)
7. conosciutissima
8. cattivissimo (pessimo)
9. grandissima
10. bellissima
11. felicissimo
12. giovanissima

### (p. 152)

1. se non pioverà
2. tirava vento
3. diluvia
4. tramonta
5. ha nevicato *or* nevicava
6. tuona e lampeggia

### (p. 153)

1. giocavano
2. Si riposava
3. faceva caldo
4. viaggiavo
5. nevicava
6. eravamo

### A. (p. 155)

1. amerebbero
2. regalerei
3. venderemmo
4. parlerebbe
5. torneresti
6. finirebbero

# Appendix A: Answers for Exercises and Reviews

7. preferireste
8. telefonerebbe
9. sarebbero
10. avreste
11. porteremmo
12. troveresti
13. metterei
14. usciremmo
15. guadagneremmo
16. cucinerebbe
17. nevicherebbe
18. desiderereste
19. parlerebbero
20. spenderemmo

B. (p. 155)

1. desidererebbe
2. vi preparereste
3. chiamerebbero
4. venderebbe
5. sarebbe
6. spedirei
7. avrebbe
8. cucinerebbe
9. sarei
10. darei

## Chapter Review

1. Si dice
2. si può
3. si usa
4. si usano
5. si mette
6. si beve
7. si porta

1. vorrebbero
2. passerebbero
3. visiterebbero
4. andrebbero
5. mangerebbe
6. dovrebbero
7. potrebbero

1. Lo passeranno al mare a Riccione.
2. Visiteranno il faro.
3. Il giorno dopo andranno da Ermes.
4. Perché Francesca si sveglia sempre tardi.
5. Elena dice che partiranno alle 7.
6. Francesca è la più lenta.
7. No, farà bello.

# LESSON 12

A. (p. 159)

1. T
2. T
3. T
4. F
5. F
6. T

7. F  
8. F  
9. F  
10. F  
11. F  
12. T  

**B. (p. 160)**
1. il
2. il
3. la
4. il
5. le
6. la
7. lo, gli
8. la
9. i
10. i
11. le
12. la
13. l'
14. il
15. l'
16. la
17. il
18. i
19. il
20. l'
21. i
22. il
23. le
24. il

**A. (pp. 161–162)**
1. terrebbe
2. si metterebbero
3. verresti
4. starebbe
5. ti alzeresti
6. fareste
7. berrebbero
8. dareste
9. saprebbe
10. andrei
11. vedrebbe
12. rimarrebbe
13. vivrebbe
14. avresti

**B. (p. 162)**
1. Giovanni ora si riposerebbe, si vorrebbe riposare, si potrebbe riposare, si dovrebbe riposare (vorrebbe riposarsi, potrebbe riposarsi, dovrebbe riposarsi).
2. Loro ascolterebbero la radio, vorrebbero ascoltare la radio, potrebbero ascoltare la radio, dovrebbero ascoltare la radio.
3. Voi partireste a mezzanotte, vorreste partire a mezzanotte, potreste partire a mezzanotte, dovreste partire a mezzanotte.
4. Noi pagheremmo il conto, vorremmo pagare il conto, potremmo pagare il conto, dovremmo pagare il conto.
5. Tu spediresti il pacco, vorresti spedire il pacco, potresti spedire il pacco, dovresti spedire il pacco?
6. Margherita non berrebbe nulla, non vorrebbe bere nulla, non potrebbe bere nulla, non dovrebbe bere nulla.

7. I nostri amici farebbero colazione, vorrebbero fare colazione, potrebbero fare colazione, dovrebbero fare colazione.
8. Chi mi regalerebbe quel paio di scarpe, mi vorrebbe regalare quel paio di scarpe, mi potrebbe regalare quel paio di scarpe, mi dovrebbe regalare quel paio di scarpe (vorrebbe regalarmi, potrebbe regalarmi, dovrebbe regalarmi).
9. Il papà li accompagnerebbe a scuola, li vorrebbe accompagnare a scuola, li potrebbe accompagnare a scuola, li dovrebbe accompagnare a scuola (vorrebbe accompagnarli, potrebbe accompagnarli, dovrebbe accompagnarli).
10. Noi noleggeremmo un autobus, vorremmo noleggiare un autobus, potremmo noleggiare un autobus, dovremmo noleggiare un autobus.
11. Glielo porterei subito, glielo vorrei portare subito, glielo potrei portare subito, glielo dovrei portare subito (vorrei portaglielo subito, potrei portaglielo subito, dovrei portaglielo subito).
12. Il commesso ne venderebbe tre, ne vorrebbe vendere tre, ne potrebbe vendere tre, ne dovrebbe vendere tre (vorrebbe venderne tre, potrebbe venderne tre, dovrebbe venderne tre).

### C. (p. 162)

1. Vorremmo rimanere
2. dovrebbe dargli *or* gli dovrebbe dare
3. Potrebbero telefonarci *or* ci potrebbero telefonare
4. Lo farebbe
5. dovrebbero festeggiare
6. Potremmo venirci *or* ci Potremmo venire

### A. (p. 165)

1. avremo fatto
2. avrà chiuso
3. ti saresti divertito
4. avrei potuto
5. sarà nato
6. avrebbe preferito
7. sarebbero dovuti stare
8. avremmo potuto volare
9. non avranno voluto invitarti *or* non ti avranno voluto invitare
10. io ci sarei ritornato volentieri
11. avreste dovuto
12. saremo stati

**B. (pp. 165–166)**

1. avresti dovuto telefonare (chiamare)
2. Non l'avrà visto
3. Avrei noleggiato
4. avrebbe incassato
5. Ragazzi, voi vi sareste dovuti alzare
6. avrebbero imparato
7. avrai guadagnato
8. io le sarei piaciuto
9. avrò studiato
10. avrebbe potuto prendere

**A. (p. 167)**

1. Le avevamo viste spesso al caffè.
2. Chi ci aveva svegliati? *or* Chi ci aveva svegliato?
3. Gli avevamo spedito tre pacchi.
4. Con chi erano uscite Marisa e Silvia?
5. Che cosa aveva fatto la signora Boschi?
6. Lei era rimasta al mare fino ad agosto.
7. Noi l'avevamo già saputo.
8. Marianna aveva fatto un bel giro dell'isola.
9. Mi era piaciuto molto tuo fratello.
10. Dove eravate andati a Natale?
11. Le ragazze si erano lavate le mani.
12. Non avevamo mai guadagnato abbastanza denaro.

**B. (p. 167)**

1. Quando avevo sette anni, ero già stato in Grecia.
2. Michele aveva già fatto colazione quando io mi sono alzato.
3. Non sono voluto andare al cinema con Pietro perché avevo già visto quel film.
4. Faceva freddo perché aveva nevicato per parecchie ore.
5. Lui non era contento (felice) perché io non gli avevo telefonato (l'avevo chiamato).
6. Volevano andare a Roma perché non avevano mai visto (veduto) il Colosseo.
7. Non ha voluto dirmi (non mi ha voluto dire) perché non aveva risposto ai miei messaggi.
8. Maria non mangiava perché aveva già mangiato.
9. Avevo prenotato una stanza doppia nel sito di viaggi, ma poi non mi sono sentito bene e non sono andato in Spagna.
10. Avevo già visto quelle isole, ma non ricordavo quanto (come) erano belle.

## A. (p. 169)

1. sapendo
2. capendo
3. vedendo
4. accompagnando
5. facendo
6. credendo
7. pensando
8. salpando
9. uscendo
10. festeggiando
11. dando
12. venendo
13. smettendo
14. seguendo
15. aiutando
16. potendo
17. vincendo
18. piangendo
19. volendo
20. sentendo

## B. (p. 170)

1. avendo lasciato
2. avendo spiegato
3. avendo salutato
4. essendosi pettinate
5. avendo studiato
6. avendo pagato
7. avendo guardato
8. essendo stata
9. avendo letto
10. essendosi messo
11. avendo desiderato
12. avendo viaggiato
13. essendo ritornati
14. essendo uscito

## C. (p. 170)

1. Andando spesso al cinema, vediamo parecchi film.
2. Prendendo l'aereo, arrivo prima a Londra.
3. Dormendo fino alle nove, farete tardi.
4. Ascoltando la radio, saprete se farà bel tempo.
5. Non riposandovi abbastanza, sarete stanchi.

## D. (p. 170)

1. Essendo uscite all'alba, abbiamo fatto colazione al bar.
2. Avendo telefonato a Lucia, ho saputo che lei è in Francia.
3. Essendo arrivati tardi alla stazione, avete perso il treno.
4. Avendo speso poco, hai ancora molto denaro.
5. Essendosi parlati, si sono detti molte cose.

## E. (p. 170)

1. Avendole parlato
2. leggendolo
3. Facendosi la barba
4. Vedendoli
5. Essendosi riposata

## (p. 171)
1. Stiamo facendo la spesa.
2. io stavo dormendo
3. stava preparando da mangiare
4. io stavo entrando in casa
5. staremo ancora lavorando
6. io stavo facendo il bagno

### A. (p. 172)
1. Fare la spesa
2. Andare al cinema
3. Parlargli
4. Avere molto denaro
5. Comprarla
6. Scrivere

### B. (p. 173)
1. a
2. di
3. a...di
4. di
5. di
6. a
7. a
8. a
9. di
10. a
11. di
12. a
13. di
14. di
15. di
16. di
17. a...a
18. a
19. di
20. di

## Chapter Review
1. vorrebbero
2. era andato
3. Lavorando
4. aveva promesso
5. avrebbe cercato
6. aveva potuto
7. aveva avuto
8. avrà preparato
9. avendo trovato
10. ha trovato
11. dovrebbero
12. troveranno

1. Vorrebbero andare a Roma.
2. Perché Ludovico lavora con ITA Airways.
3. Aveva avuto troppo lavoro e troppi pazienti.
4. Giulio trova un appartamento in affitto.

Appendix A: Answers for Exercises and Reviews   273

5. La tassa di soggiorno e le spese di pulizia.
6. Prenderanno le chiavi nel bar vicino all'appartamento.
7. Ludovico pensa che sia una buona soluzione e ne è entusiasta.

# LESSON 13

**A. (p. 177)**

1. all'ufficio postale o un ufficio di spedizioni
2. in centro
3. per spedire un pacco
4. Parla con un'impiegata.
5. i pacchi pesanti
6. Paga dodici euro.
7. La figlia abita in Florida, negli Stati Uniti (*or* in America).
8. al Centro Resi
9. Il rimborso arriva quasi subito.
10. Non è vero; inviare un pacco con il corriere costa di più.

**B. (pp. 177–178)**

1. g
2. h
3. i
4. m
5. l
6. p
7. e
8. n
9. a
10. d
11. o
12. b
13. c
14. f

**(p. 179)**

1. poveramente
2. brevemente
3. prontamente
4. velocemente
5. elegantemente
6. fortemente
7. deliziosamente
8. regolarmente
9. facilmente
10. scientificamente
11. difficilmente
12. necessariamente

**A. (p. 180)**

1. rapidamente...più rapidamente *or* velocemente
2. peggio di

3. bene...meglio
4. molto...di più
5. poco...meno (*or* di meno)
6. così elegantemente come *or* tanto elegantemente quanto
7. più spesso di

**B. (p. 180)**

1. molto riccamente
2. benissimo
3. molto tardi
4. lungamente
5. molto freddamente

**A. (p. 182)**

1. rispondiamo
2. veda
3. guadagni
4. vi vestiate
5. ami
6. sorridiate
7. venga
8. camminiamo
9. sbarchi
10. spediscano
11. assicuriate
12. finisca
13. sappia
14. venda
15. ritorniamo
16. nascano
17. mettiate
18. chiuda
19. firmiate
20. si riposino

**B. (p. 182)**

1. possa
2. chiamiamo
3. voglia
4. studino
5. io viaggi
6. facciano
7. io piaccia
8. siate
9. rimangano
10. diamo
11. vinca
12. andiate
13. venga
14. sappia
15. esca
16. beviamo
17. esca
18. finisca
19. dica
20. andiate

**(p. 183)**

1. Martino sia andato
2. abbiate dormito
3. tu abbia veduto
4. abbiamo finito

5. abbiano tenuto
6. mi sia alzato
7. Marisa si sia vestita
8. il commesso sia partito
9. io abbia bevuto
10. abbiamo messo
11. tu abbia spedito
12. abbiate chiamato
13. i bambini siano usciti
14. io abbia viaggiato
15. abbiano risposto
16. Luisa sia andata
17. abbiamo imparato
18. tu abbia voluto
19. lui abbia preso
20. abbiamo detto
21. tu ti sia lavata
22. il babbo sia stato bene
23. abbiamo letto
24. abbiano scritto
25. mia figlia sia nata

A. (p. 186)
1. io possa, voi possiate, i suoi cugini possano
2. tu abbia fame, Giorgio abbia fame, i bambini abbiano fame
3. voi rimaniate, noi rimaniamo, tu rimanga
4. tu non paghi, il cliente non paghi, quei signori non paghino
5. io sappia tutto, voi sappiate tutto, Elisabetta sappia tutto
6. tu stia bene, voi stiate bene, la signorina Betti stia bene
7. gli studenti facciano, Rosa faccia, voi facciate
8. noi andiamo, loro vadano, tu vada
9. io deva partire, loro devano partire, voi dobbiate partire
10. voi le parliate, tu le parli, noi le parliamo

B. (p. 186)
1. io abbia guadagnato, voi abbiate guadagnato, loro abbiano guadagnato
2. i vostri amici abbiano bevuto, tu abbia bevuto, loro abbiano bevuto
3. tu non sia ancora ritornato, Manuela non sia ancora ritornata, i nostri figli non siano ancora ritornati
4. Giovanni non abbia risposto, voi non abbiate risposto, gli studenti non abbiano risposto
5. noi non l'abbiamo visto, sua moglie non l'abbia visto, voi non l'abbiate visto
6. tu le abbia scritto, loro le abbiano scritto, voi le abbiate scritto
7. noi abbiamo già spedito, tu abbia già spedito, voi abbiate già spedito
8. tu abbia imbucato, Luisa abbia imbucato, voi abbiate imbucato
9. io abbia dovuto pagare, voi abbiate dovuto pagare, i miei suoceri abbiano dovuto pagare
10. Lei, signora Bonetti, si sia dovuta preoccupare; voi vi siate dovuti preoccupare; tu, Alfredo, ti sia dovuto preoccupare

### C. (pp. 186–187)

1. prima che Roberto e Anna si siano alzati
2. purché voi ci accompagniate con la macchina
3. sebbene i suoi amici non abbiano dimenticato il suo compleanno
4. Benché Susanna sia abbastanza anziana, sembra ancora giovane.
5. senza che loro lo sappiano
6. Malgrado tu mangi spesso, hai sempre fame.
7. In caso Lei deva partire, telefoni a Salvatore!
8. a patto che voi invitiate i signori Rossetti
9. benché noi non gli abbiamo dato molto denaro
10. affinché gli studenti capiscano bene tutto

### A. (pp. 187–188)

1. facciano
2. vada
3. sia
4. diciate
5. guardi
6. vi annoiate
7. dobbiamo
8. conoscano
9. scrivano
10. possa

### B. (p. 188)

1. abbia visto
2. abbia imparato
3. abbia spedito
4. abbiano speso
5. abbia preso
6. abbia comprato
7. siano partiti
8. abbia avuto torto
9. abbia imbucato (impostato)
10. abbia spiegato

### C. (p. 188)

1. Siamo felici (siamo contenti) di essere andati all'estero il mese scorso (lo scorso mese).
2. Lei non crede che suo marito sia malato (non stia bene).
3. É meglio non fumare.
4. In caso i miei amici telefonino (chiamino), ditegli che io sono in ufficio.
5. Te la darò a meno che tu non la voglia.
6. Possiamo capirLa purché Lei parli adagio (piano).
7. É possibile che loro si siano visti (veduti) lo scorso febbraio (il febbraio scorso).
8. Loro temono (hanno paura) che io non mi senta bene (non stia bene).

## Chapter Review

Giovanni: Non credo che siano uscite le ultime edizioni del fumetto che leggo io.

Giovanni: Non mi sembra che sia necessario andare dal corriere per spedire un pacco.

Giovanni: No, penso che le poste siano lentissime/non siano velocissime.

Giovanni: Impossibile che i nostri amici ci aspettino pazientemente.

Giovanni: Non mi pare che la lezione sia stata difficile. / Non mi pare che tu l'abbia capita tutta.

Giovanni: Non credo che i professori abbiano parlato lentamente.

Giovanni: No davvero! Io penso che sia una lingua difficilissima/non sia una lingua semplice.

# LESSON 14

A. (p. 192)

1. il motore
2. da un meccanico
3. il carburatore e le candele
4. il pedale dei freni
5. quando è sporca
6. perché bisogna aspettare il carro attrezzi
7. la benzina
8. i tergicristalli

B. (p. 193)

1. un bel cruscotto
2. Devo noleggiare una macchina (un'automobile, un'auto)
3. il semaforo è rosso
4. quattro portiere
5. di sbagliare
6. con l'ombrello (con un ombrello)
7. Hanno deciso
8. ascoltare un audiolibro
9. la settimana prossima
10. Abbiamo comprato i biglietti
11. molto pittoresco
12. per via aerea (*or* via aerea)

### A. (p. 194)

1. si sono vestiti
2. ci siamo visti
3. ho provato
4. avete lavorato
5. hai incassato
6. ha sentito
7. ho aperto
8. abbiamo aiutato
9. sono entrati
10. hanno visitato
11. ha pesato
12. ha verificato
13. hai pulito
14. avete pagato
15. ci siamo svegliati
16. è uscito
17. ti sei riposata
18. abbiamo aggiustato
19. ho riparato
20. hanno cantato

### B. (pp. 194–195)

1. visitammo
2. è partita
3. imparò
4. è andata
5. uscì
6. avete incassato
7. passò
8. ha fatto
9. fu
10. ha capito

### A. (p. 196)

1. è morto
2. ha scritto
3. abbiamo spedito
4. ho risposto
5. sono rimasti...sono ritornati
6. ha conosciuto
7. si è fermato
8. è andata...è piaciuta
9. è piovuto
10. abbiamo letto

### B. (p. 196)

1. Misero
2. nacquero
3. seppero
4. vinse
5. risero
6. nacque
7. andarono...rimasero
8. vedemmo
9. visse...morì
10. fece
11. vennero
12. decideste
13. partì...prese...sapemmo
14. piansi...lessi
15. chiese...risposi

### A. (p. 198)

1. ebbi viaggiato
2. ebbero detto
3. avemmo fatto
4. aveste dato
5. avemmo perso
6. foste usciti

## Appendix A: Answers for Exercises and Reviews

7. aveste mangiato
8. ebbe portato
9. foste venuti
10. fummo rimasti
11. ebbero parlato
12. ebbi mangiato
13. ebbero chiesto
14. ebbero riso

15. ebbero controllato
16. avemmo dovuto
17. foste tornati
18. avesti detto
19. fummo usciti
20. aveste pulito
21. avemmo aggiustato
22. ebbero vissuto

**B. (p. 198)**

1. ebbi parlato
2. ebbe spiegato
3. ebbe fatto
4. ebbero visto (veduto)

5. ebbero preso
6. furono entrati
7. ebbe conosciuto
8. ebbe riparato

**A. (p. 199)**

1. ci recassimo
2. volesse
3. aggiornassi
4. riparassero
5. io potessi
6. facessero
7. io inviassi
8. verificaste
9. tornassimo
10. si distendesse

11. io vincessi
12. tu finissi
13. pulisse
14. si alzasse
15. mettesse
16. steste
17. io mi pettinassi
18. uscissero
19. sapessimo
20. rimanesse

**B. (pp. 199–200)**

1. io morissi
2. tu dicessi
3. facesse
4. rispondessimo
5. foste
6. tu venissi
7. io andassi
8. capisse
9. beveste
10. giocassero
11. si vestisse

12. tu ti mettessi
13. verificasse
14. diceste
15. vendessimo
16. nascesse
17. chiudeste
18. io prendessi
19. cambiassimo
20. tu pesassi
21. aggiustassero
22. voi vi divertiste

A. (p. 201)

1. avessimo chiesto
2. tu avessi spedito
3. avesse corso (*or* fosse corso)
4. avessero funzionato
5. avessi detto
6. io avessi sentito
7. si fosse vestita
8. fosse nato
9. avessimo bevuto
10. tu avessi riparato
11. aveste letto
12. io avessi mandato
13. fossero morti
14. io avessi dato
15. avesse fatto
16. fosse stato
17. tu avessi guadagnato
18. aveste capito
19. fossero arrivati
20. avessimo avuto

B. (p. 201)

1. fossimo andati
2. io avessi preferito
3. aveste detto
4. fosse morto
5. avessero scritto
6. avessero letto
7. aveste fatto
8. io fossi rimasto
9. ci fossimo lavati
10. tu fossi partito
11. avessimo pulito
12. tu avessi scritto
13. avessero bevuto
14. fossimo nate
15. aveste pensato
16. avessero verificato
17. tu avessi viaggiato
18. avessero dato
19. tu avessi offerto
20. si fossero salutati

A. (pp. 202–203)

1. fossero arrivati
2. fossi
3. telefonaste
4. avessi portato
5. potessimo
6. sapesse
7. avesse piovuto
8. avessimo invitati
9. doveste
10. avesse spedito

B. (p. 203)

1. Guadagnava poco sebbene lavorasse moltissimo.
2. Erano stanchissimi malgrado avessero dormito per diverse ore.
3. Era facile che io non l'avessi mai incontrato prima.
4. Aveva paura che voi non la capiste.
5. Glielo preparavo in caso me lo chiedesse.
6. Il postino arrivava davanti alla casa senza che nessuno si accorgesse di lui.
7. Sembrava che fuori ci fosse molta gente.

8. Laura pensava che noi avessimo già cenato.
9. La signorina Melli poteva comprarsi un nuovo paio di scarpe purché suo padre le avesse spedito il vaglia.
10. Il signor Longhi credeva che il suo meccanico fosse molto bravo.

C. (p. 203)

1. Non credo che lui preferisca vivere in quella piccola casa lungo l'autostrada.
2. Lui non voleva andare a casa così presto.
3. Benché (sebbene, malgrado) io le piaccia, lei non mi telefona (chiama) mai.
4. Scaricheremo quell'app purché tu compri (Lei compri, voi compriate) un nuovo cellulare.
5. Era importante che lui avesse parlato al padrone di casa dell'AirBnB.
6. I suoi amici temevano (avevano paura) che lui avesse già ricevuto la cattiva (brutta) notizia.
7. Voglio che mia moglie vada alla stazione a incontrare la mia figliastra.
8. Se loro non prendono l'autobus, faranno tardi; sono già le otto e un quarto di mattina.

## Chapter Review

1. faccia ridere
2. sia
3. siano state
4. trovi
5. si infili
6. passi
7. ci sia
8. abbia

È importante che la macchina sia maneggevole e che ci sia l'autoradio di ultima generazione.

# LESSON 15

A. (p. 208)

1. La persona che cerca lavoro si chiama Susan Helen White.
2. Questa ragazza adesso abita in Italia, a Roma, in Via Alessandro Manzoni, numero 39.
3. No, non è vero che parla bene anche il tedesco e lo spagnolo; lei parla bene l'italiano e il francese, oltre all'inglese, sua lingua materna.
4. Negli Stati Uniti lei ha studiato lingue straniere, contabilità, marketing e informatica.
5. Ha frequentato Indiana University, a Bloomington, e si è laureata nel maggio del 1992.
6. Una borsa di studio post-laurea all'università La Sapienza.
7. Lei abita in Italia da tre anni.

8. No, non è vero. Lei sa usare il computer e le piace la contabilità.
9. Ha letto l'inserzione di una ditta di importazioni/esportazioni.
10. L'agenzia di lavoro era di Roma.
11. Insegnante di inglese presso una scuola privata.
12. Scrive subito per chiedere un colloquio.
13. Dovrà presentarsi al capo dell'ufficio personale della ditta il venti luglio alle undici di mattina.
14. Si affretta a compilare il modulo allegato.

B. (p. 208)

1. si laurea...informatica
2. molto comodo e veloce *or* rapido
3. i finestrini della macchina
4. Di che colore sono i tuoi occhi? *or* Qual è il colore dei tuoi occhi?
5. di un'importante ditta italiana
6. molti titoli di studio, molte lauree
7. con ricevuta di ritorno
8. la lingua materna
9. un esperto traduttore
10. un eccellente (ottimo) lavoro (impiego)

A. (pp. 209–210)

1. che non sia
2. lui volesse
3. tu prenda
4. aprissero
5. chi sia venuto
6. che avesse lavorato
7. qualunque libro leggiate
8. abbia mai venduto
9. che potesse tradurre
10. che le piacesse

B. (p. 210)

1. Lei non risponderà a chiunque la chiami (le telefoni).
2. Quella era certo la migliore borsa di studio che potesse ricevere.
3. Neppure (nemmeno, neanche) i suoi genitori sapevano dove lui fosse andato ieri notte (la notte scorsa).
4. Sebbene frequentassero quel buon liceo, non hanno imparato molto.
5. Si domanda spesso cosa avessero imparato durante il tirocinio.

## Appendix A: Answers for Exercises and Reviews

### A. (pp. 211–212)

1. Se oggi facesse freddo, rimarremmo a casa.
2. Se ieri sera tu avessi parlato a Margherita, lei ora saprebbe tutto.
3. Se Stefano bevesse troppo, si sentirebbe male.
4. Se avessero preso l'aereo, stamattina sarebbero qui.
5. Se i bambini fossero buoni, la mamma gli comprerebbe un bel gelato.
6. Se il compito non fosse difficile, lo faremmo subito.
7. Se la mia macchina avesse un guasto, la porterei da quel bravo meccanico.
8. Se Marisa avesse finito di scrivere a macchina, alle cinque potrebbe uscire dall'ufficio.
9. Se vi consigliassi di andare in vacanza in Francia, ci andreste?
10. Se ti dicessero quella cosa, sbaglierebbero.

### B. (p. 212)

1. Se tu avessi viaggiato con il Frecciarossa, avresti pagato di più.
2. Se il direttore avesse ricevuto il tuo email, avrebbe capito tutto.
3. Se loro avessero aperto il pacco, ci avrebbero trovato quegli importanti documenti.
4. Se Roberto e Francesca fossero andati al mare, avrebbero fatto il bagno.
5. Se io ti avessi scritto, ti avrei anche parlato di lei.
6. Se loro gli avessero creduto, non sarebbero state molto intelligenti.
7. Se noi avessimo chiuso la porta di casa, voi non sareste potuti entrare.
8. Se non aveste fatto la prenotazione, non avreste trovato una camera libera.
9. Dottor Pucci, se Lei avesse preso l'autostrada, avrebbe notato che c'era molto traffico.
10. Se loro avessero fatto una gita in campagna, avrebbero mangiato in quel piccolo ristorante vicino a Siena.

### (p. 213)

1. Sarebbe meglio che la sua segretaria riempisse tutti quei moduli.
2. Che tuo (Suo, vostro) padre ritorni presto a casa!
3. Hanno scritto che avrebbero preferito noleggiare una macchina più piccola.
4. Sarebbe necessario che noi imparassimo a prendere appunti.
5. Vorrei che mia nonna venisse a trovarci a Natale.
6. Mi sono accorto che lei l'avrebbe comprato se mi fosse piaciuto.
7. Non vorrebbero che i loro bambini giocassero tutto il pomeriggio.
8. Che Dio ci ascolti!
9. Il meccanico ha detto che lui avrebbe pulito le candele se non avesse avuto troppe cose da fare.
10. Basterebbe che Stefano si trasferisse da Napoli a Milano, dove ci sono più lavori.

### A. (p. 215)

1. La mamma credeva che tutta la frutta fosse stata mangiata da voi.
2. Il caffè è finito dai miei amici.
3. Il marito è stato svegliato da Marianna alle sette.
4. Perché la pressione del sangue non è controllata da voi?
5. Molte cose sarebbero dette da loro.
6. Le tasse saranno pagate da noi più tardi.
7. Un ottimo arrosto era stato cucinato da mia zia.
8. La macchina è stata messa nel garage dall'autista.
9. La ricerca è scritta dagli studenti.
10. Ieri sera la radio è stata ascoltata da tutti.

### B. (p. 216)

1. è stata vista
2. è stata spiegata
3. Mi è stato detto
4. Sarebbe stato impossibile
5. si possono comprare
6. sarà spedito
7. sono stati firmati
8. è stata ricevuta
9. è stata noleggiata
10. si possono ordinare

### A. (p. 217)

1. letterina, letteraccia, lettorona
2. pennina, pennaccia, pennona
3. cravattina, cravattaccia, cravattona
4. cappellino, cappellaccio, cappellone
5. ombrellino, ombrellaccio, ombrellone
6. parolina, parolaccia, parolona
7. professorino, professoraccio, professorone
8. problemino, problemaccio, problemone
9. vestitino, vestitaccio, vestitone
10. gelatino, gelataccio, gelatone
11. quadernino, quadernaccio, quadernone
12. fratellino, fratellaccio, fratellone
13. sorellina, sorellaccia, sorellona
14. macchinina, macchinaccia, macchinona

### B. (p. 217)

1. borsetta
2. ometto
3. scarpetta
4. alberghetto
5. amichetta
6. lunghetto

7. cameretta
8. romanzetto
9. amichetto
10. isoletta
11. lavoretto
12. donnetta
13. casetta
14. piazzetta

C. (pp. 217–218)

1. una manina
2. un omaccio
3. un'isoletta
4. un ragazzone (bambinone)
5. un ristorantino
6. una bustona
7. un cappellaccio
8. una giacchetta
9. una fragolina
10. un dottorone
11. una casaccia
12. un trenino

A. (pp. 219–220)

1. Facciamo scrivere molte lettere.
2. Perché fai leggere quel romanzo?
3. Quando avete fatto aprire quel negozio?
4. Faccio fare domanda per la borsa di studio agli studenti.
5. La mamma ha fatto lavare tutte le mie camicie.
6. Io farò dare quei documenti al direttore.
7. Loro hanno fatto mettere le lettere nella casella postale.
8. È vero che tu faresti assicurare quel pacco?

B. (p. 220)

1. Gliene faremo bere un po'.
2. L'ho fatta mandare.
3. Me lo sono fatto fare.
4. Perche non lo vuoi incassare (non vuoi incassarlo)?
5. Gliela farei lavare, ma oggi lui non può.
6. Gliene facevano spesso preparare parecchie.
7. Marisa se li è fatti lavare.

C. (p. 220)

1. Ha fatto rimanere a casa suo padre tutto il giorno.
2. La fanno lavorare troppe ore.
3. Mi sono fatto accompagnare dal dottore da mia madre.
4. Sua nonna gli faceva bere un bicchiere di latte tutte le sere.
5. Ci farà ascoltare il programma per due ore.
6. Ti ho fatto portare il pacco dal postino. *or* Ho fatto portare dal postino il pacco a te.

### D. (p. 220)

1. Why did you let them leave so late?
2. They let us sleep.
3. Giorgio had allowed his children to go out in the pouring rain.
4. Don't let anyone read that letter!
5. Excuse me, ma'am, would you let me use your phone?
6. Let her cry!
7. I would not let anyone give me advice.
8. He does not let us know the names of his friends.

### E. (p. 220)

1. Lei non gli lascerà usare il cellulare.
2. Mio padre non mi lascia navigare in rete senza controllo genitori.
3. Gli lascio fare tutto quello che vogliono.
4. Signor Macchi, oggi ci lasci andare a casa presto, per favore!
5. É vero che voi non mi lascerete mai pagare quel conto?

### F. (p. 221)

1. Ci vorranno parecchi anni
2. Quante ore ci vogliono
3. Ci abbiamo messo cinque anni
4. Mio zio ci ha messo solo (soltanto) una settimana
5. Ci vogliono solo (soltanto) pochi (alcuni) minuti

## Chapter Review

1. I licei
2. confini nazionali
3. programmi di scambio
4. sono state abolite
5. ci si sentisse
6. fossero sostituite
7. si fa domanda
8. dottorato

1. Esistono programmi di scambio con altre scuole, il quarto anno all'estero, gite all'estero, Progetto Erasmus e Progetto Leonardo.
2. In estate, ci sono possibili esperienze di studio, lavoro, sport e volontariato.
3. Il sogno è di avere un'Europa dove ci si senta a casa propria e non ci siano guerre.

4. fare domanda di borsa di studio
5. I ragazzi partono per studiare o lavorare all'estero e non tornano più.
6. Corrisponde alla laurea triennale.
7. Corrisponde alla laurea specialistica.

# REVIEW LESSON 3

**A.** (p. 222)
1. tanto denaro quanto
2. più alto di
3. più facilmente di
4. la più ricca donna (*or* la donna più ricca) di
5. la migliore impiegata...un'eccellente (un'ottima) traduttrice
6. meno vino che acqua

**B.** (p. 222)
1. sei stata...non ti vedo
2. ho viaggiato...ho visitato
3. ti è piaciuta
4. ero a Parigi mi alzavo
5. della gente interessante *or* delle persone interessanti
6. ho conosciuto...a cui/alle quali

**C.** (p. 223)
1. avemmo cenato ... prendemmo
2. ebbe studiato...ascoltò
3. furono ritornati...andai
4. aveste fatto...vi riposaste
5. ci fummo sentiti meglio...decidemmo
6. ebbe piovuto...fece

**D.** (p. 223)
1. avendo telefonato
2. prendendo
3. parlandomi
4. mangiando
5. essendo usciti
6. comprandole

### E. (p. 223)

1. inviino
2. chiedessi
3. abbia lavorato
4. beva
5. sia venuto
6. si fossero conosciuti

### F. (pp. 223–224)

1. Non tutti i papi sono italiani.
2. Sebastiano, conosci quell'uomo? Lui crede di essere un grand'artista.
3. Non a molta gente piace rimanere a casa la domenica.
4. È possibile che voi non impariate mai nulla (niente)?
5. Signor Battisti, le telefoni! È possibile che lei non sia ancora partita.
6. Il mio medico crede che questa nuova medicina sia veramente fantastica!
7. Non sapeva che lui bevesse tanto.
8. Sarebbe stato necessario che noi avessimo letto alcuni altri libri (qualche altro libro).
9. Quando loro mi hanno conosciuto a Napoli il mese scorso (lo scorso mese), lavoravo in Italia da sei mesi per una ditta americana di importazioni/esportazioni.
10. Le regalerò un nuovo computer affinché (perché) possa scaricare nuovi programmi.
11. Sono usciti senza che lei gli potesse parlare (*or* potesse parlargli).
12. Mi comprerà un altro abito (vestito) benché (sebbene *or* malgrado) io ne abbia già molti.
13. Mi fa sempre lavare la sua macchina.
14. Carlo, lasciale fare quello che vuole! *or* Carlo, lascia che lei faccia quello che vuole!
15. A Silvia piaceva molto quella casetta vicino al parco pubblico.
16. C'è voluta almeno un'ora per andare all'aeroporto in autobus (con l'autobus).
17. È certamente un omone. Deve pesare (*or* Peserà) almeno duecento chili.
18. Dopo aver visto il film (*or* Avendo visto il film), siamo andati a mangiare una pizza.
19. Ci metterò solo pochi minuti.
20. Appena lei ha ricevuto il mio messaggio, è andata sul sito a fare i biglietti.

### G. (pp. 224–225)

1. Per andare in America è necessario avere il passaporto.
2. No, il signor Velli non ha mai vissuto a Chicago; non è mai stato negli Stati Uniti.
3. Il signor Velli è andato a Genova lunedì scorso (lo scorso lunedì).

4. Umberto non abita né a Milano né a Venezia né a Firenze; lui abita in un paesino non lontano da Genova.
5. Il treno ci ha messo un'ora e un quarto (*or* un'ora e quindici minuti).
6. Umberto si è dovuto alzare molto presto.
7. Appena è arrivato alla stazione di Genova, Umberto ha preso un autobus che lo ha portato in centro.
8. All'ufficio passaporti lui ha dovuto compilare alcuni moduli.
9. No, non è vero; Umberto riceverà il passaporto fra due settimane.
10. No, non dovrà tornare a Genova; riceverà il passaporto a casa in busta raccomandata.
11. No, è andato in un bar.
12. Una signora bionda che è entrata nel bar ha riconosciuto Umberto.
13. No, non è vero; Umberto e Renata hanno studiato insieme quando erano all'università.
14. Renata ordina soltanto un espresso.

# APPENDIX B
# Regular Verbs

## Conjugation of *-are*, *-ere*, and *-ire* Verbs

*comprare* (to buy)　　*ricevere* (to receive)　　*dormire* (to sleep)

### Indicative

#### PRESENT

| | | |
|---|---|---|
| compro | ricevo | dormo |
| compri | ricevi | dormi |
| compra | riceve | dorme |
| compriamo | riceviamo | dormiamo |
| comprate | ricevete | dormite |
| comprano | ricevono | dormono |

#### IMPERFECT

| | | |
|---|---|---|
| compravo | ricevevo | dormivo |
| compravi | ricevevi | dormivi |
| comprava | riceveva | dormiva |
| compravamo | ricevevamo | dormivamo |
| compravate | ricevevate | dormivate |
| compravano | ricevevano | dormivano |
| *comprare* (to buy) | *ricevere* (to receive) | *dormire* (to sleep) |

## Appendix B: Regular Verbs

### Passato Prossimo

| | | |
|---|---|---|
| ho comprato | ho ricevuto | ho dormito |
| hai comprato | hai ricevuto | hai dormito |
| ha comprato | ha ricevuto | ha dormito |
| abbiamo comprato | abbiamo ricevuto | abbiamo dormito |
| avete comprato | avete ricevuto | avete dormito |
| hanno comprato | hanno ricevuto | hanno dormito |

### Trapassato Prossimo

| | | |
|---|---|---|
| avevo comprato | avevo ricevuto | avevo dormito |
| avevi comprato | avevi ricevuto | avevi dormito |
| aveva comprato | aveva ricevuto | aveva dormito |
| avevamo comprato | avevamo ricevuto | avevamo dormito |
| avevate comprato | avevate ricevuto | avevate dormito |
| avevano comprato | avevano ricevuto | avevano dormito |

### Passato Remoto

| | | |
|---|---|---|
| comprai | ricevei | dormii |
| comprasti | ricevesti | dormisti |
| comprò | ricevè | dormì |
| comprammo | ricevemmo | dormimmo |
| compraste | riceveste | dormiste |
| comprarono | riceverono | dormirono |

### Trapassato Remoto

| | | |
|---|---|---|
| ebbi comprato | ebbi ricevuto | ebbi dormito |
| avesti comprato | avesti ricevuto | avesti dormito |
| ebbe comprato | ebbe ricevuto | ebbe dormito |
| avemmo comprato | avemmo ricevuto | avemmo dormito |
| aveste comprato | aveste ricevuto | aveste dormito |
| ebbero comprato | ebbero ricevuto | ebbero dormito |

### Future

| | | |
|---|---|---|
| comprerò | riceverò | dormirò |
| comprerai | riceverai | dormirai |
| comprerà | riceverà | dormirà |
| compreremo | riceveremo | dormiremo |
| comprerete | riceverete | dormirete |
| compreranno | riceveranno | dormiranno |

### Future Perfect

| | | |
|---|---|---|
| avrò comprato | avrò ricevuto | avrò dormito |
| avrai comprato | avrai ricevuto | avrai dormito |
| avrà comprato | avrà ricevuto | avrà dormito |
| avremo comprato | avremo ricevuto | avremo dormito |

avrete comprato     avrete ricevuto      avrete dormito
avranno comprato    avranno ricevuto     avranno dormito
*comprare* (to buy) *ricevere* (to receive) *dormire* (to sleep)

## Subjunctive

### PRESENT

| | | |
|---|---|---|
| compri | riceva | dorma |
| compri | riceva | dorma |
| compri | riceva | dorma |
| compriamo | riceviamo | dormiamo |
| compriate | riceviate | dormiate |
| comprino | ricevano | dormano |

### IMPERFECT

| | | |
|---|---|---|
| comprassi | ricevessi | dormissi |
| comprassi | ricevessi | dormissi |
| comprasse | ricevesse | dormisse |
| comprassimo | ricevessimo | dormissimo |
| compraste | riceveste | dormiste |
| comprassero | ricevessero | dormissero |

### PERFECT

| | | |
|---|---|---|
| abbia comprato | abbia ricevuto | abbia dormito |
| abbia comprato | abbia ricevuto | abbia dormito |
| abbia comprato | abbia ricevuto | abbia dormito |
| abbiamo comprato | abbiamo ricevuto | abbiamo dormito |
| abbiate comprato | abbiate ricevuto | abbiate dormito |
| abbiano comprato | abbiano ricevuto | abbiano dormito |

### PLUPERFECT

| | | |
|---|---|---|
| avessi comprato | avessi ricevuto | avessi dormito |
| avessi comprato | avessi ricevuto | avessi dormito |
| avesse comprato | avesse ricevuto | avesse dormito |
| avessimo comprato | avessimo ricevuto | avessimo dormito |
| aveste comprato | aveste ricevuto | aveste dormito |
| avessero comprato | avessero ricevuto | avessero dormito |

## Conditional

### PRESENT

| | | |
|---|---|---|
| comprerei | riceverei | dormirei |
| compreresti | riceveresti | dormiresti |
| comprerebbe | riceverebbe | dormirebbe |
| compreremmo | riceveremmo | dormiremmo |

| | | |
|---|---|---|
| comprereste | ricevereste | dormireste |
| comprerębbero | riceverębbero | dormirębbero |
| *comprare* (to buy) | *ricęvere* (to receive) | *dormire* (to sleep) |

### Perfect

| | | |
|---|---|---|
| avrei comprato | avrei ricevuto | avrei dormito |
| avresti comprato | avresti ricevuto | avresti dormito |
| avrebbe comprato | avrebbe ricevuto | avrebbe dormito |
| avremmo comprato | avremmo ricevuto | avremmo dormito |
| avreste comprato | avreste ricevuto | avreste dormito |
| avrębbero comprato | avrębbero ricevuto | avrębbero dormito |

## Imperative

| | | |
|---|---|---|
| compra | ricevi | dormi |
| compri | riceva | dorma |
| compriamo | riceviamo | dormiamo |
| comprate | ricevete | dormite |

## Infinitive

### Present

| | | |
|---|---|---|
| comprare | ricęvere | dormire |

### Past

| | | |
|---|---|---|
| avere comprato | avere ricevuto | avere dormito |

## Past Participle

| | | |
|---|---|---|
| comprato | ricevuto | dormito |

## Gerundio

### Present

| | | |
|---|---|---|
| comprando | ricevendo | dormendo |

### Past

| | | |
|---|---|---|
| avendo comprato | avendo ricevuto | avendo dormito |

# APPENDIX C
## Irregular Verbs

## avere (to have)

### Indicative

| | |
|---|---|
| present | ho, hai, ha, abbiamo, avete, hanno |
| imperfect | avevo, avevi, aveva, avevamo, avevate, avevano |
| passato prossimo | ho, hai, ha, abbiamo, avete, hanno + avuto |
| trapassato prossimo | avevo, avevi, aveva, avevamo, avevate, avevano + avuto |
| passato remote | ebbi, avesti, ebbe, avemmo, aveste, ebbero |
| trapassato remote | ebbi, avesti, ebbe, avemmo, aveste, ebbero + avuto |
| future | avrò, avrai, avrà, avremo, avrete, avranno |
| future perfect | avrò, avrai, avrà, avremo, avrete, avranno + avuto |

### Subjunctive

| | |
|---|---|
| present | abbia, abbia, abbia, abbiamo, abbiate, abbiano |
| imperfect | avessi, avessi, avesse, avessimo, aveste, avessero |
| perfect | abbia, abbia, abbia, abbiamo, abbiate, abbiano + avuto |
| pluperfect | avessi, avessi, avesse, avessimo, aveste, avessero + avuto |

### Conditional

| | |
|---|---|
| present | avrei, avresti, avrebbe, avremmo, avreste, avrebbero |
| perfect | avrei, avresti, avrebbe, avremmo, avreste, avrebbero + avuto |

### Imperative

abbi, abbia, abbiamo, abbiate

### Infinitive

present    avere
past    avere avuto

### Past Participle

avuto

### Gerundio

present    avendo
past    avendo avuto

# essere (to be)

### Indicative

| | |
|---|---|
| present | sono, sei, è, siamo, siete, sono |
| imperfect | ero, eri, era, eravamo, eravate, erano |
| passato prossimo | sono, sei, è + stato/a—siamo, siete, sono + stati/e |
| trapassato prossimo | ero, eri, era + stato/a—eravamo, eravate, erano + stati/e |
| passato remoto | fui, fosti, fu, fummo, foste, furono |
| trapassato remoto | fui, fosti, fu + stato/a—fummo, foste, furono + stati/e |
| future | sarò, sarai, sarà, saremo, sarete, saranno |
| future perfect | sarò, sarai, sarà + stato/a—saremo, sarete, saranno + stati/e |

### Subjunctive

| | |
|---|---|
| present | sia, sia, sia, siamo, siate, siano |
| imperfect | fossi, fossi, fosse, fossimo, foste, fossero |
| perfect | sia, sia, sia + stato/a—siamo, siate, siano + stati/e |
| pluperfect | fossi, fossi, fosse + stato/a—fossimo, foste, fossero + stati/e |

### Conditional

| | |
|---|---|
| present | sarei, saresti, sarebbe, saremmo, sareste, sarebbero |
| perfect | sarei, saresti, sarebbe + stato/a—saremmo, sareste, sarebbero + stati/e |

### Imperative

sii, sia, siamo, siate

### Infinitive

present      ẹssere
past      ẹssere stato/a

### Past Participle

stato/a

### Gerundio

present      essendo
past      essendo stato/a

**andare** *to go*
| | |
|---|---|
| present indicative | vado, vai, va, andiamo, andate, vanno |
| future | andrò, andrai, andrà, andremo, andrete, andranno |
| conditional | andrei, andresti, andrebbe, andremmo, andreste, andrẹbbero |
| present subjunctive | vada, vada, vada, andiamo, andiate, vạdano |
| imperative | va', vada, andiamo, andate |

**bere** *to drink*
| | |
|---|---|
| present indicative | bevo, bevi, beve, beviamo, bevete, bẹvono |
| imperfect indicative | bevevo, bevevi, beveva, bevevamo, bevevate, bevẹvano |
| future | berrò, berrai, berrà, berremo, berrete, berranno |
| passato remoto | bevvi, bevesti, bevve, bevemmo, beveste, bẹvvero |
| conditional | berrei, berresti, berrebbe, berremmo, berreste, berrẹbbero |
| present subjunctive | beva, beva, beva, beviamo, beviate, bẹvano |
| imperfect subjunctive | bevessi, bevessi, bevesse, bevessimo, beveste, bevẹssero |
| imperative | bevi, beva, beviamo, bevete |
| gerundio | bevendo |
| past participle | bevuto |

**dare** *to give*
| | |
|---|---|
| present indicative | do, dai, dà, diamo, date, danno |
| future | darò, darai, darà, daremo, darete, daranno |
| passato remoto | diedi, desti, diede, demmo, deste, diẹdero |
| conditional | darei, daresti, darebbe, daremmo, dareste, darẹbbero |
| present subjunctive | dia, dia, dia, diamo, diate |
| imperfect subjunctive | dessi, dessi, desse, dessimo, deste, dẹssero |
| imperative | da', dia, diamo, date, dịano |

**dire** *to say, tell*
| | |
|---|---|
| present indicative | dico, dici, dice, diciamo, dite, dicono |
| imperfect indicative | dicevo, dicevi, diceva, dicevamo, dicevate, dicevano |
| future | dirò, dirai, dirà, diremo, direte, diranno |
| passato remoto | dissi, dicesti, disse, dicemmo, diceste, dissero |
| conditional | direi, diresti, direbbe, diremmo, direste, direbbero |
| present subjunctive | dica, dica, dica, diciamo, diciate, dicano |
| imperfect subjunctive | dicessi, dicessi, dicesse, dicessimo, diceste, dicessero |
| imperative | di', dica, diciamo, dite |
| gerundio | dicendo |
| past participle | detto |

**dovere** *to have to, owe*
| | |
|---|---|
| present indicative | devo, devi, deve, dobbiamo, dovete, devono |
| future | dovrò, dovrai, dovrà, dovremo, dovrete, dovranno |
| conditional | dovrei, dovresti, dovrebbe, dovremmo, dovreste, dovrebbero |
| present subjunctive | deva, deva, deva, dobbiamo, dobbiate, devano |

**fare** *to do, make*
| | |
|---|---|
| present indicative | faccio, fai, fa, facciamo, fate, fanno |
| imperfect indicative | facevo, facevi, faceva, facevamo, facevate, facevano |
| future | farò, farai, farà, faremo, farete, faranno |
| passato remoto | feci, facesti, fece, facemmo, faceste, fecero |
| conditional | farei, faresti, farebbe, faremmo, fareste, farebbero |
| present subjunctive | faccia, faccia, faccia, facciamo, facciate, facciano |
| imperfect subjunctive | facessi, facessi, facesse, facessimo, faceste, facessero |
| imperative | fa', faccia, facciamo, fate |
| gerundio | facendo |
| past participle | fatto |

**morire** *to die*
| | |
|---|---|
| present indicative | muoio, muori, muore, moriamo, morite, muoiono |
| present subjunctive | muoia, muoia, muoia, moriamo, moriate, muoiano |
| imperative | muori, muoia, moriamo, morite |
| past participle | morto |

**piacere** *to please*
| | |
|---|---|
| present indicative | piaccio, piaci, piace, piacciamo, piacete, piacciono |
| passato remoto | piacqui, piacesti, piacque, piacemmo, piaceste, piacquero |
| present subjunctive | piaccia, piaccia, piaccia, piacciamo, piacciate, piacciano |
| past participle | piaciuto |

**potere** *to be able to, can*
| | |
|---|---|
| present indicative | posso, puoi, può, possiamo, potete, possono |
| future | potrò, potrai, potrà, potremo, potrete, potranno |
| conditional | potrei, potresti, potrebbe, potremmo, potreste, potrebbero |
| present subjunctive | possa, possa, possa, possiamo, possiate, possano |

**rimanere** *to remain*

| | |
|---|---|
| present indicative | rimango, rimani, rimane, rimaniamo, rimanete, rimangono |
| future | rimarrò, rimarrai, rimarrà, rimarremo, rimarrete, rimarranno |
| passato remoto | rimasi, rimanesti, rimase, rimanemmo, rimaneste, rimasero |
| conditional | rimarrei, rimarresti, rimarrebbe, rimarremmo, rimarreste, rimarrebbero |
| present subjunctive | rimanga, rimanga, rimanga, rimaniamo, rimaniate, rimangano |
| imperative | rimani, rimanga, rimaniamo, rimanete |
| past participle | rimasto |

**sapere** *to know*

| | |
|---|---|
| present indicative | so, sai, sa, sappiamo, sapete, sanno |
| future | saprò, saprai, saprà, sapremo, saprete, sapranno |
| passato remoto | seppi, sapesti, seppe, sapemmo, sapeste, seppero |
| conditional | saprei, sapresti, saprebbe, sapremmo, sapreste, saprebbero |
| present subjunctive | sappia, sappia, sappia, sappiamo, sappiate, sappiano |

**spegnere** *to turn off, out; extinguish*

| | |
|---|---|
| present indicative | spengo, spegni, spegne, spegniamo, spegnete, spengono |
| passato remoto | spensi, spegnesti, spense, spegnemmo, spegneste, spensero |
| present subjunctive | spenga, spenga, spenga, spegniamo, spegniate, spengano |
| imperative | spegni, spenga, spegniamo, spegnete |
| past participle | spento |

**tenere** *to keep, hold*

| | |
|---|---|
| present indicative | tengo, tieni, tiene, teniamo, tenete, tengono |
| future | terrò, terrai, terrà, terremo, terrete, terranno |
| passato remoto | tenni, tenesti, tenne, tenemmo, teneste, tennero |
| conditional | terrei, terresti, terrebbe, terremmo, terreste, terrebbero |
| present subjunctive | tenga, tenga, tenga, teniamo, teniate, tengano |
| imperative | tieni, tenga, teniamo, tenete |

**uscire** *to go out*

| | |
|---|---|
| present indicative | esco, esci, esce, usciamo, uscite, escono |
| present subjunctive | esca, esca, esca, usciamo, usciate, escano |
| imperative | esci, esca, usciamo, uscite |

**vedere** *to see*

| | |
|---|---|
| future | vedrò, vedrai, vedrà, vedremo, vedrete, vedranno |
| passato remoto | vidi, vedesti, vide, vedemmo, vedeste, videro |
| conditional | vedrei, vedresti, vedrebbe, vedremmo, vedreste, vedrebbero |
| past participle | visto, veduto |

**venire** *to come*

| | |
|---|---|
| present indicative | vengo, vieni, viene, veniamo, venite, vengono |
| future | verrò, verrai, verrà, verremo, verrete, verranno |
| passato remoto | venni, venisti, venne, venimmo, veniste, vennero |
| conditional | verrei, verresti, verrebbe, verremmo, verreste, verrebbero |
| present subjunctive | venga, venga, venga, veniamo, veniate, vengano |
| imperative | vieni, venga, veniamo, venite |

**vivere** *to live*

| | |
|---|---|
| future | vivrò, vivrai, vivrà, vivremo, vivrete, vivranno |
| passato remoto | vissi, vivesti, visse, vivemmo, viveste, vissero |
| conditional | vivrei, vivresti, vivrebbe, vivremmo, vivreste, vivrebbero |
| past participle | vissuto |

**volere** *to want, wish*

| | |
|---|---|
| present indicative | voglio, vuoi, vuole, vogliamo, volete, vogliono |
| future | vorrò, vorrai, vorrà, vorremo, vorrete, vorranno |
| passato remoto | volli, volesti, volle, volemmo, voleste, vollero |
| conditional | vorrei, vorresti, vorrebbe, vorremmo, vorreste, vorrebbero |
| present subjunctive | voglia, voglia, voglia, vogliamo, vogliate, vogliano |

# Verbs with Irregular *Passato Remoto* and Past Participle

**accendere** *to light, turn on*

| | |
|---|---|
| passato remoto | accesi, accendesti, accese, accendemmo, accendeste, accesero |
| past participle | acceso |

**accorgersi** *to realize, notice*

| | |
|---|---|
| passato remoto | mi accorsi, ti accorgesti, si accorse, ci accorgemmo, vi accorgeste, si accorsero |
| past participle | accorto |

**chiedere** *to ask*

| | |
|---|---|
| passato remoto | chiesi, chiedesti, chiese, chiedemmo, chiedeste, chiesero |
| past participle | chiesto |

**chiudere** *to close*

| | |
|---|---|
| passato remoto | chiusi, chiudesti, chiuse, chiudemmo, chiudeste, chiusero |
| past participle | chiuso |

**conoscere** *to know, be acquainted with*

| | |
|---|---|
| passato remoto | conobbi, conoscesti, conobbe, conoscemmo, conosceste, conobbero |
| past participle | conosciuto |

**correre** *to run*
    passato remoto    corsi, corresti, corse, corremmo, correste, corsero
    past participle    corso

**leggere** *to read*
    passato remoto    lessi, leggesti, lesse, leggemmo, leggeste, lessero
    past participle    letto

**mettere** *to place, put*
    passato remoto    misi, mettesti, mise, mettemmo, metteste, misero
    past participle    messo

**nascere** *to be born*
    passato remoto    nacqui, nascesti, nacque, nascemmo, nasceste, nacquero
    past participle    nato

**perdere** *to lose*
    passato remoto    persi, perdesti, perse, perdemmo, perdeste, persero
    past participle    perso, perduto

**piangere** *to cry*
    passato remoto    piansi, piangesti, pianse, piangemmo, piangeste, piansero
    past participle    pianto

**piovere** *to rain*
    passato remoto    piovve, piovvero
    past participle    piovuto

**prendere** *to take*
    passato remoto    presi, prendesti, prese, prendemmo, prendeste, presero
    past participle    preso

**rispondere** *to answer*
    passato remoto    risposi, rispondesti, rispose, rispondemmo, rispondeste, risposero
    past participle    risposto

**scrivere** *to write*
    passato remoto    scrissi, scrivesti, scrisse, scrivemmo, scriveste, scrissero
    past participle    scritto

**sorridere** *to smile;* and **ridere** *to laugh*
    passato remoto    sorrisi, sorridesti, sorrise, sorridemmo, sorrideste, sorrisero
    past participle    sorriso

**spendere** *to spend*
passato remoto        spesi, spendesti, spese, spendemmo, spendeste, spesero
past participle          speso

**vincere** *to win*
passato remoto        vinsi, vincesti, vinse, vincemmo, vinceste, vinsero
past participle          vinto

# Italian–English Vocabulary

*Abbreviations*: **adj.** (adjective); **adv.** (adverb); **n.** (noun); **pron.** (pronoun); **conj.** (conjunction); **prep.** (preposition); **m.** (masculine); **f.** (feminine); **sing.** (singular); **pl.** (plural); **fam.** (familiar); **form.** (formal); **inf.** (infinitive)

a to, at
abbastanza (*adv.*) enough
abbigliamento clothing
abitare to live
abito dress, suit
accanto a (*adv.*) next to, beside
accendere to light, to turn on
accendino lighter
accompagnare to accompany
accorgersi to realize, to notice
acqua water
acquistare to purchase
adagio (*adv.*) slowly
addormentarsi to fall asleep
adesso now
aereo plane
aeroplano airplane
aeroporto airport
affare (*m.*) business (per affari on business)
affinché (*conj.*) so that
affrettarsi to hurry
Africa Africa
africano, a African

agenzia agency
agenzia di viaggi travel agency
aggiornare update
aggiustare to fix, to repair
agosto August
aiutare to help
alba dawn
albeggiare to dawn
albergo hotel
albero tree
alcuno, a some, a few
allegato, a enclosed
allora (*adv.*) then
almeno (*adv.*) at least
alto, a tall, high
altro, a other
altro? anything else?
alunna schoolgirl
alunno schoolboy
alzare to lift, to raise
alzarsi to get up
amare to love, cherish
America America

## Italian–English Vocabulary

americano, a American
amica friend (*f.*)
amico friend (*m.*)
analisi (*f.*) analysis
anche (*conj.*) also
ancora (*adv.*) yet, still
andare to go
andata e ritorno round trip
anno year
annoiarsi to be bored
annuncio announcement, ad
aperto, a open
appena (*adv.*) as soon as, just, hardly
appetito appetite (**buon appetito!** enjoy your meal!)
appuntamento appointment
appunto, per l'appunto (*adv.*) precisely, just, exactly
aprile (*m.*) April
aprire to open
arancia orange
arrivare to arrive
arrivederci goodbye (*informal*)
arrivederLa goodbye (*form. sing.*)
arrosto roast
arrosto di vitello veal roast
arte (*f.*) art
artista (*m. and f.*) artist
asciugamano hand towel
ascoltare to listen to
aspettare to wait (for)
aspettarsi to expect
assegno check
assegno per viaggiatori traveler's check
assicurare to insure
attimo moment, instant
attore (*m.*) actor
attrice (*f.*) actress
audiolibro audiobook
Australia Australia
australiano, a Australian
autista (*m. and f.*) driver
auto car, auto
autobus (*m.*) bus
automobile (*f.*) car, automobile
autoradio car radio
autostrada highway
autunno fall, autumn

avere to have
avvocato lawyer, attorney
azienda firm
azzurro, a light blue

babbo dad
baffi (*m. pl.*) moustache
bagnare to bathe, to wet
bagno bath, bathroom (**fare il [un] bagno** to take a bath)
ballare to dance
bambina child (*f.*)
bambino child (m.)
banca bank
bancomat ATM card/automatic teller machine
bar (*m.*) bar, café
barba beard (**farsi la barba** to shave)
barca boat
basso, a short, low
bastare to be enough
bello, a beautiful
benché (*conj.*) although
bene (*adv.*) well, fine (**sentirsi bene** to feel well, to feel fine)
benino fairly well, pretty well
benissimo (*adv.*) extremely well, very well
benvenuto, a welcome
benzina gasoline
benzinaio gas station attendant
bere to drink
bianco, a white
bicchiere (*m.*) glass
bigliettaio ticket agent
biglietteria automatica ticket machine
biglietto ticket (**fare il biglietto** to purchase, to issue a ticket)
binario railway track
biondo, a blond
bisognare to need (**avere bisogno di** to have a need for)
bistecca steak
bistecca di manzo beef steak
blu (*adj.*) blue
bocca mouth
bonifico wire transfer
bontà (*f.*) goodness (**avere la bontà di** to be so kind as to)
borsa purse

**borsa di studio** scholarship
**bottiglia** bottle
**bravo, a** good, able
**breve** (*adj.*) brief, short
**bruno, a** brown, dark
**brutto, a** ugly
**buca delle lettere** mailbox
**buono, a** good
**burro** butter
**busta** envelope

**caffè** (*m.*) coffee, coffee shop (**prendere un caffè** to have a cup of coffee)
**caldo, a** warm, hot (**avere caldo** to feel warm, hot; **fare caldo** to be warm, hot)
**calza** stocking
**calzino** sock
**calzoni** (*m. pl.*) pants
**cambiare** to change, to exchange
**cambio** change, exchange
**camera** room, bedroom (**prenotare una camera** to book, to reserve a room)
**camera a due letti** double room
**cameriere** (*m.*) waiter
**camerino** dressing room
**camicetta** blouse
**camicia** shirt
**camminare** to walk
**campagna** countryside
**Canadà** (*m.*) Canada
**canadese** (*adj.*) Canadian
**candela** spark plug, candle
**capelli** (*pl.*) (head of) hair
**capello** (single) hair
**capire** to understand
**capo** head, boss
**capoufficio** office manager
**cappello** hat
**cappotto** overcoat
**cappuccino** coffee with steamed milk
**carburatore** (*m.*) carburetor
**caricare** to charge
**carissimo, a** very dear, extremely expensive
**carne** (*f.*) meat
**caro, a** dear, expensive
**carrello** shopping cart

**carta** paper
**carta di credito** credit card
**cartolina** postcard
**casa** house, home
**casella postale** post office box
**cassetta delle lettere** mailbox
**cassiera** (*f.*) cashier
**cassiere** (*m.*) cashier
**cattivo, a** bad, naughty
**cattolico, a** Catholic
**a causa di** because of
**caviglia** ankle
**celeste** (*adj.*) light blue, sky blue
**celibe** (*adj.*) single (*m.*)
**cellulare** (*m.*) cellular phone
**cena** supper, evening meal
**cenare** to have supper
**centimetro** centimeter
**cento** one hundred
**centrale** (*adj.*) central
**centro** center, downtown
**centro commerciale** shopping mall
**cercare** to look for
**certamente** (*adv.*) certainly
**certo** (*adv.*) surely, certainly
**certo, a** certain, sure
**che** that, which, what (**non c'è di che** don't mention it)
**chi** who, whom
**chiamare** to call, to name
**chiamarsi** to be called, to be named
**chiaro, a** clear
**chiave** (*f.*) key
**chiedere** to ask (in order to obtain)
**chiesa** church
**chilo(grammo)** kilogram
**chilometro** kilometer
**chissà** (*adv.*) who knows? I wonder
**chiudere** to close
**chiunque** (*pron.*) whoever, whomever
**ci** us, there
**ciao** hi, hello, bye
**ciascuno, a** (*adj.*) each
**ciliegia** cherry
**cinema** (*m.*) cinema, movie house
**cinque** five

cintura belt
circa about, around
città (f.) city
cittadina small city
cittadina citizen (f.)
cittadino citizen (m.)
classe (f.) class, classroom
cliente (m. and f.) customer
clima (m.) climate
cofano hood of a car
cognata sister-in-law
cognato brother-in-law
cognome (m.) last name, family name
colazione (f.) breakfast (*fare colazione* to have breakfast)
collo neck (*misura di collo* neck size)
colloquio interview
colore (m.) color
coltello knife
comandare to command, to order
cominciare to begin, to start
commessa saleswoman
commesso salesman
comodo, a comfortable
compagna, o partner
compilare to fill out
compito homework, duty
compleanno birthday
comprare to buy
computer (m.) computer
con with, by
congratulazioni (f. pl.) congratulations
conoscenza knowledge
conoscenza del computer computer literacy
conoscere to know, to be acquainted with
consigliare to suggest, to advise
consiglio advice
contabilità (f.) accounting
contento, a happy, glad
conto bill, check
contorno side dish
controllare to control, to check
conversazione (f.) conversation
coricarsi to go to bed
corpo body
correre to run

corrispondenza correspondence
cosa thing
cosa? what?
così thus, so
così così so-so
così ... come as ... as
corso course
costare to cost
cotone (m.) cotton
cravatta tie
credere to believe
cristiano, a Christian
cruscotto dashboard
cucchiaio spoon
cucina kitchen
cucinare to cook
cugina cousin (f.)
cugino cousin (m.)
cui which, whom
cuoco cook, chef (m.)
cuoca cook, chef (f.)
curioso, a curious

da at, from, by
dappertutto everywhere
dare to give
data date
davanti a in front of, before
decidere to decide
decimo, a tenth
denaro money
dentro inside
desiderare to wish
destinatario addressee
di of, from
dialogo dialogue
dicembre (m.) December
diciannove nineteen
diciassette seventeen
diciotto eighteen
dieci ten
dietro behind
difficile (adj.) difficult
diluviare to pour (rain)
diluvio downpour
dimenticarsi to forget

**Dio** God
**dire** to say, to tell
**diretto** type of train
**direttore** (*m.*) manager, director (*m.*)
**direttrice** (*f.*) manager, director (*f.*)
**ditta** firm
**divertente** (*adj.*) amusing
**divertirsi** to enjoy oneself, to have a good time
**divorziato, a** divorced
**doccia** shower
**documento** document, paper
**dodici** twelve
**dolce** (*adj.*) sweet
**dolce** (*m.*) dessert, sweet
**dollaro** dollar
**dolore** (*m.*) pain, grief
**domanda** question
**domandare** to ask
**domandarsi** to ask oneself, to wonder
**domani** tomorrow
**domattina** tomorrow morning
**domenica** (*f.*) Sunday
**domenicale** (*adj.*) Sunday (*adj.*)
**donna** woman
**dopo** after, afterward
**dormire** to sleep
**dottore** (*m.*) doctor physician (*m.*)
**dottoressa** doctor physician (*f.*)
**dove** where
**dovere** to have to, must
**dovere** (*m.*) duty
**dovunque** wherever
**dramma** (*m.*) drama
**dubitare** to doubt
**due** two
**duomo** cathedral
**durante** during

**eccellente** excellent
**ecco** here (is, are)
**Egitto** Egypt
**egli** he
**elegante** (*adj.*) elegant
**ella** she
**entrare** to enter
**esame** (*m.*) exam, examination, test (**fare un esame** to take an exam)

**esperienza** experience
**esportare** to export
**esportazione** (*f.*) export
**esperto, a** experienced
**espresso** type of coffee
**essere** to be
**essere in cerca di** to be looking for, to be in search of
**estate** (*f.*) summer
**estero** abroad (**andare all'estero** to go abroad)
**estivo, a** summertime
**età** (*f.*) age
**etto** hectogram (100 grams)
**Europa** Europe
**europeo, a** European

**fa** ago
**fabbrica** factory
**faccia** face
**facile** (*adj.*) easy
**fame** (*f.*) hunger (**avere fame** to be hungry)
**famiglia** family
**famoso, a** famous, great
**fantastico, a** fantastic
**fare** to do, to make
**fare domanda** to apply
**fare la doccia** to shower
**farmacia** pharmacy, drugstore
**farmacista** (*m. and f.*) pharmacist, druggist
**faro** headlight
**favore** (*m.*) pleasure, favor (**per favore** please)
**febbraio** February
**fermare** to stop
**ferroviario, a** railway
**festa** holiday, party, festivity (**fare una festa** to give a party)
**festeggiare** to celebrate
**fiammifero** match
**figlia, figliola** daughter
**figlio, figliolo** son
**film** (*m.*) film, movie
**finale** (*adj.*) final
**finalmente** (*adv.*) finally
**fine** (*f.*) end
**finire** to finish
**fino a** (*adv.*) until
**fiore** (*m.*) flower
**fiorentino, a** Florentine

firmare to sign
fiume (*m.*) river
foglia leaf
foglio sheet of paper
forchetta fork
formaggio cheese
fornaia baker (*f.*)
fornaio baker (*m.*)
forno oven
forte (*adj.*) strong
fra between, among, in, within
francese (*adj.*) French
Francia France
francobollo postage stamp
frase (*f.*) phrase, sentence
fratello brother
freddo, a cold (avere freddo to feel cold; fare freddo to be cold)
frequentare to attend, frequent
fresco, a cool
fretta hurry, haste (in fretta e furia in a hurry, in a great haste)
fritto, a fried
frutta fruit
fruttivendola greengrocer (*f.*)
fruttivendolo greengrocer (*m.*)
frutti di mare seafood
fumare to smoke
fungo mushroom
funzionare to work, run, operate
fuoco fire
fuori out, outside (essere fuori to be out, not to be in)

gamba leg
garage (*m.*) garage
gas (*m.*) gas
gatto cat
gelato ice cream
generalmente (*adv.*) generally
genero son-in-law
generoso, a generous
genitore (*m.*) parent
gennaio January
gente (*f. sing.*) people
gentile (*adj.*) kind, gentle
geografia geography

Gesù Jesus
ghiaccio ice
già already
giallo, a yellow
giardino garden
giocare to play (a game)
giornale (*m.*) newspaper
giornalista (*m. and f.*) journalist
giorno day
giovane (*adj.*) young
giovane (*m. and f.*) young man, young woman
giovedì (*m.*) Thursday
giro tour (fare un giro to take a tour; fare un giro in macchina to go for a drive)
gita excursion, tour
giugno June
giusto, a just, right, fair
gonfio, a swollen
gonna skirt
grammatica grammar
grammo gram
grande (*adj.*) big, large, great
grazie thanks (mille grazie many thanks; tante grazie thank you very much)
Grecia Greece
greco, a Greek
grigio, a gray
grosso, a big, large
guadagnare to earn, to gain
guanti di plastica plastic gloves
guardare to look at, watch
guardarsi to look at oneself
guardarsi allo specchio to look at oneself in the mirror
guasto (*n.*) breakdown (automotive)
guidare to drive, to guide

hotel (*m.*) hotel

idea idea
ieri yesterday
il the (*m.*)
immenso, a huge
imparare to learn
impiegata employee (*f.*)
impiegato employee (*m.*)
impiego job, work, employment

importante (*adj.*) important
importare to matter; to import
importazione (*f.*) import
impossibile (*adj.*) impossible
improbabile (*adj.*) improbable
improvvisamente (*adv.*) suddenly
in in, to
incantevole (*adj.*) charming
incassare to cash, to take in
incominciare to begin, to start
incontrare to meet, to encounter
indicativo indicative
indirizzo address
infarto heart attack
infatti in fact, as a matter of fact
infelice (*adj.*) unhappy
infinito infinitive
informatica computer science
informazione (*f.*) information
Inghilterra England
inglese (*adj.*) English
iniziare to begin, to start
innamorarsi to fall in love
insalata lettuce, green salad
insegnante (*m. and f.*) teacher
inserzione (*f.*) ad
insieme together
intelligente (*adj.*) intelligent
intenso, a heavy, intense
interessante (*adj.*) interesting
interprete (*m. and f.*) interpreter
invece (*conj.*) instead
invernale (*adj.*) wintry
inverno winter
inviare to send
io I
irregolare (*adj.*) irregular
isola island
Italia Italy
italiano, a Italian

la the (f.)
là there
lago lake
lampeggiare to lightning
lampo lightning

lana wool
largo, a wide
lasciare to let, leave, allow, permit
laurea college, university degree
laurearsi to graduate from college or university
lavare to wash
lavorare to work
lavoro job, work
leggere to read
leggero, a light
lei she
Lei (*form. sing.*) you
lento, a loose, slow
lettera letter
letto bed
levare to remove, to take away
levarsi to get up, to get off
lezione (*f.*) lesson
lì there
libero, a free, vacant
libro book
liceo high school
lieto, a happy, glad, pleased
lingua language, tongue
litro liter
lo (*m.*) the (*m.*), him, it (*m.*)
locale type of train
Londra London
lontano, a far
lontano (*adv.*) far away
loro (*m. and f.*) they, them (*m. and f.*)
luce (*f.*) light
luglio July
lui he, him
lunedì Monday
lungo, a long
lungo (*adv.*) along
luogo place (avere luogo to take place)

ma but
macchina car, machine
macchina da scrivere typewriter
macellaio butcher
madre mother
maggio May
maglietta T-shirt

magnifico, a magnificent
magro, a thin
malato, a sick
male (*m.*) evil, ill
male (*adv.*) badly, bad
mal(e) di testa headache (**sentirsi male** to feel sick)
mamma mom, mommy
mangiare to eat
manica sleeve
mano (*f.*) hand
manzo beef
mare (*m.*) sea
marito husband
martedì Tuesday
marzo March
matematica mathematics
materno, a motherly, maternal
matita pencil
mattina morning (**di mattina** in the morning)
mattino early morning (**del mattino** in the early morning)
me me
meccanico mechanic
medicina medicine
medico physician, medical doctor
medico, a medical
meglio (*adv.*) better
mela apple
meno less
mentre (*conj.*) while
mese (*m.*) month
messaggio text message
metro meter (*m.*)
metro (*f.*), metropolitana, subway
mettere to put, to place
mettersi to put on, to wear
mettersi a ( + *inf.*) to start (doing something)
mezzanotte (*f.*) midnight
mezzo, a half
mezzogiorno (*m.*) noon
migliore (*adj.*) better
miliardo billion
milione (*m.*) million
minerale (*adj., n.*) mineral
minestra soup
minuto minute

mio, a my, mine
misura measure, size
mittente (*m.*) sender
moderno, a modern
modulo form
moglie (*f.*) wife
molto, a much (pl. many)
molto (*adv.*) much
momento moment (**per il momento** at the moment, for now)
monaco monk
mondo world
montagna mountain
morire to die
mostrare to show
moto (*f.*) motorcycle
motore (*m.*) engine, motor

nascere to be born
nascita birth
naso nose
Natale (*m.*) Christmas (**Buon Natale** Merry Christmas)
nativo, a native
nave (*f.*) ship
nazionale (*adj.*) national
nazione (*f.*) nation
ne (*pron.*) (some) of it, (some) of them, about it
né ... né (*conj.*) neither ... nor
neanche (*adv.*) not even
necessario, a necessary
negozio store
nemico, a (*adj., n.*) enemy
nemmeno (*adv.*) not even
neppure (*adv.*) not even
nero, a black
nessuno (*pron.*) no one, nobody, not ... anyone
nessuno, a (*adj.*) no
neve (*f.*) snow
nevicare to snow
niente (*pron.*) nothing
nipote (*m. and f.*) grandson, granddaughter; nephew, niece
noi we, us
noleggiare to rent (a car, a boat)
nome (*m.*) noun, first name
non not

nonna grandmother
nonno grandfather
nono, a ninth
normale (*adj.*) normal
nostro, a our, ours
notare to note, to notice
notevole (*adj.*) remarkable, noteworthy
notizia news
notte (*f.*) night
nove nine
novembre (*m.*) November
nubile (*adj.*) single (*f.*)
nulla (*pron.*) nothing
numero number
numeroso, a numerous
nuora daughter-in-law
nuovamente (*adv.*) newly
nuovo, a new
nuvola cloud

occhiali (*m. pl.*) glasses
occhio eye
occorrere to be necessary
occupato, a busy
offrire to offer
oggi today
ogni (*adj.*) each
olio oil
oltre a besides
ombrello umbrella
opportunità (*f.*) opportunity
oppure or
ora hour
ora (*adv.*) now
orario schedule
ordinare to order
oro gold
orologio watch
ospedale (*m.*) hospital
ottavo, a eighth
ottimo, a excellent
otto eight
ottobre (*m.*) October

pacco package
padre (*m.*) father
padrona landlady, owner

padrone (*m.*) landlord, owner
paese (*m.*) country, town
paga pay, wages
pagare to pay
paio pair, couple
pancia belly
pane (*m.*) bread
panorama (*m.*) panorama, view
pantaloni (*m. pl.*) pants, slacks
papa (*m.*) Pope
papà (*m.*) papa, daddy
parabrezza (*m.*) windshield
parafango fender
paraurti (*m.*) bumper
parcheggiare to park
parco park
parecchio, a several
parlare to speak, talk
parola word
parte (*f.*) part
partire to leave, depart
passaporto passport
passare to pass
passeggiare to stroll, walk (**fare una passeggiata** to take a stroll, go for a walk)
pasta pasta, pastry
patata potato
patria country, homeland
paura fear (**avere paura** to fear, to be afraid)
pazienza patience (**avere pazienza** to be patient)
pedale (*m.*) pedal
pedale dell'acceleratore gas pedal
peggio (*adv.*) worse
peggiore (*adj.*) worse
penisola peninsula
penna pen
pennello brush (**stare a pennello** to fit like a glove)
pensare to think
pepe (*m.*) pepper
per for, through
pera pear
perché (*adv.*) why, because
perciò (*conj.*) therefore
perdere to lose
però (*conj.*) but, however
persona person
pesare to weigh

pesce (*m.*) fish
peso weight
pessimo, a worst, very bad
pettinarsi to comb one's hair
petto chest
piacere (*n., m.*) pleasure (per piacere please)
piacere to be pleasing
piangere to cry
pianista (*m. and f.*) pianist
piano (*adv.*) slow, slowly
piano floor (casa a due piani two-story house)
piatto dish, plate (per primo piatto as a first course)
piazza square, plaza
piccolo, a small, little
piede (*m.*) foot
pieno, a full (fare il pieno to fill up the tank)
pillola pill
pilota (*m.*) pilot
pioggia rain
pittore (*m.*) painter (m.)
pittoresco, a picturesque
pittrice (*f.*) painter (f.)
più more
poco, a little, a few (un poco, un po' a bit)
poeta (*m.*) poet
poi then
politico, a political
pomeriggio afternoon
pomodoro tomato
porta door
portare to carry, to take, to bring
portarsi dietro to bring along
portiera car door
portiere (*m.*) concierge, hotel receptionist, doorman
portone (*m.*) front door, main gate
possibile possible
posta mail
Posta Centrale main post office
postale (*adj.*) postal
postino, a mail carrier (*m., f.*)
posto place, seat (essere a posto to be in order)
potere to be able to, can
povero, a poor
pranzare to have lunch
pranzo lunch
pratica experience, practice (avere pratica di to have experience with)

preferire to prefer
prego please
prendere appunti to take notes
prenotazione (*f.*) reservation
preoccuparsi to worry
preparare to prepare
prepararsi to get ready
presentarsi to present or introduce oneself
presente (*m.*) present
pressione pressure
presso (*adv.*) at, with, from
presto (*adv.*) soon, early (a presto see you soon; fare presto to hurry up, to be quick)
previsioni del tempo weather forecast
prezzemolo parsley
prezzo price
prima (*adv.*) before
primavera spring
primo, a first
principale (*adj.*) principal, main
privato, a private
problema (*m.*) problem
professore (*m.*) professor (*m.*)
professoressa professor (*f.*)
pronto, a ready
pronto? hello? (on the telephone)
proprietaria owner (*f.*)
proprietario owner (*m.*)
proprio, a own, real
proprio (*adv.*) really, just, exactly
prossimo, a next
protestante (*adj.*) Protestant
provare to try, to test, to prove
pubblico, a public
pulire to clean
pure (*adv.*) also

quaderno notebook
qualche (*adj.*) some
qualcosa (*pron.*) something
quale (*adj.*) which
qualora (*conj.*) in case
qualunque (*adj.*) whichever
qualunque cosa (*pron.*) any, whatever
quando (*adv.*) when
quanto, a how much (*pl.* how many)
quanto (*adv.*) how much

quarto, a fourth
quattordici fourteen
quattro four
quello, a that (*pl.* those)
questo, a this (*pl.* these)
qui here
quindici fifteen
quinto, a fifth

raccomandata (*n.*) registered letter
radio (*f.*) radio
ragazza girl
ragazzo boy
rapido, a fast
re (*m.*) king
recarsi to go
recente (*adj.*) recent
recentemente (*adv.*) recently
regalare to give as a gift
regione (*f.*) region
regista (*m. and f.*) movie director
regolare (*adj.*) regular
regolarmente (*adv.*) regularly
resto rest, change
ricco, a rich
ricevere to receive
ricevuta receipt
ricevuta di ritorno return receipt
richiesto, a requested, demanded
ricordare to remember
rigatoni (*m. pl.*) type of pasta
rilassarsi to relax
rimanere to remain, stay
rimborso refund
riparare to repair, fix
riposarsi to relax
rispondere to answer
ristorante (*m.*) restaurant
ritornare to return
ritorno return (essere di ritorno to be back)
riuscire to succeed
romanzo novel
rossetto lipstick
ruota wheel, tire

sabato Saturday
sacchetto grocery bag

sale (*m.*) salt
salire to go up
salpare to sail
salutare to greet
salve hello
sangue (*m.*) blood
santo, a saint, sacred, holy
sapere to know
sbagliare to make a mistake
scala stairs, staircase, ladder
scaricare download
scarpa shoe
scelta selection, choice
scendere to get off, to descend
scientifico, a scientific
scorso, a last, past, previous
scrittore (*m.*) writer (*m.*)
scrittrice (*f.*) writer (*f.*)
scrivere to write
scuola school
scusare to excuse
se (*conj.*) if
sebbene (*conj.*) although
seccante (*adj.*) annoying
secondo, a second
secondo (+ *n. or pron.*) according to
sedici sixteen
segretaria secretary (*f.*)
segretario secretary (*m.*)
seguente (*adj.*) following, next
seguire to follow
sei six
semaforo traffic light
sembrare to seem
semplice (*adj.*) simple
sempre always
sentire to feel, hear
sentirsi bene to feel well, to feel fine
separato, a separated
senza without
sera evening
serbatoio gas tank
serio, a serious
sesto, a sixth
seta silk
sete (*f.*) thirst (avere sete to be thirsty)
sette seven

**settembre** (*m.*) September
**settimana** week
**settimo, a** seventh
**si** himself, herself, themselves
**sì** yes
**sicuramente** (*adv.*) surely
**sicuro, a** sure
**sigaretta** cigarette
**signora** (*f.*) Mrs., ma'am, married woman, lady
**signore** (*m.*) Mr., sir, man, gentleman
**signorina** (*f.*) Miss, young lady, unmarried woman
**sindaco** mayor
**smettere** to stop
**smettere di** to stop (doing something)
**solamente** (*adv.*) only
**solo, a** alone
**solo** (*adv.*) only
**soltanto** (*adv.*) only
**sorella** sister
**sorpresa** surprise
**sorridere** to smile
**sorriso** smile
**sotto** under
**spaghetti** (*m., pl.*) type of pasta
**Spagna** Spain
**spagnolo, a** Spanish
**specchio** mirror
**speciale** (*adj.*) special
**specialmente** (*adv.*) especially
**spedire** to mail, to ship, to send
**spegnere** to turn off, to extinguish
**spegnersi** to die out, to go out
**sperare** to hope
**sperare di sì** to hope so
**spesa** expense (**fare la spesa** to go grocery shopping, to shop for food)
**spesso** (*adv.*) often
**spiaggia** beach
**spiegare** to explain
**sporco, a** dirty
**sport** (*m.*) sport
**sportello** window (at a counter)
**sportivo, a** (*adj.*) sporting, sports
**sposare** to marry
**sposarsi** to get married
**spumante** (*m.*) type of sparkling wine

**squillare** to ring (as a phone)
**stadio** stadium
**stagione** (*f.*) season
**stamattina** this morning
**stanco, a** tired
**stanza** room
**stazione** (*f.*) station
**stare** to stay, to be, to feel
**stasera** tonight
**Stati Uniti d'America** United States of America
**stato** state
**stato di famiglia** family status
**statura** height
**stesso, a** same
**stoffa** cloth, material
**stomaco** stomach
**storia** story, history
**strada** street
**straniera** (*f.*) foreigner
**straniero, a** foreign
**straniero** (*m.*) foreigner
**studente** (*m.*) student
**studentessa** (*f.*) student
**studio** study
**su** on, upon
**subito** (*adv.*) immediately, right away
**suo, a** his, her, hers; your, yours (*form. sing.*)
**suocera** mother-in-law
**suocero** father-in-law
**supermercato** supermarket
**svapare** to vape
**sveglia** alarm clock
**svegliare** to wake
**svegliarsi** to wake up

**tabaccaio** tobacconist
**tacchi alti** high heels
**taglia** size
**tagliatelle** (*f., pl.*) type of pasta
**tanto, a** much
**tardi** (*adv.*) late (**a più tardi** see you later; **fare tardi** to be late)
**tassì** (*m.*) taxi, cab
**tecnico, a** technical
**tedesco, a** German
**telefonare** to telephone

telefonata telephone call
telefonino cellular phone
telefono telephone, phone
telegramma (*m.*) telegram
tema (*m.*) theme, composition
temere to fear
tempo weather, time
temporale (*m.*) storm
tenere to hold, to keep, to have
tergicristallo windshield wiper
terra earth, land, soil
tipo type, kind
tirare vento to be windy
tirocinio stage, internship
titolo di studio university degree
tornare to return
Toscana Tuscany
toscano, a Tuscan
traduttore (*m.*) translator (*m.*)
traduttrice (*f.*) translator (*f.*)
traffico traffic
tramontare to set, to go down
tramonto sunset
tranquillamente (*adv.*) peacefully
tranquillo, a peaceful
trasferirsi to move, to relocate
tre three
treno train
troppo, a too much (pl. too many)
troppo (*adv.*) too
trovare to find
trovarsi to find oneself
tu you (*fam. sing.*)
tuo, a your, yours (*fam. sing.*)
tuonare to thunder
tutti everyone
tutto, a all, whole

ufficio office
ufficio personale personnel department
ultimo, a last
un, uno, una, un' a, an
l'una one o'clock
undici eleven
unico, a only, sole, unique
università (*f.*) university

uomo man
uovo egg
usare to use
uscire to go out, to exit
utile (*adj.*) useful

vacanza vacation, holiday
valigia suitcase
vario, a varied, several, different
vecchio, a old
vedere to see
veloce (*adj.*) fast, quick
velocemente (*adv.*) quickly
vedova widow
vedovo widower
vendere to sell
venerdì Friday
venire to come
venti twenty
vento wind
veramente (*adv.*) really
verbo verb
verde (*adj.*) green
verdura greens, vegetable
verificare to verify
verità (*f.*) truth
vero, a real, true
verso (*prep.*) around, about
vestire to dress
vestirsi to get dressed
vestito dress, suit
via road, street (per via aerea by airmail; per via mare by sea)
viaggiare to travel
viaggio trip (fare un viaggio, to take a trip)
vicino, a near, close
vicino (*adv.*) close by
videogioco videogame
vincere to win
vino wine
virtù (*f.*) virtue
visitare to visit
vita life
vivere to live
vocabolario vocabulary
voi you (*fam. pl.*)

volante (*m.*) steering wheel
volare to fly
volentieri (*adv.*) gladly, willingly
volere to want, to wish
volo flight
volta time
vostro, a your, yours (*fam. pl.*)

zaino backpack
zero zero
zia aunt
zio uncle
zucchero sugar
zucchina squash (*sing.*)